西華師範大學寫本研究中心
國家圖書館古籍館
主辦

寫本學研究

第一輯

伏俊璉　主編

商務印書館
创于1897 The Commercial Press

圖書在版編目(CIP)數據

寫本學研究. 第1輯 / 伏俊璉主編. — 北京：商務印書館，2021
ISBN 978-7-100-19447-1

Ⅰ. ①寫… Ⅱ. ①伏… Ⅲ. ①抄本－研究 Ⅳ. ①G256.22

中國版本圖書館CIP數據核字（2021）第024310號

寫本學研究
（第一輯）
伏俊璉 主編

商 務 印 書 館 出 版
（北京王府井大街36號 郵政編碼 100710）
商 務 印 書 館 發 行
三河市尚藝印裝有限公司印刷
ISBN 978-7-100-19447-1

2021年3月第1版 開本 787×1092 1/16
2021年3月第1次印刷 印張 13 3/4 彩插 8

定價：86.00元

《寫本學研究》學術顧問和編輯委員會

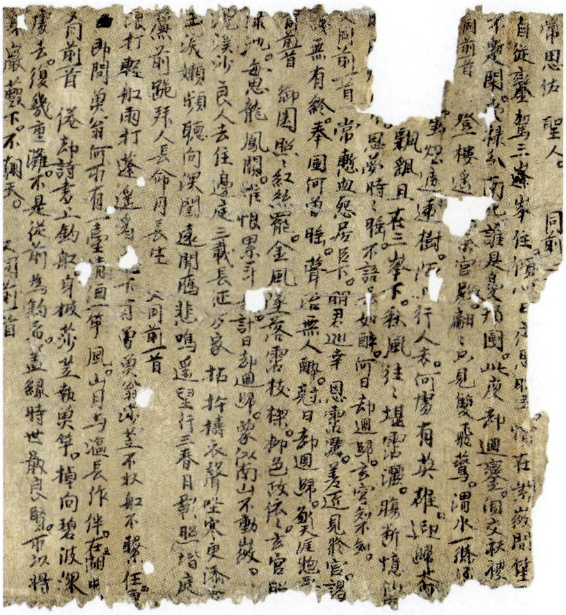

敦煌 S.2607 寫本所抄唐昭宗君臣詞

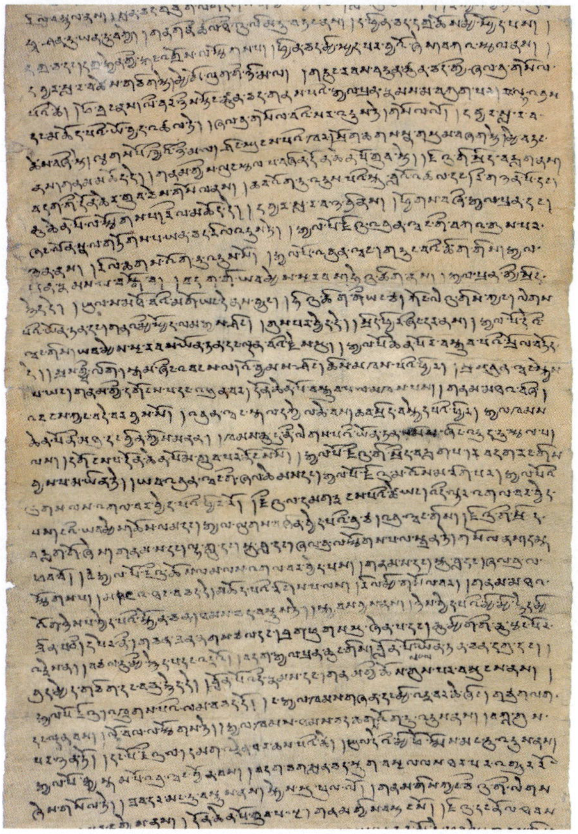

Pt..986 縱向卷軸裝藏文《尚書》（圖片來自 Gallica 網站）

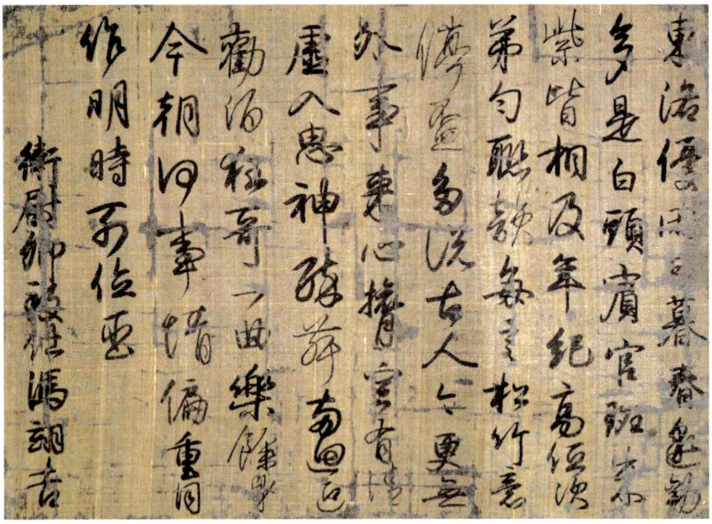

東京國立博物館 B-289

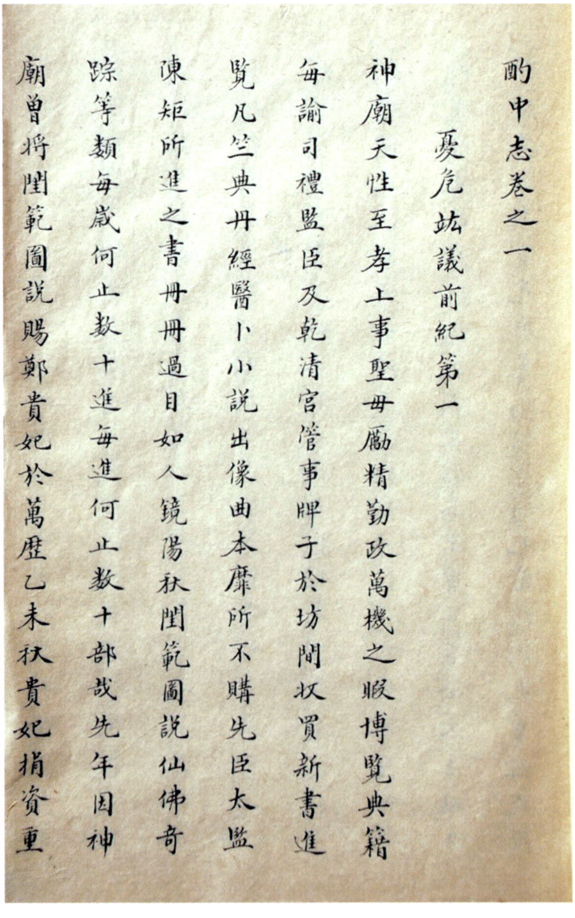
酌中志卷之一
憂危竑議前紀第一
神廟天性至孝上事聖母勵精勤政萬機之暇博覽典籍
每諭司禮監臣及乾清宮管事牌子於坊間收買新書進
覽凡竺典丹經醫卜小說出像曲本靡所不購先臣太監
陳矩所進之書冊冊過目如人鏡陽秋閨範圖說仙佛奇
踪等類每歲何止數十進每進何止數十部哉先年因神
廟曾將閨範圖說賜鄭貴妃於萬曆乙未秋貴妃捐資重

清抄本《酌中志》首卷卷端（圖片由作者提供）

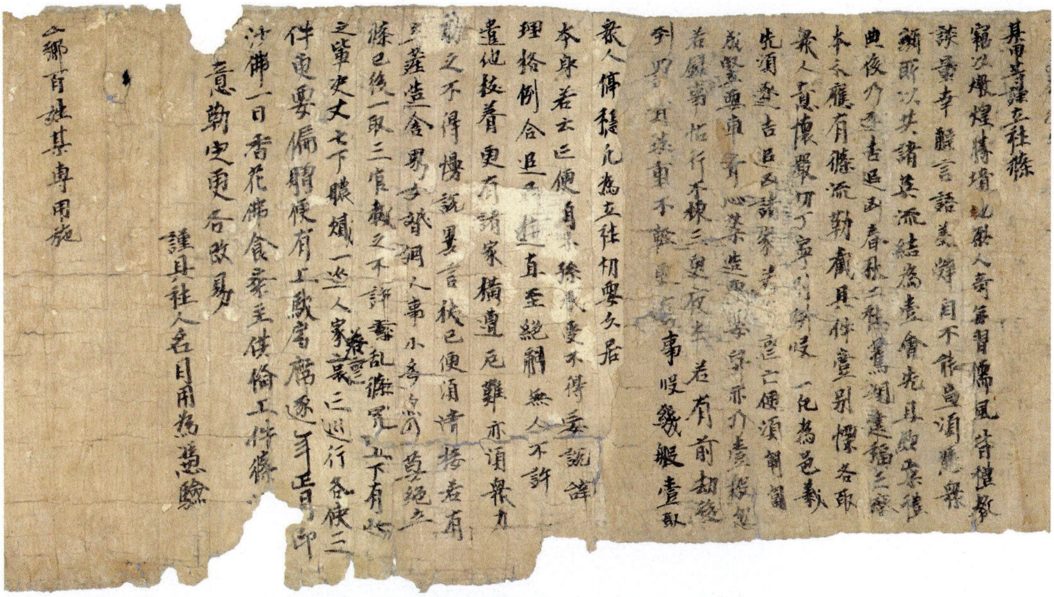

敦煌 P.3730 寫本社條單元（圖片來自 Gallica 網站）

Miscellanea de poenitentia，法國國家圖書館藏，編號 Latin 12270（圖片來自 Gallica 網站）
12 世紀中葉寫本，由 Corbie Abbey 的僧侶 Herbertus Dursens 抄寫。書寫使用的卡洛林小草書體（Carolingian minuscule）流行於 9 至 12 世紀的神聖羅馬帝國。

《繕寫室》(*Scriptorium*) 封面

1950 年，François Masai 在期刊《繕寫室》上發表《古書迹學與實物寫本學》(Paléographie et codicologie) 一文，認爲書籍考古學應成爲專門的研究領域。

Codex Nitriensis，大英圖書館藏，編號 Add MS 17211 重寫本 (palimpsest)。

圖中書頁上有兩層書迹。字迹偏淡的文本是希臘文《路加福音》，抄寫於公元六、七世紀。

8 世紀末 9 世紀初時此文本被抹除，一位僧侶在淡化的字迹上抄寫了塞維魯 (Severus of Antioch) 的著作。

通過現代成像技術，被覆蓋在新文本下的舊文本變得清晰可讀。

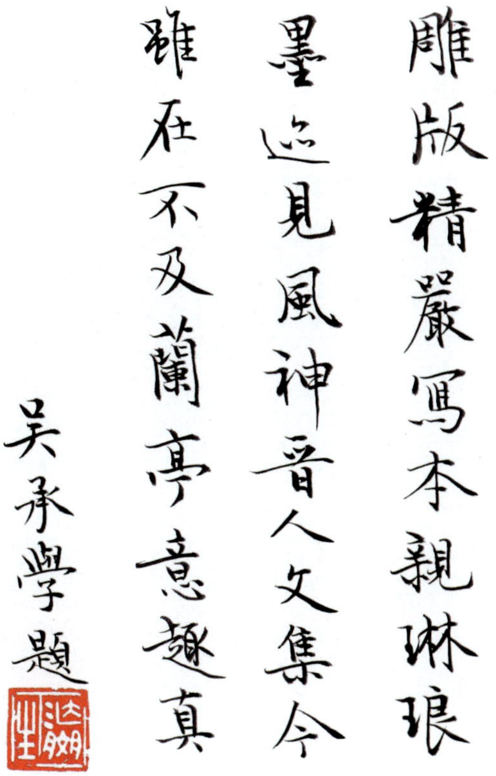

吴承學教授題詩

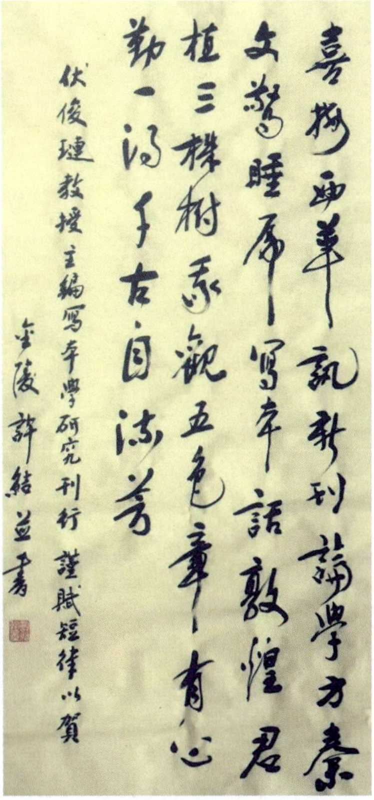

許結教授題詩

吴承學教授題詩

雕版精嚴寫本親，琳琅墨迹見風神。
晉人文集今雖在，不及蘭亭意趣真。

許結教授題詩

喜接西華訊，新刊論學方。
秦文驚睡虎，寫本話敦煌。
君植三株樹，我觀五色章。
有心勤一得，千古自流芳。
伏俊璉教授主編《寫本學研究》將刊行，奉短律以賀

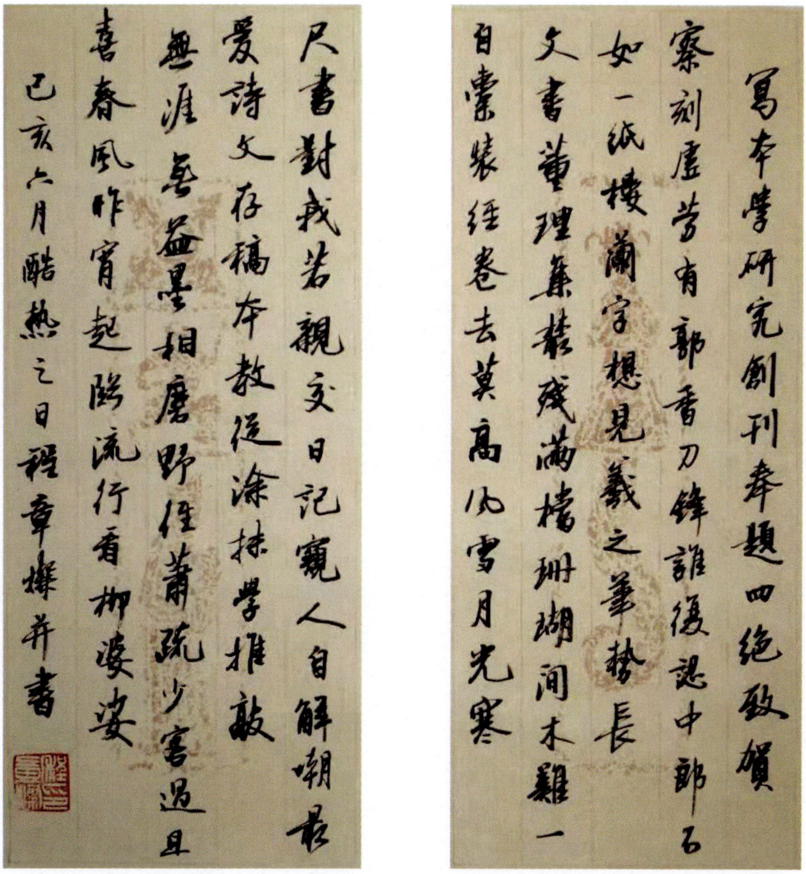
寫本學研究創刊奉題四絕致賀
察刻虛勞有郭香刀鋒誰復認中郎石
如一紙樓蘭字想見羲之筆勢長
文書董理集叢殘滿檔珊瑚間木難一
自彙裝經卷去莫高風雪月光寒
尺書對我若親交日記窺人自解嘲最
愛詩文存稿本教從塗抹學推敲
無涯學益墨相磨野任蕭疏少審過且
喜春風作宵起臨流行看柳婆娑
己亥六月酷熱之日程章燦并書

程章燦教授題詩

程章燦教授題詩

《寫本學研究》創刊，喜賦四絶致賀

察刻虛勞有郭香，刀鋒誰復認中郎。
不如一紙樓蘭字，想見羲之筆勢長。

遺文能語集叢殘，滿檔珊瑚間木難。
一自三唐寫經去，莫高沁骨月光寒。

尺書待我若親交，日記聽人自解嘲。
最愛詩文存稿本，能從塗抹悟推敲。

有涯無益易銷磨，野徑蕭疏少客過。
且喜春風昨宵起，臨流行看柳婆娑。

發刊詞

2017年3月，國家社科基金重大項目“5—11世紀中國文學寫本整理研究”開題論證會上，中山大學吴承學教授提議應創辦一份“寫本學”學術集刊，與會的十多位學者都表示肯定。經過兩年多的籌備，《寫本學研究》創刊號出版了。

寫本學發軔於歐洲學術界，源於對埃及紙草文書、古碑銘以及死海古卷等新發現的研究，其後逐漸擴展到對世界各地古寫本的研究。我國學者的相關研究，始於西域敦煌邊塞遺址中發現的漢簡、敦煌莫高窟石室中出土的大量5—11世紀的紙寫本，其研究大致還是沿用傳統的刻本文獻學的理論和方法。近10多年來，國内學者開始從寫本學角度研究早期文獻，與歐美日俄等國家的寫本學研究者的交流日益頻繁，取得了豐碩的成果。在這樣的學術背景下，西華師範大學於2017年成立了寫本學研究中心，整合學校寫本學研究的師資力量和資源，在已有研究的基礎上，集中在敦煌吐魯番寫本、簡帛寫本、清代契約寫本、碑刻、古代書畫等領域進行研究。我們創辦這樣一個寫本學研究的專刊，一方面作爲西華師範大學寫本研究成果的刊布平臺，向海内外學者請教。更重要的是，希望得到海内外同行的關注和支持，熱切盼望他們惠賜大作，讓《寫本學研究》成爲呈现國内外寫本學研究的新成果和新動態的園地。

令人欣慰的是，國家圖書館古籍館對我們非常支持，表示願意與西華師範大學合作編輯《寫本學研究》。2019年4月，我們簽訂了《西華師範大學與國家圖書館學術合作意向書》。國家圖書館藏有300多萬件善本古籍特藏，其中甲骨金文拓片、歷代石刻拓片、敦煌遺書、古代典籍抄本，以及近現代名家手稿，珠玉滿堂，且專家雲集。能得到國家圖書館古籍館的支持，我們感到十分榮幸。

另外，國内寫本學研究的相關專家，以及英國、日本、德國、法國、俄羅斯等國家寫本學研究的學者，都支持我們的工作，樂意擔任《寫本學研究》的顧問或編委。在此，向他們表示誠摯的感謝!

《寫本學研究》擬主要設“簡帛寫本”“紙寫本”“碑石”“寫本學理論”“國内外寫本研究動態”等欄目。這些欄目，不是每一期都固定開設，而是根據來稿和研究情況確定。或者還可能增加一些專欄，如“書法寫本”“文圖寫本”等。其中“紙寫本”欄目是本刊的重點。我們講的紙寫本，不僅包括“寫本時代”的敦煌吐魯番寫本、日本藏奈良平安時代的寫本，還包括“刻本時代”的稿本和抄本、檔案文書寫本、近現代名人手稿等。

有學者主張將“寫本”和“抄本”（鈔本）加以區分，如認爲“寫本”是照底本不作任何改動，“鈔本”則是部分摘録或進行改動；或者認爲宋以前的稱“寫本”，宋以後的稱“鈔本”，如唐寫本、宋抄本等。我們認爲，從研究的角度講，這樣的區分是有意義的。但是如果放在整個歷史長河中，二者的區分是很難的。不同時期、不同學者或區分，或不區分；即使區分者，標準又不一樣，無法歸納出一個統一的準則。所以《辭海》解釋“寫本”“抄本”用互見法，這是對的。

另外，我們每一期將邀請國内外寫本學研究專家撰寫一篇“卷首語”，就寫本研究的相關問題進行討論和闡述。創刊號我們還没有約到合適的文稿，姑且由我來寫一篇，作爲引玉之磚吧！

伏俊璉

2019 年 12 月 25 日

卷首語

伏俊璉

簡牘寫本至少在殷商時期就已經存在了，帛書或許略後一些。簡牘寫本流行的同時，我們的祖先曾用龜甲和牛的肩胛骨作爲載體，刻寫祭祀占卜等重大事件，也曾把重要的事情用文字鑄造在金屬器皿或雕刻在石頭上。但甲骨文主要是占卜祭祀之用，是人和神交流的載體；金文和石刻主要具有功德紀念性質，與古代隆重神聖的祭祖有關。甲骨文、金文和石刻都不是用來進行社會交流的。所以，簡牘寫本才是我國最早、使用時間最長的寫本形式。如果從殷商後期算起，至少有1500年左右的時間。東漢開始，簡本與紙本并用，到了東晉，簡牘逐步退出歷史舞臺，我國歷史進入紙寫本時期，直到北宋時期印刷術逐漸普及，成爲文字傳播的主要方式。刻本時期，寫本繼續流行，甚至許多重要典籍、官府文書等都呈現寫本形式。至於古代留下的大量的稿本、抄本、名人手劄以及民間契約文書等，是古人手與心的悠然契合，是研究中華文化的重要資料。所以，方廣錩先生說，紙寫本研究的缺失，起碼使七百年學術文化之依託難明。加上簡牘寫本，則是兩千多年學術文化的依託。

寫本時期，人們製作寫本，有兩個目的，一是典藏，二是個人閱讀使用。官府收藏的經典文書，主要是爲了典藏。民間流傳的寫本，主要是爲了自用。典藏的寫本具有整體性和定本性質，比如五經，就是以整本書的形式典藏着。個人閱讀使用的寫本則體現着寫本製作者的愛好、個性和習慣。典藏寫本的製作者主要是祝和史，祝和史都是世襲的官職，具有神聖的職責，他們是文化的掌握者，也是典籍的守護者。個人自用寫本的製作者主要是士人或下層有文化者。近百年來，出土了大量從戰國到晉代的簡帛寫本，也出土了公元5世紀到11世紀印刷術盛行之前的紙寫本，最爲典型的就是敦煌吐魯番寫本。根據這些材料，并結合傳世文獻的記載，我們對簡牘寫本，尤其是個人所用寫本有以下認識。

第一，一個簡牘寫本（一卷）到底是由多少枚簡編聯而成，由於出土的簡繩大都朽爛，無法準確判斷。根據簡的長度，書寫的款式、字體等大致推測，官府文書要多一些，比如居延的“兵物册”有 77 枚簡，出土時是卷在一起的；秦律規定，上報官府的簡不要超過百枚以上；北京大學藏西漢簡有 200 多枚者。而民間流通的主要供閲讀的簡，四五十枚簡編聯者最爲常見。秦漢簡以經書簡最長，有二尺四寸，約 56 厘米。寫傳記或信劄檔案之用的簡一般長一尺（約 23 厘米），每簡可以書寫 40 字左右，一個簡牘寫本可以抄到 1500 甚至到 3500 字左右。我們看傳世本先秦子書，《老子》上下篇，用兩個寫本抄録，每篇 2500 字左右。《孟子》七篇，每篇分上下，則每篇平均近 3000 字。一個簡牘寫本可以抄一篇文章，也可以抄幾篇較短的文章。余嘉錫先生《古書通例》論及的“古書單篇别行之例”，正是寫本時期的普遍現象。即使官方典籍，在民間流傳的，往往是其中的一部分。如《詩經》文本，傳世本中《雅》《頌》是十篇爲一組，一組就是一個寫本（一卷）。江西南昌西漢海昏侯劉賀墓出土《詩經》簡，《風》詩也是十篇爲一組，如“衛十扁（篇）”“秦十扁（篇）”“陳十扁（篇）”等。民間流傳者可能與官府本的寫本不一致，比如《詩經》有不少“組詩”，就是當時流傳的“一個寫本”遺留的痕迹。司馬遷寫《史記》的時候，看到的大多是單個寫本。如屈原的《離騷》《天問》《招魂》《哀郢》，韓非子的《説難》《孤憤》，賈誼的《吊屈原賦》《鵩鳥賦》，司馬相如的《子虚賦》《上林賦》等都是單篇流傳。至於劉向受詔整理圖書，就是把官府收藏的寫本和民間流傳的寫本匯合整理，編爲適合於“中秘”典藏的圖書。

個人自用的寫本最當注意者是一個寫本抄數篇文章。這數篇文章，可能在内容上屬於同類，也可能關係不密切，寫本製作者爲了某種用途而匯抄在一體。比如上海博物館藏戰國楚竹書，根據竹簡字體款式判斷，《子羔》《孔子詩論》《魯邦大旱》三篇爲一個寫本，而這一個寫本有一個總題目《子羔》。有學者説這是毫無關係的三篇文章，其實它們抄在一個寫本上，有一個共同的題目，是寫本製作者認爲這三篇關係密切。我們初步判斷，《子羔》記載孔子對古史的看法，《孔子詩論》是孔子對詩的認識，而《魯邦大旱》則是孔子對鬼神的認識。此寫本的製作者一定是一位大儒。這種情況在傳世文獻中也不少見。如《韓非子》有《存韓》篇，就是由韓非的《上秦王書》和李斯的《上秦王書》《上韓王書》三篇文章構成的，而其總的題目叫《存韓》，只概括第一篇的意思。《莊子》的《天下篇》包括了《天下》和《惠施》兩篇文章，《盜蹠》也包括《盜蹠》和《子張》兩篇文章，由於《惠施》和《子張》在早期的寫本中已經混入《天下》和《盜蹠》篇，以致後世學者認爲已經散佚。《荀子》中這種情況更多，楊樹達先生《古書疑義舉例續補》有“文中有標題例”一節，集中講《荀子》中的一些篇中包含數小篇的情形。

第二，個人所用寫本的製作者没有定本意識，寫本不是爲了保存原貌，而是挑選於我有用的部分，具有“摘録”性質。比如郭店楚簡有三個《老子》的寫本，與今本差别很大，有學者認爲是早期的《老子》的文本，裘錫圭先生認爲是依據不同的主題或需要，從已經成書的《老子》中摘抄而成，是《老子》成書之後的摘録本。《老子》作爲一部以“養生”爲主題的格言警句的彙集本，不同的讀者從中挑取自己感興趣的内容，或者加以補充改造，這是寫本時期文本形成的方式之一。銀雀山漢墓出土了《王兵篇》，根據簡的形制和字體，可以判斷爲一個比較完整的寫本。《王兵篇》不見於傳世文獻，其内容散見於今本《管子》的《參患》《七法》《兵法》《地圖》等篇。整理小組認爲，《王兵》是一篇完整的作品，而《管子》各篇有明顯的摘録拼湊改編的痕迹。寫本時期，這種“摘録”是形成新的寫本、新的篇章的主要方式。流傳到現在的先秦時期的一些文章，像《韓非子》中的幾篇《儲説》《説林》，賈誼《新書》中的一些篇章，甚至劉向集成的《説苑》《新序》等，其形成過程大致如此。吕思勉先生論及中古時期的“鈔”字，曾這樣説：“今云鈔者，意謂謄寫，古則意謂摘取。故鈔書之時，删節字句，習爲固然。”所以“抄本”（寫本）選擇自己有用的抄録，是題中應有之意。

第三，個人所用的寫本還有一個特點，就是抄完一篇文章後總是把自己的感想評論寫在後面。這些感想或評論形式多樣，不拘一格。或抄録同類事例，或記叙事情結果，或發表感想，或加以評説。如馬王堆帛書《春秋事語》，共抄録了十六章内容。張政烺《〈春秋事語〉解題》説：“這十六章的文字，記事十分簡略，而每章必記述一些言論，所占字數要比記事多得多，内容既有意見，也有評論，使人一望而知這本書的重點不在講事實而在記言論。這在春秋時期的書籍中是一種固定的體裁，稱爲‘語’。語，就是講話。語之爲書既是文獻記録，也是教學課本。”寫本的製作者在抄録文本前把背景、閲讀感想或總結寫在前面；或者抄録之後又引發了諸多感想，有補充的材料，而寫在後面。這就形成了寫本中的文章有引序或評論的部分。寫在前面的，就形成了後世的序。如《公孫龍子》第一篇《迹府》（散佚不全）前面的一段文字：“公孫龍，六國時辯士也，疾名實之散亂，因資材之所長，爲守白之論，假物取譬，以守白辯，謂白馬爲非馬也。……欲推是辯以正名實而化天下焉。”這明顯是一段提要介紹性的文字。寫在後面的，則如同贊語，史傳的贊語當是這樣形成的。《史記·司馬相如列傳》在太史公評語之後，還有一段話：“揚雄以爲靡麗之賦，勸百風一，猶馳騁鄭衛之聲，曲終而奏雅，不已虧乎？”揚雄爲司馬遷之後的人，這幾句肯定是後人評語而抄入正文者。

所以，寫本時期，寫本的製作是很個人化的，一個寫本藴含着製作者的思想、知識和情感，尤其是簡牘寫本與紙寫本相比，更有其特殊性。我們看漢簡上的字，起筆乾净利落，收筆果斷遒勁，疏密對比强烈，尤其是那一字千鈞的收筆大尾，是大漢宏闊的文化心態與簡牘媒介的天然契合。一枚一枚的簡用兩道或三道繩索編聯在一起，簡之間的空隙形成自然的格欄，格欄的天然空隙與堅硬的簡木之間形成了强烈的立體感，激發書寫者的無限想象。當柔軟的筆鋒與堅硬的簡體接觸的一瞬間，那是至陰和至陽的相遇，是水與石的撞擊，而作爲主體的書寫者，他的激情，他的生命，都在這相遇中勃發。所以，我們欣賞簡牘寫本，就是在立體空間形態的感受中體會作者的内心世界。當年漢武帝閱讀司馬相如《大人賦》時，"飄飄有凌雲之氣，似游天地之間意"，除了賦中的神仙主題外，簡牘寫本的形態也是造成這種感覺的原因。

目　録

什麽是寫本學

——榮新江、伏俊璉、游自勇西華師範大學文學院對談録 ……… 1

歐洲實物寫本學簡論 ……… 馮　婧 / 16

法藏敦煌遺書 P.3730 的寫本學研究 ……… 王使臻 / 31

敦煌寫本 S.3227+S.6208+S.11423+S.5731 綜合研究 ……… 郝雪麗 / 44

日藏古筆切《贈鄭員外》詩與《七老會詩》叙考 ……… 陶新昊 / 57

藏文寫本古籍紙頁殘片的顯微分析 ………易曉輝　索朗仁青 / 68

藏文古籍寫本邁向刻本時——以元刻爲例 ……… 薩仁高娃 / 85

嶽麓秦簡《尉郡卒令》初探 ……… 周海鋒 / 95

北大漢簡《蒼頡篇》釋文商兑 ……… 張存良 / 106

《搜神記》所載周幽王生年補證 ……… 邱　奎 / 125

雜史類清抄本十種叙録 ……… 沈　蕙 / 131

清代南部縣衙檔案俗字考證 ………唐樹梅 / 139

姚華碑帖觀探析

——以《弗堂類稿·序跋》爲視角的解讀 ………鄭海濤　趙　欣 / 144

國家社科基金重大項目"5—11 世紀中國文學寫本整理研究"成果選登

S.2607+S.9931 寫本校録及研究 ………重大項目課題組　伏俊璉執筆 / 151

伍非百與湯炳正

——四川現代學術史上一段珍貴的友誼 ………湯序波 / 180

蔣禮鴻致王重民信劄鉤沉 ……… 王安琪 / 187
廣訪博咨達道義　搜求餘光通古今
——趙逵夫《隴南金石校録》文化價值論析 ……… 蒲向明 / 198

什麼是寫本學

——榮新江、伏俊璉、游自勇西華師範大學文學院對談録

伏俊璉教授： 今天晚上，我們榮幸地請到北京大學榮新江教授來和大家座談交流。真是榮幸，榮先生本來是今晚的航班回京，就是因爲“天公作美”，北京暴雨，航班取消。隨榮老師來的還有首都師範大學的游自勇教授。我給同學們講課多次説過，榮新江教授是當代 50 多歲年齡段中最杰出的學者之一。游自勇教授也是當今優秀的青年學者，全國百篇優秀博士論文獲得者。今晚是學術座談，榮老師隨意講，其他老師同學可以隨時提問討論。

榮新江教授： 這次來開會的，還有幾位高手，像黄正建老師，正在推動做古文書學的研究。另外，吴麗娱老師做的書儀其實更加靠近文學的領域。我對文學涉獵不多，基本上是一個純粹的學歷史的。我是隋唐史專業，1978 年上大學，北京圖書館和法國國家圖書館交換了微縮膠捲，北大圖書館也複製了伯希和的敦煌卷子微縮膠捲。伯希和的那一批卷子，從漢學研究的角度來講資料最爲豐富，比斯坦因的藏卷更豐富（斯坦因那套卷子的微縮膠捲我們國家 20 世紀 60 年代就得到了），北大的先生們特别看重，因此開設了敦煌的課程，我就跟着他們做敦煌學。以後由於我自己的興趣，又搜集了一些中外關係的材料，所以我現在一方面帶隋唐史的博士碩士，另一方面也帶中外關係史的博士碩士。在文學的領域還是不敢奢談的，但是，做敦煌學的一個好處就是跨學科，做歷史的非涉及文學不可。敦煌的寫本，一面可能主要是歷史的東西，另一面可能就是佛教的東西了，或者就是文學的材料。所以做敦煌的材料時，你必須對很多方面都有一定的瞭解。

我們現在有一個整理小組，包括中國人民大學的孟憲實和社科院的孟彦弘等幾位先生，與旅順博物館合作，整理他們收藏的一些文書。因爲日本的大谷探險隊當年搜集到的文書，1945 年戰敗前運回去了一些，放在了龍谷大學，而主體部分則留在了旅順。我們現在處理的東西有兩萬五千多片，雖然殘片很小，但是數量和内容非常可觀。現在的博士生和碩士生都在進行電子檢索，他們在整理這些殘片的時候速度非常快，比前人比定出來的東西要多得多。

伏老師這邊剛剛成立了一個寫本學中心，我也不清楚在座的老師和同學有多少人參加了寫本學項目。我昨天在會議上的發言可能很多同學也聽到了，我簡短地陳述了面對一個巨大的寫本寶庫，我們要建立一個什麽樣的寫本學，要用一種什麽樣的精神去建立寫本學的學科，要怎麽破除版本學給我們帶來的一些思維禁錮和固定認識。包括我們對於本子的界定，包括我們校勘的方法。

現在中國長江流域一帶，出土了從春秋戰國到兩漢時代的大量簡牘和帛書，比以前我們只看到的西北地方的敦煌漢簡要多得多。過去西北地方的簡牘，李學勤先生曾經評價説“不涉要典”，也就是説没有什麽重要的典籍。從“書”的角度來講，基本上没有什麽正經的書，有的也就是《急就篇》之類的字書。還有的東西就是“日曆”，現在算書了，當時是不算書的。還有一些是中央頒布的律令，律令在《漢書・藝文志》的時代是不算書的，《隋書・經籍志》以後才作爲“書”加以著録。那是法律 document，不是 text，是“文書”。所以我這次是帶着這樣的想法來參加寫本學的會議的，不知道伏老師的寫本學究竟是包含什麽？

其實我那天做總結報告時説話非常猛，雖然很多人都是我的同行，但是比較年輕，我現在有一定的年齡了（笑）。我説你們拿過來開會的文章許多都不是寫本學的文章。我當時説話有點猛，現在已經後悔莫及了（笑）。我的意思就是説，現在大部分的學者都還在做“document”，在做“文書”，而我認爲伏老師現在提出的從中文領域出發的寫本學正是在研究“書”。過去我們北大中國中古史研究中心在做敦煌吐魯番學的論文集時，就不知道該起什麽名字。因爲敦煌文書很難拿一個詞來界定。最早的時候叫“敦煌遺書”，以前敦煌文物研究所下邊有一個敦煌遺書研究所，結果當地的老鄉就過來説家裏人過世了，請你們過來寫個遺書吧（笑）。其實我們研究的“遺書”指的是古代的“遺書”，古人遺留下來的書籍。這個詞很容易誤解，所以他們當時就改成敦煌文獻研究所了。但是國家圖書館藏的這批敦煌文獻，自從清末運過來的那一天開始就叫“敦煌遺書”，現在國家圖書館有一個“敦煌遺書書庫”，就是專門存放敦煌文獻的。國家圖書館藏的敦煌文獻也已經出版了，也是用的“敦煌遺書”的概念（《國家圖書館藏敦煌遺書》）。但是“遺書”仍然在現代漢語中有歧義，所以我們當時問周一良先生，周先生就主張用“文獻”。用西文來界定的話，文獻就是“literary text”，實際上就是文學的文獻，就是成爲一種“書”的東西，“document”不是書的概念。但是廣義的“文書”也實際上可以包括到“文獻”的内涵中去，比如現在的敦煌文獻就包括了很多公私文書，這些公私文書都是狹義的“文書”。我理解的寫本學指的是研究“書”的學科，而且不僅僅是研究内容，也是研究外觀、格式和欄格之類的物質形態的學科。過去我們的學者很不注重這一方面，在法國方面很多學者都經常批評中國學者，説一件文書多高、多寬、多厚，欄格多長，格子多寬，你們完全没有數字。他們不知道我們中國學者没有原卷，見不到原卷，後來有了微縮膠捲以後，根據上邊給出的比例尺，可以算出一個大致的數字，不能像他們在巴黎那樣可以便捷地對照原件給出精確的數位。但是這個問題在今天能够很好地解决，網上有很多高清的圖片，有各種機會出國，寫本學就有了一個非常重要的機遇了。

我們要建立寫本時代“書”的學科。過去很多學者做過漢簡的研究，比如陳夢家先生。爲什麽早期的寫本會有寫字的欄格，我們將兩者聯繫起來就知道，那一“格”實際上就是漢代的一個“尺”，恰好一個“尺”那麽高。早期的紙張非常珍貴，留下的天頭地脚非常小，但後來爲了方便做眉批，留白部分就非常寬裕了。所以，從魏晉時代簡牘廢棄之後到印刷術普及之前，我們要將整個書籍的格式做一次全面的清理。刻本時代的魚鱗裝、册頁裝、蝴蝶裝都是學術界已經非常仔細地研究過的，而在那之前的書籍形式究竟如何，我們其實還没有完整地采集出來。現在我們有很方便的條件了，IDP 網站有很多高清的圖片，特别是現在很多人都有機會出國，我們也能出國，你們不要跟那些旅游團玩，直接鑽進法國國家圖書館去量一量尺寸（笑）。首先應該進行敦煌文獻的普查，選取一些標本之後，再對這些寫本進行精確的資料獲取。最好的已有的學術成果其實就是藤枝晃的《文字の文化史》，中譯本就是《漢字的文化史》。實際上《文字の文化史》就是一本很小的“巾箱本”的書，曾經拿過法國的儒蓮獎（Julien Prize）。現在的一些中文的報紙上瞎忽悠，説儒蓮獎相當於漢學界的諾貝爾獎，没那麽厲害，怎麽可能和諾貝爾獎相提并論。不過這本書在 20 世紀 60 年代就拿過了儒蓮獎，當時儒蓮獎基本是戴密微（Pual Demiéville）説了算。戴密微是真正有學問的漢學家，比現在法國那批漢學家要厲害得多（笑）。以《文字の文化史》作爲底本，就可以逐漸建立以書籍爲中心的寫本學學科。

但是畢竟寫本學是以寫本作爲研究物件，寫本有很多非常特别的因素，有很多“變體”。有些東西是特别的規律，還有一些没有什麽規律，這也需要我們去總結。比如現在敦煌寫本中，很多正反面的關係問題，仍然没有學者進行系統的清理。這次敦煌學學術會議的朱利華老師，她做的是道經寫本的背面内容。其實我很早就想專門做這個方面的工作，如果把所有一類的東西，如所有和道教相關的文獻都過一遍的話，朱利華老師的文章就會很有意思。其實大部分道經在我的腦子裏頭（翻閲敦煌卷子的印象），背面基本上都是空白的。我是上大學的時候前後摇過三遍敦煌卷子，不過那時候是手摇的，當時經常不能完整的查閲一件寫本的前後内容，看後邊的就看不到前邊，不像電腦上有高清圖版那麽方便。其實大部分道經的背面都没有字，所以我看這個文章非常好。要建立寫本學，有很多的工作都可以這麽做。比如，你把所有儒家經典背面的文字都統計一遍，總結正面和背面的關係。

我昨天説過一個寫本的兩面性問題，也就是看看一個寫本的兩面到底是什麽。我曾經找到過一個例子，正背面分别是《史記》《漢書》，那就非常有意思。伏老師提到的我做過的那個詩集的卷子（S. 6234+P. 5007、P. 2672）也就是如此。這個寫本正面實際上是公文文書，别人寄給他（詩集的作者）的一些公文書，後來公文書作廢了以後，就在正面的天頭地脚等空白地方和背面作詩，沿路大概從凉州一直到焉耆，從酒泉、敦煌等地一路走過去，出了鐵門關，邊走就邊在紙張的空白地方作詩。過去我們見過史書裏邊有過一些關於詩人作詩的記載，這些記載都没有留下任何實物，我們并不能感受唐代詩人作詩的一些狀態。比如李賀想到好的詩句，就趕緊寫下來放進袋子裏，這些靈感後來都綴成了詩。所以這個卷子是非常重要的，讓我們看到唐朝詩人作詩的實態。我不知道大家有没有作過詩，其實作詩也非常講究技巧。法蘭西學院曾經有很多 chaire，漢學界的 chaire 曾經就是戴密微先生。戴密微在 20 世紀 70 年代曾經請饒宗頤先生去他老家瑞士旅游，饒先生一路就做了很多詩，戴密微就將他的詩集《黑湖集》翻譯成法語，發表在一個純學術的雜志上。我曾經詢問饒宗頤先生你怎麽作詩的，饒先生回答説，隨身帶一本韓愈或者蘇軾的詩集，至少韻脚就不用到處去查了，就照着某一首詩的韻脚去擬詩句，寫的都是阿爾卑斯山什麽的，但韻脚都是從中國古代已有的文學作品中選取的。所以，一些傳世文獻中記載但現在很少見到的物質性東西，實物却在敦煌大量地保留了下來，這是敦煌特有的價值。

原先我們都做文本研究，比如敦煌文獻的校勘工作，如果我們所有人都進行敦煌文獻的校勘，翻來覆去，那麽敦煌學就會死掉了。改動前人校勘的幾個字，就弄出一篇文章出來，很多炒冷飯的現象，而我們敦煌學没有學術規範，没有“標點本二十四史”，所有人都可以去建立，可以不管前人研究成果。我現在很想寫一篇敦煌學的學術規範，我想寫出來肯定會得罪人，所以現在也不敢寫（笑）。

敦煌有很多可以外延的領域。寫本學和整個國際學術界研究書籍史的大背景有關。現在的書籍史已經不是單純的講版本、目録和校勘，而是更多地和社會史和文化史結合了起來。過去我們常説雕版印刷術出現以後，很快就取代了寫本，知識就擴充了。但今天對宋元時代書籍史的考察來看，當時的雕版印刷術的影響還是相當有限的。比如湖州本，在當時該有多長時間才能流傳到京師呢？可能當時京師是大都會，有很多人能够將這些本子帶過去，那又有多少人能帶到江西、陝西呢？其實這些問題是現在很多學者非常關注的。日本名古屋大學的井上進做了大量的統計工作，他統計了很多公私書目，結論是雕版印刷術真正取代了寫本流傳的時代是明代中葉，時代非常晚了。到民國時期，一些現象都非常值得關注，一些學者家裏都養了很多抄書人。湯用彤先生家裏就有很多專門爲他抄書的人。像徐志摩先生就曾去胡適先生家裏抄書，胡適先生管吃管喝，但實際上就是爲胡適打工。胡適寄出的信都有留底，因爲他有一大堆給他抄書、抄信的人。安徽黄山書社印的胡適秘藏檔案（《胡適遺稿及秘藏書信》），包括了大多數胡適寄出去的書信抄本。

這是在我理解中的寫本學。今天我講的都是跳躍性的。我不知道伏老師如何定義寫本學的，想聽聽他的意見。

伏俊璉教授：謝謝榮老師。我昨天在大會中已經説過了，我所提到的寫本學，實際上就是從前輩學者那裏來的，主要受榮老師論文的啟發。《敦煌學十八講》(2001）專列“敦煌寫本學”一講，從“紙張與形制”“字體和年代”“寫本的正背面關係”三個方面介紹敦煌寫本學的基本内容。特别引起我關注的是項楚老師七十大壽的時候，榮老師發表的《唐人詩集的鈔本形態與作者蠡測——敦煌寫本 S.6234+P.5007、P.2672 綜考》一文，一位官吏用一份可能廢棄的官文書寫的詩稿，從凉州一直到焉耆的記行詩。榮老師把這個寫本講活了。這份唐人詩卷不是簡單的詩集，而是一個完整的生命體：一位官員在考察的路程中，一路上他的心理，他的感受，都保存在這份寫本之中。這三個寫本中的伯希和卷，王重民先生早年就研究過。項楚先生對斯坦因卷（S.6234)，也進行過研究判斷，認爲該卷是一位詩人的手稿，是安史之亂以前的盛唐時期的作品。後來榮新江、徐俊先生經過考證，把 S.6234 與 P.5007、P.2672 三個寫本連起來，認爲本是一個寫本，殘裂而分置異處。榮老師還對這個寫本的正面和反面進行了細緻分析，認爲寫本正面書札的收受者和詩歌的創作者，都是一個叫翁郜的人，他是當時凉州的一位判官。榮先生説：在荒寂的旅次中，翁郜利用何成等人給他的狀文，把自己吟詠的詩歌記録下來，以後當書札廢棄，就把它們黏連起來，抄寫自己陸續寫成的詩歌。這些詩歌涉及的地域從河西東部的平凉、番禾，到西域天山東部的西州、焉耆，正是河西都防禦使所應當防禦的範圍，雖然事實上此時的唐朝河西都防禦使没有能力控制這些地方，但并不妨礙翁郜以某種身份或明或暗地旅行于這塊廣闊的天地間。這是非常精彩的分析，把一個寫本的生命靈性挖掘出來了。我參編《中國大百科全書》中敦煌文學部分，就增加了作家“翁郜”。在《敦煌文學總論》修訂本中，也增加了“翁郜”。我想，剛剛啟動的《敦煌學大辭典》中也應當增加這位作家。

另外一個對我影響很大的學者就是中華書局的徐俊先生。他的《敦煌詩集殘卷輯考》(2000)，就和過去的做法完全不一樣。過去王重民先生將一些寫本上的作品有選擇性的進行抄録，主要關注不見于傳世文獻的作品，補校《全唐詩》，寫本上的其他内容就没有納入考慮的範圍。徐俊先生則把其他内容也作爲參考，都納入到了討論範疇。將一個寫本做整體的考察，這就是寫本學的做法。再向前追溯，饒宗頤先生的《敦煌曲》（1971），把一個寫本上的全部曲作爲一組考察，也是對我們很有啟發的。

張涌泉《敦煌寫本文獻學》（2013）系統地全面地歸納和總結了敦煌寫本的語言特點和書寫特例，郝春文《敦煌寫本學與中國古代寫本學》（2015）對敦煌寫本學的概論、內容，以及中國古代寫本學的定義、研究物件、分期及研究內容進行了深入論述，都是他們整理敦煌寫本數十年的學術總結。

當然，我們做寫本學，要關注寫本的物質形態層面的東西，比如寫本的裝幀形制、規格、書寫狀况等。以前我們看不到原卷，研究就有很大的局限，現在有了高清圖版之後，這個工作就相對來説比較方便了。當然，我們還是没辦法判斷這些紙張的質地，一些專家通過質地紋理判斷紙張的産地、時間等，我們一時做不到。所以，我們和西方寫本學的差别大致是他們更偏重于考慮寫本的物質形態，而我們現在更加重視其格式和内容的關聯，這和東西方學術的傳統也有關。

前幾年整理我的老師郭晉稀先生（1916—1998）的文字學、音韻學講義，他的講義大多數是 20 世紀 40 年代在桂林授課時候的稿本。講課的時候他要邊抽烟邊喝茶，手稿上落滿了頭髮，還有烟灰、茶漬，而不同時期的眉批和傍注，則是他靈感一現的東西。這本身就是一位學者彼時彼地的生命的呈現，是他那個時候生命的記録。

我們學院有六位研究碑刻的青年學者。碑刻和寫本的關聯，可以討論。榮老師有一篇文章《石碑的力量——從敦煌寫本看碑志的抄寫與流傳》，主要講石碑借助寫本流傳的情况。我覺得，碑刻和宋以後刻本不同，它和寫本的關係更爲密切，碑文大多是按照寫本的格式刻上去的，它在很多情况下反映了寫本的面貌。同時，碑刻在筆法上也反映了書寫者的特質，當然也有刻工的手法。如梁啟超所説：南帖爲圓筆之宗，北碑爲方筆之祖。遒健雄渾、峻峭方整，北派之長也。

寫本圖文相濟的形式，在碑刻中也有反應。東漢以來的石碑上面還有很多紋飾，除了花草外，還有諸多怪獸的雕像，并有題名。王延壽曾經寫過《夢賦》，其實是一篇《駡鬼文》，《駡鬼文》是從東方朔那邊過來的，鬼的名字有很多，我們現在讀不懂。與出土墓碑上的雕像和題名對照，一部分鬼名可得到解釋。《漢書・郊祀志》記載，西漢末年，各種小鬼神有一千七百以上。廣義的寫本學是否應當包括碑石，可以繼續討論。

我對寫本學的見解大概就是如此。榮老師自二十多歲開始就在歐洲、日本各地游學，三十剛過，就編撰出版了《英國圖書館藏敦煌漢文非佛教殘卷目録（S.6981-13677）》（1994）。這是非常了不起的工作，没有淵博的學識和驚人的毅力是完不成的。試想一下，一個殘片，要給它説明出處，包括作者、原題，當時没有現在這樣方便的電子檢索系統，談何容易。1957 年，劉銘恕先生用了幾個月時間就根據縮微膠捲做出了《斯坦因劫經録》(S.0001-6980),真是了不起。劉先生和榮先生的目録,正是典型的寫本學著作。

游自勇教授: 關於寫本學,我的研究時日尚淺,談不上什麼系統的看法,只能是自己在研究過程中的一點心得體會。我的博士導師是郝春文教授,他的主要研究領域是敦煌學、佛教社會史,但我的博士論文研究的是中古《五行志》的問題,一點都不涉及寫本。博士後期間的合作導師是榮新江教授。對於一個學者來説,能够在某一個階段接觸到非常有意義的材料,并且參與整理研究,這是很幸運的事情。我就遇到了這樣的契機,當時榮老師正在帶領團隊整理新出土的吐魯番文獻,我有幸參與其中,得到了系統的寫本學訓練,才進入到了敦煌吐魯番學的研究領域。

這十多年跟隨郝春文教授、榮新江教授整理敦煌吐魯番文獻,收穫是巨大的。一方面,能够系統、全面地瞭解以往學者的研究成果,另一方面有機會幾次前往英國國家圖書館核查敦煌文獻原卷,親自觸摸那些卷子,這一點是非常重要的。在討論寫本學的時候,如果你不能真正觸摸到一份寫本,其實是非常遺憾的,一些直觀的東西你没辦法瞭解。你需要關注的是它的形態、格式、標記,各種各樣標記的符號,等等。刻本基本是定型的,而寫本處於一個變化的過程,不同的抄手和收藏者所掌握的寫本,其呈現的面貌都是不同的。所以在這個過程中,我們可以通過幾個本子的比對,發現哪些本子可能是一個系統的,哪個本子是抄哪一個本子的。很多時候,抄手只是機械性地抄寫,并不作判斷,所以如果兩個本子連錯誤的地方都一模一樣,二者必定是有直接關係的,我們就能够梳理出一個前後的淵源關係出來。如果不經過這樣一個過程,很難説自己是一個做寫本學研究的學者。

寫本的多樣性還體現在其他很多方面。我個人的感受是,我們應該把一個卷子當成整體來考察,這也是這些年伏老師不斷强調的。之前在做敦煌寫本研究時,大家都是挖寶式的各取所需,歷史學者關注的是寫本中記載的與歷史有關的資料,文學研究者關注的是詩、賦、變文等文學性强的資料,宗教研究者關注的是佛教、道教、三夷教等宗教性的文獻,不同領域的研究者各取所需,將自己需要的材料摘抄出來進行研究,這是基本的路徑。當時學者們還没有意識到一個寫本本身就是一個整體。有些寫本的內容是分時段抄録的,抄寫的人也不同,各自間的確不存在聯繫。但也有一些寫本從字迹判斷就是一個人抄寫的,內容各式各樣,從今天的眼光來看好像没什麼聯繫。那麼,古代的人爲什麼要把很多不同的內容抄録在一個寫本上呢?如果回到當時的情境,這個寫本可能就是一份學郎的讀書筆記,是他自己的一個本子,他自己是看得明白的。這也反映出當時學郎的知識構成是多方面的,并不局限于某一個面上,所以才會在一個寫本中記録了豐富多彩的內容。因此,我非常認同伏老師最新的研究,將寫本看作一個統一的生命體。我們要用整體的眼光去看待這些不同内容的記録，要從一個宏觀角度進行考察，破除以往分類討論的模式。這才是寫本學的真正途徑。

討論寫本的時候，還應當注意寫本的使用者。這樣的想法源于去年我們和榮新江教授去新疆考察時看到的一些新材料。考古工作者在烽燧遺址周邊挖掘出了一些文書，裏面有一件《韓朋賦》的殘片。《韓朋賦》見于多個敦煌寫本，之前的研究大都將《韓朋賦》當作一個獨立的文本，給它作釋文和校勘，即便有了新發現的文本，也不過就是增添一些新的校記。去年的考察結束之後，我就有了一個新的想法。敦煌的文獻是三界寺的藏書，是敦煌僧人們的學習材料，但是烽燧之下爲什麽也有這些寫本材料呢？烽燧周圍主要是戍守的士兵，當時那些士兵爲什麽也喜歡看《韓朋賦》呢？所以同一個文獻，在不同的地點出土之後，面對不同的“古人”，我們就有了不同的想法。之前榮新江教授也提到了，“寫本學”這樣的概念可能還是西方傳過來的。我們應該在寫本學中加入“閲讀者”的視野，不同的人看同一個文本的時候，他們的各自閲讀需求是不同的。寺學當中的學郎，和一個戍守的士兵都在看《韓朋賦》，但各自閲讀的目的是不一樣的。前者主要是作爲讀書的材料，後者更多的是供消遣。因此，在進行寫本學研究的時候，除了外觀和形式這些物理性的層面，我們還應該從閲讀者、使用者的層面去理解寫本的存在意義。

以上是我這十幾年來對寫本文獻的一個粗淺的認識。

榮新江教授：我過去在日本做過一個長安學與敦煌學的講演，其實我當時主要想討論敦煌的材料對長安學研究的價值。我們現在説的敦煌吐魯番文書，實際上是以這些文獻的出土地來命名的。但是你仔細看的話，這些文獻有一些來自長安，有一些來自四川。比如很多早期的印刷品，曾記録過“劍南”“西川”等出産地，這説明這些敦煌文獻都是四川出産的。因爲敦煌和四川的關係，尤其是在唐末的那一段時期，實際上是非常密切的。尤其是張承奉金山國時期，很多文獻材料都是巴蜀一代流傳過去的。我過去有個長安學讀書班，一個坊一個坊地考察。我們發現，其實有很多敦煌文獻也能够回到長安的坊裏去，回到長安的寺廟中去。我想找一些圖片來印證。

比如，我們可以從敦煌文獻的這些内容裏邊（律令格式、告身、佛典、道經、本草書、官文書、曆日、碑石拓本）都可以找到屬于長安的文獻。有一些可能和今天我們理解的寫本學有一些不同。我想伏老師所宣導的寫本學還是希望建立一個大的“帝國”，將很多東西都囊括進去，當然文書的研究也應該在裏邊。像這個官文書，現在也算書，其實在唐代它介于文書和書之間。一些官文書發布了很多年，像一些“敕”就變成“格”了，整理成格式律令了。我們要真正研究從長安到敦煌的詔令，這是一件真正的詔令，作爲《英藏敦煌文獻》封面的寫本，作爲IDP的logo。這個“敕”是皇帝寫的。過去我們知道官文書會畫一個“敕”，却不知道會畫這麼大一個“敕”，一個頂天立地的“敕”字。當時的皇帝會寫一個“敕”字，然後在年月後面的“日”字前面留下空格，皇帝用比别的字要粗一點的字寫上發出去的時間。

按照唐朝有關法律，正式的公文書使用若干年以後就廢棄了。但公文書的紙張質地都非常好，所以寺僧就拿到寺廟之後用反面拿來抄經，因此這就是這些本子原本的功能。很多做歷史學的人在接觸敦煌學的時候，實際上都没有做三界寺藏經洞中的佛教文獻，我們實際上都研究了反面的東西。比如，反面是一個户籍，一個法律文書。這些東西我們拿到了之後，就很快進行研究。這麼早的户籍，尤其是唐代的户籍，對于我們研究唐代歷史來説是非常重要的。研究均田制，研究賦役制度，研究人口制度，研究家族關係，等等，什麼東西都可以利用户籍資料。但是對于唐代的和尚們來説，這些背面的東西對他們没有意義，對三界寺圖書館來説也没有意義。宋版書也有這種情況。上海古籍出版社印的一套宋代人的《易解》書籍，當時這些紙張背面都保存了宋代人的書信，後來爲了研究這些書信，就將這部宋版書給拆了。現在有很多人都在做紙背文書。南開大學有一個團隊研究洪武年間印本背面的文書，上海圖書館答應給他們拆開，其中背後就有元代的户籍資料。敦煌的很多户籍都寫在寫本的背面，在紙縫寫敦煌郡、某某鄉里，然後某年籍，其時間和地點都寫在那些紙縫中。寺廟的僧人們拿到這些寫本户籍之後，爲了要抄經，他們不能讓神聖的佛經之中出現這些阻礙的東西，因此他們就沿着這些户籍印章的地方切一刀，然後把這行文字印章壓在紙縫下面，這樣就把這些印章和字弄到了紙縫之中。過去中國學者研究户籍研究不過日本學者，中國學者要慢慢考證這些户籍的年份，而日本學者買一張飛機票到倫敦，拿着燈光對着一照，裏邊清清楚楚寫着某州縣鄉里和年月，根本不用考。

古代的書籍基本是以卷爲單位，每一卷都是由多少紙張粘連起來，構成一“卷”。十個“卷”包好了之後給一個千字文號——古代藏書都是以千字文號爲單位，因爲古人從小到老都是非常熟悉《千字文》的。所以過去我在寫藏經洞的封閉原因的時候，就認爲敦煌的藏經洞實際上就是三界寺的圖書館。突破口就是當時斯坦因拿出的第一堆包裹，他還没來得及拆開看，其中有一個包裹上有“摩訶般若海”的字樣。這實際上就是《摩訶般若波羅蜜多經》的“海”字編號。所以知道了這個編號，就知道了這個包裹中的内容是多少卷到多少卷。特别遺憾的是，現代科學的歸類——比如英國將這些包裹絲織品都放在了大英博物館，而這些紙本放到了英國圖書館。到了1973年兩家一分，這些東西就分開了。法國也一樣，絲織品放在盧浮宫，紙張放在國立圖書館。在俄國也是分别放在東方文獻研究所和冬宫。他們原本的經卷和包裹皮（經帙）全都給分離開了。我去倫敦編目的時候，紙質經帙還完整地留在了大英圖書館。當時爲了我們編目，中文部主任吴芳思（Frances Wood）女史提前請來北京圖書館善本修復部主任杜偉生，這個人是個揭裱高手。他當時在倫敦呆了一年，他將這些東西放在澡盆中，第二天就開始揭裱。最多時他能够從一個經帙上揭出三十多層紙。因此，像這個大“敕”字的詔書也都是他揭出來的，在我之前很多學者都没有見到過。當時我就給北大的《國學研究》寫文章，將這個本子的録文寫出來，以前很多學者寫的文章的結論都可以因此推翻了。我們讀書班的同學讀《唐六典》——一般來説，某位同學讀某一方面的書籍，我就分給他們相關的文書——我就給雷聞分了這份敕書。于是他寫了一篇文章，發表在《唐研究》第一卷上，我的老師張廣達先生就問是不是我化名寫的，實際上是分給他了。這個本子是一件寶貝。

20 世紀 90 年代我在日本訪學，曾經和藤枝晃先生一起去看京都有鄰館的長行馬文書，他認爲是假的。他説這些紙的厚度不一樣，不是公文書紙的厚度，他用一個測紙厚度的儀器測過——將來你們要做寫本學，這些儀器，比如測量紙張厚度的儀器，一定要有。藤枝晃到哪都拿測量紙張的儀器去考察，唐代的公文書紙張，真的就都是誤差極小的。我當時不太相信，我和藤枝晃、池田温、陳國燦四個人出來吃飯的時候，藤枝晃先生跟我説這些敦煌文書是假的，池田温就在他旁邊説，這些内容没辦法造假，一定是真的。我到了倫敦就一下子明白了，倫敦那些經帙裏的文書，與有鄰館是一組，尤其是帶有判案部分的那些文書，年代、事件都完全一致。這些是僧人完整地存放在敦煌藏經洞，20 世紀初才流散到世界各地。所以，日本有鄰館藏的那些文書大多都是後來經水泡揭裱過的，已經改變了物理結構的寫本，不能説都是假的。這些情况藤枝晃并不知道。

我曾經搜集過英法的修復部編的論文集，其實也都非常有用。比如過去藤枝晃時代用顯微鏡照麻絲，只能照出五倍的大小，當時他們就按照這些麻絲的分布特點來判斷卷子的真僞和出産地。但是他的標本，有的麻絲非常均匀，他就認爲除了唐代宫廷的紙張能够造出這麼均匀麻絲的紙，其他地方出産的這麼均匀的紙都是假的，只能是 18 世紀以後的紙張。問題是藤枝晃采集到的 18 世紀以後的紙張標本都是日本出産的，敦煌卷子所反映出來的當地的植物結構，和 18 世紀以後的日本是完全不同的，又怎麼能够確認是日本出産的呢？他認爲當時斯坦因（Marc Aurel Stein）和伯希和（Paul Pelliot）走了之後，李盛鐸和他的兒子們進行了大量的造僞，之後又將這些僞品都送到敦煌，出售給外國探險隊，所以他認爲日本、俄國和斯坦因第三次探險所收集的寫本大都是僞造的。1997 年時倫敦開了一個關于敦煌僞本的學術會議，當時我和俄國的孟列夫（Лев Николаевич Меньшиков）、法國的戴仁（J. -P. Drege）等人，都是反對這個觀點的。我的文章《李盛鐸藏敦煌寫本的真與僞》實際上是針對藤枝晃的，不過當時我們也都是各説各話，但他没有什麼理由。

最近日本龍谷大學有一位江南和幸先生，他是工科方面的教授。原本他也是藤枝晃僞本論的支持者，但最近他能够用放大200倍的顯微鏡拍敦煌寫本照片，法國國家圖書館的網站就有他做出來的顯微鏡相片，可以看到許多過去藤枝晃時代顯微鏡看不到的纖維。可是這位教授没有來過中國西北，他不知道中國西北地方的植物結構。這位教授非常勤快，他經常去鄉間采集植物，但他實際上是用日本地區的植物作爲標本的。所以，我們現在還有很多事情可以做，像一些植物動物的纖維，都可以在這些紙張裏邊找出痕迹來。

佛經用紙的高度一般是28厘米，公文書是30厘米，爲了符合佛經的體制，在把公文書裱糊經帙的時候，經常就把公文書的天頭地脚給剪掉了。所以，很多藏地的敦煌文獻，實際上都是没有天頭地脚的，又經過水的浸泡，所以看上去不像真的唐朝文書，難怪藤枝晃先生會懷疑有鄰館的東西。不過，英國的修復部都是每拆一張，繪製一張圖，非常敬業。

比如巴黎吉美博物館藏敦煌發現經帙背面的《令狐懷寂告身》，經帙正面是非常精緻的絲織品。過去在發表的時候，往往只是將它的正面發表了出來，我們關心的背面重要的部分都看不到。這是一件告身，伯希和1909年就帶去了北京，羅振玉、王仁俊他們都有録文，録文之後我們在巴黎的縮微膠捲敦煌寫本中從來没有找到這一件文書。所有研究告身寫本的人都没有找到這件文書。後來法國吉美博物館介紹他們的藏品時，將這件文書的背面露出來了，我一看就知道這就是羅振玉他們録的那件告身。後來我又托人將這個本子的高清圖片找了過來，又讓一位學生寫了文章。

有些律令，或道經，都是經過了從凉州到敦煌的傳抄過程，也值得注意。

再比如佛經中的題記。如S.312咸亨四年（673）武則天爲她父母所寫的《妙法蓮華經》題記，校對者都是太原寺的高僧大德，然後再發布到全國各地。這個過程，趙和平先生已經考證的非常清楚了。這個本子就是藤枝晃所説的宫廷寫手所抄，而且是當時最標準的宫廷寫本。如果能把這些東西的物理特徵全部考察清楚，再去衡量那些麻絲非常均匀的紙張，是否長安出産，就清楚了。現在可能内容比較少，如果能够整理出來百十來件，那麼就能够得出一些結論。其他的很多東西也都是幾代人輯録出來的，也需要一定時間的學術積累。

又比如這件老子《道德經》寫本，其實這是當時官修的開元道藏的經本，是長安國子監學生抄録的。到了敦煌，寺學學郎拿來當成了練字的本子，接連寫了好幾個“大乘無量壽經”。再比如這件龍谷大學藏敦煌本《本草集注》，原卷非常漂亮，日本龍谷大學善本叢書就出了這個卷子的專集。這個本子的後邊有“開元九年九月十一日于都寫本草一卷”的題記。“于都”指的就是長安城，這説明該卷確實是從長安流傳到敦煌去的。

還有這個本子（P.2528）是《文選》殘卷，學術界校勘《文選》的時候都經常利用本卷，該卷的題記正是“永隆年二月十九日長安弘濟寺寫”，弘濟寺在長安，是從長安寺廟流傳到敦煌去的。這件《文選》的卷子在吐蕃統治時期也没有被廢，據高田時雄先生的考證，該卷題記後的藏文正是音譯的“文選”二字。這説明在吐蕃統治時期，也還有人在使用本卷。敦煌是一座絲綢之路城市，當年很多學者都認爲，敦煌文獻中很多非漢文文獻都是作廢紙用的，但實際上不好判定。當時敦煌講回鶻語、吐蕃語、粟特語的人都有。今天國際藏學界認爲，藏文的很多佛典，特别是密教類的，大都是10世紀在河西一帶産生，然後再流傳到西藏去的。

S.8444是唐朝文思院的一份賬單，文思院是唐代專門爲皇室製造金銀器的作坊。當然還有S.1156沙州歸義軍進奏院狀，即晚唐時期沙州節度使在長安城内設立的“辦事處”，在當地抄寫完成，然後作爲報告後來傳回了敦煌。我們剛才提到了有四川傳到敦煌去的曆日，這裏也保存了從長安傳過去的曆日（見妹尾達彦《唐代長安東市の印刷業》）。如果中央没有頒布曆日，敦煌地區很多事情都不能辦。我們過去看吐魯番出土的馬料賬，就説如何發正月的馬料，不知道該月是大月還是小月，西州當地的小官吏就主張按照小月發，等長安的曆日到了之後，如果是大月，再補發。

此外，做敦煌學的人，一定要關注宋人的筆記和小説，讀《太平廣記》中的小説，尤其是靈驗記。一些不尊敬三寶會招來厄運的故事，反映了寫本時代書籍流傳的一些特點。宋代的人還能够看到很多唐人的書籍，他們所記録的東西對于研究唐代書籍流傳非常有用。敦煌畢竟是較爲偏遠的地區，所以較爲高級的書籍樣式，我們仍然需要宋代人的筆記來進行參考。比如告身，敦煌所見的告身大多仍然是品階較低的官員所作的告身，但給皇室成員所作的告身該用什麽紙，只能去宋代人的記載中找尋。當我們把傳世文獻和這些實物進行了比對之後，就會發現很多東西都活起來了。

還有一些拓本。敦煌只保存有三個拓本，《化度寺碑》就是其中之一。去年我在《唐研究》上發表了一篇關于碑志的文章，伏老師剛才提到過。大多數人想到的是墓志（碑刻）和文本之間的研究，我就想到敦煌真的是一個大寶藏——從敦煌來看這個問題的話，例子是最爲豐富的，既有碑刻的拓片，更多的實際上是碑刻的鈔本。我們今天看到的古人抄的碑都成了刻本，我們不容易看出來有什麽特點。但是敦煌的碑刻，一類是從正式的文集中抄的，一類則直接從當時的碑刻上抄來的。要是從文集上抄來的話，往往在逝者的年月日處留有空格，直接抄自原本的則没有空；而寫本往往會保留碑刻的格式，它的字往往會將碑刻的原貌保留下來。尤其是經過一鈔、二鈔和三鈔之後，這些寫本最終都變成了當地的文集，變成後來的人撰寫碑志的範本。通過這個角度，我們才能知道這些文集在地方社會的傳承過程。從縮寫的標題也可反映出來，剛開始的鈔本大都是非常正式的全稱，到後來就成了簡稱，比如“吴僧統碑”“索法律碑”。所以，這些碑志如何從拓本變成鈔本，後來又變成刻本，敦煌文獻給了我們最好的參考材料。

當然還有畫，寫本中保存的官方的各種印章，也是我們可以參考的材料。比如寫本P.2819中保存的“凉州都督府之印”，鈐在官文書之後。因爲官文書不能隨便蓋章，有的就表明它們是官方的正式文本。告身是委託下一級官府抄的，不可能所有得了官的人都親自去長安抄寫，如果你在廣西去長安抄的話，路費也很貴，告身都是層級的抄。先由道一級抄寫，都是由凉州方面出發去長安抄寫。這些人去長安抄寫之後，鈐上凉州都督府的印，再讓凉州都督府下面的各州來抄。P.2819作爲公文書，是敦煌保存的本子，自然保存着凉州都督府的印章。又比如有名的P.4634《永徽東宫諸府職員令》，後邊也有“凉州都督府之印”，文後的題記則有“沙州抄律令”的字樣，這説明了當時沙州方面有專門抄律令的人。因此，這些文字都非常像長安方面專門抄寫律令的文字，非常標準的字體。還有Дx.01111+Дx.01113《老子道德經》寫本，背面紙縫處也鈐有“凉州都督府之印”，可知該本源于開元道藏。道經之中爲什麼會有“凉州都督府之印”？俄藏這件敦煌文獻就能清晰地告訴我們，這個本子是道教文獻的組成部分，是從長安道藏抄出來的。可以看出，這個本子是經過凉州都督府傳抄到敦煌去的，所以才會在背面鈐上凉州都督府的印章。從這個角度，我們能够看出在寫本時代，書籍都是動態的形式在流傳，這也是敦煌文獻非常具有價值的地方。

還有S.2464《唐梵翻對字音般若波羅蜜多心經并序》，題名“西京大興善寺石壁上録出”，這説明該本是從長安大興善寺的墻壁上直接傳抄而來，其價值不言而喻。更重要的是，我們能够從文字中看出其保留碑刻的字體，尤其是對于擁有護身符意義的《心經》來説。其實還有很多書，像P.2634《傳法寶記》等，都是産生在長安的文獻。我們現在看到的這些本子也很有可能都是從長安傳過來的，當然很多本子没有題記，我們并不能隨便判定。

比如我們看到的俄藏敦煌本《瑤池新咏集》——可以説這是俄藏敦煌文獻中的重大發現，這是唐代女詩人的集子。我先發現了幾個殘篇，後來交給了徐俊先生。我跟徐俊先生的關係非常好，剛才我們也提到了徐俊先生的那本《敦煌詩集殘卷輯考》——就是伏老師一直表揚的那部著作，這個著作打破了以往的文獻整理方式。以往的整理敦煌詩文集的方式，即王重民先生他們那個時代，都是用别集的思維來整理敦煌本子。比如白居易的詩，他們就將其全部歸入《全唐詩》中白居易的名下，尤其是他們在看到一份全部抄着白居易詩的卷子時，就理所應當地判定那個本子是白居易的别集。這是陳子昂集，那是高適的詩集。但實際上，敦煌的很多詩文集都是叢鈔本，這些寫本可能正反面有很多東西，其實都和這些詩集相關。徐俊先生是做詩集的，但一份寫本的前前後後，他都仔細地著録了一遍。一些文書或者文章的部分，他不會校録下來，但都會講清楚。當然，有些可能他也説不清楚，因爲他是做文學的，做詩歌的，所以他就把稿子寄給了我。我幫他看了一個多月，我給他做了密密麻麻的批注，畢竟我是做歸義軍史的，那些涉及歸義軍的歷史人物，哪怕是特別小的人物，我都能説上幾句。因此我就給他補充了一遍。他完全按照唐代的狀態來整理唐代的詩集，這是徐俊的開創性。我後來給他的論文集寫了一個序，就涉及了一個故事：我在美國的唐研究學會參加會議，他們主要都是做文學的學者，結果他們一人手裏拿着一本徐俊的《敦煌詩集殘卷輯考》。當時的會長柯瑞（Paul Kroll）教授是做唐詩的，他就拿着那本書説，我們都應該用這本書來做唐代文學。斯坦因和伯希和所得卷子中從來没見過這本女詩人的詩集（《瑶池新詠》），我們當時首次發現這些殘篇之後，進行了一番考證。

我過去研究敦煌學的時候，是把每一個號的寫本都做了卡片，每一個卷子全世界不管什麽人研究過，我都有一張卡片。所以我知道敦煌學界哪些人是炒冷飯的，哪些人是録過新文書的。所以我非常佩服李正宇和郝春文先生，我在做卡片的時候，經常要用新卡片來著録他們的論著，這説明這些文書都是他們第一次録出的。但是有的學者，就没有録入過什麽新的文書，全都是跟在人家後邊抄，所以這些文章後來我都列入“我不看的目録”（笑）。

其實當時上海古籍出版社一批批拍回來俄藏敦煌文獻的照片，他們先把編寫的目録發給了我，我根據自己的卡片記録一一對照，我就知道某個卷號是哪些學者做過的。有些定不下來的，我就跟上海古籍出版社的同志們説，讓他們把那些照片給我發一份過來。當時特別不方便，現在有手機了，有微信了，那隨時都可以看高清的大圖（笑）。後來他們從聖彼得堡印回來一批照片之後，我就乾脆到他們出版社旁邊的小旅館中住了下來，專門看一個星期，這些東西都是那時候發現的。我一張照片一張照片地過，就找到了這本《瑶池新詠》。還有這一份俄藏的詩集卷子，可以和 P.2492《唐人詩集》拼接起來。其前段部分都是法藏，過去王重民先生都把這個集子當成白居易的詩集，接在後邊的却是李季蘭的詩。李季蘭是唐代著名的女詩人，因爲寫了給叛亂者歌功頌德的東西，後來被處死，很年輕就夭折的女詩人。經過這樣的拼接之後，我們還能把這個本子稱爲“白香山詩集”嗎？而且寫本裏邊還保存了對唐朝來説非常忌諱的寫了“反詩”的女詩人的作品。實際上，晚唐時代歸義軍節度使的那些官員，比如押衙之類，他們到了長安之後受了很多氣，他們在心理上是對唐朝公卿權貴不滿意的，所以他們最喜歡看《秦婦吟》，讀《秦婦吟》中“内府燒爲錦繡灰，天街踏遍公卿骨”的句子，自然是解恨，而這些公卿當年都是欺負過歸義軍的使節的，所以《秦婦吟》在敦煌地區最爲流行，恐怕也有這種心理因素的作用。

我們的寫本學和書籍史，首先一步就應該將這些書的原狀，其中保存的各種各類的内容——比如一張紙的行格、寬度、跟普通的書籍（標準的佛經、經史子集）的區别、天頭地脚的寬度、字迹的特點，等等，都反映出來。我現在就非常關心從敦煌到吐魯番，到龜兹，到于闐，包括已經不存的王羲之的字帖，都把他們納入到研究的範疇之中。有人説《蘭亭》不是被封在了李世民的墓葬中了嗎？民間學習的《蘭亭》都是從《聖教序》中輯的字，根本不是當時的原貌。但我們可以看到，敦煌人從官員到民衆再到學郎，都在臨摹《蘭亭》。這些材料都有，而且還非常豐富，説明《蘭亭序》有抄本傳世。

還有其他形式的書籍格式，如 P.4093《甘棠集》。這種格式受到了印度梵夾裝的影響，是一種長條狀的書籍。我們要做今天的書籍史，實際上更加注重書籍的功能方面的問題，要和社會史聯繫起來。趙和平先生將《甘棠集》整理了出來，實際上它是一種書儀，是表狀箋啟的書儀，是節度使中的掌幕書記（通常是節度使給宰相或者皇帝寫報告的人）專門給節度使執筆作文的一份底本，這個本子顯然就是他寫文章的一個範本。所以，這個本子爲什麽會采用梵夾裝呢？因爲節度使的掌幕書記要隨軍征討，他會和節度使一起外出作戰，梵夾裝非常有利于隨身攜帶，而且他隨時都可以打開到某一個部分，用來作爲寫文章的參照。因此，這些書籍的内容，一定和寫本的形制有關。

過去我們不重視寫本的外部特徵，就很難將其與獨特的社會歷史文化結合起來。比如 S.76《食療本草》。IDP 非常的方便，能够看到這些寫本上的朱筆部分，以往這些東西我們都是看不到的。過去我整理編目過英藏一件《下女夫詞》，標題都是用朱筆寫的，字迹也非常工整漂亮。我們原先都認爲《下女夫詞》是民間文學，看到這個寫本，我認爲《下女夫詞》完全不能當作一個本子來對待。又比如這件《王昭君變文》，都是非常工整地抄寫，天頭地脚都密密麻麻，没有留下多餘的部分。古代那些講變文的民間藝人，身上攜帶的東西都非常少，他不能帶太多東西，這些工整的寫本都是他必須用到的。

敦煌文獻非常豐富。這件是敦煌文獻中保存的寺額。這是我昨天提到的 Дx.2881+Дx.2882《開元廿九年二月九日沙州大雲寺授菩薩戒牒》，這是敦煌某位僧人受戒的憑證，實際上是長安大安國寺某位大德爲他受戒的。而且在受戒之前，要講唐玄宗的《御注金剛經》，要講《法華經》，整個構成了非常嚴密的受戒儀式。當然，有可能這個《御注金剛經》就是僧人從長安帶過去的，時間在開元二十九年（741）。這些都是書籍流傳的情况。

謝謝各位。

歐洲實物寫本學簡論

馮　婧

摘　要： 本文介紹了歐洲實物寫本學（codicology）的建立、研究範圍、主要内容和重要進展。20 世紀 50 年代，在原有的對於寫本實物形態的興趣的基礎上，實物寫本學正式成立。在過去的 70 年間，實物寫本學以歐洲爲主陣地迅速成長。學者圍繞書寫載體、寫本形制、刺孔、劃欄、頁面佈局、抄寫、插圖、裝幀等實物特徵展開研究，不僅增進了關於寫本生産技術和實踐的知識，還從中探索出一套成熟的觀察、分析方法。計量方法和比較視野的引入，以及科學技術的應用，更爲實物寫本學注入了新的生機。實物寫本學發展至今，已不再滿足於純技術性的分析，而是將寫本生産置於歷史的大背景和廣袤的地域中考察，走向與其他人文領域聯繫更爲緊密的綜合研究。其對於書籍史、文獻學、古書迹學、語言文字學等領域具有重要意義。對歐洲實物寫本學的認識，能增進中西寫本研究之間的對話交流，對中國寫本研究有所裨益。

關鍵詞： 寫本學；書籍考古學；物質性；册子本

西方寫本研究，尤其是歐洲的寫本研究，具有漫長的傳統和深厚的積澱，已建立系統的學科體系和成熟的研究方法。在中國寫本學日益受到關注的今天，瞭解西方寫本學的起源、流變、學科結構和前沿成果，或許能對中國寫本學的建設有所啟發，對東西方寫本研究的對話交流有所增益，爲開展綜合、比較研究奠定基礎。

歐洲寫本研究歷史悠久，内容豐富龐雜，非一篇短文所能囊括。出於篇幅考慮，本文將圍繞其子領域實物寫本學展開討論。實物寫本學是近年西方寫本研究最爲熱門的課題之一，已在全球範圍内引起關注。在過去的 20 年間，其理論方法被應用於不同文化傳統的寫本研究，産生了不少有價值的學術成果，提出了一系列有待繼續深入的議題，使得寫本研究的面貌焕然一新。本文將介紹實物寫本學的建立、研究範圍、主要内容和重要進展，以溝通信息，望有裨學界。[1]

一、實物寫本學的建立與研究範圍

寫本（manuscript），顧名思義，由手寫而非印刷製成。我們熟悉的簡牘帛書、敦煌寫本，以及古埃及的莎草紙手稿、歐洲中世紀的手抄本等，都可被稱爲“寫本”。一份寫本可剖分爲兩個方面：文本的方面和物質的方面。對於文本内容的解讀固然重要，但若忽視其物質形態，會損失文本生成的時間、空間信息，甚至會造成對文本意涵的誤讀與扭曲。在這種認識下，研究者將寫本的實物特徵視作還原寫本生産、流傳和使用的重要綫索，開始關注寫本的書寫載體、形制、頁面佈局、裝幀、裝飾等一系列技術相關的非文本因素。這類對於寫本實物形態、製作工藝的專門研究，被稱爲“codicology”或“archaeology of the book”。[2]後者可譯爲“書籍考古學”，前者則很難在漢語中找到完全對應的辭彙。我認爲可參考其另一個名稱“material codicology”[3]，譯爲“實物寫本學”，以區別於含義更爲寬泛的“寫本學”（manuscript studies）。

Codicology 是古希臘語與古典拉丁語的合成詞。其前半部分來源於 codex，是指一定數量的莎草紙、皮紙（parchment）[4]、紙張或其他類似材料從中對折、裝訂而成的册子本；與後半部配合，構成了“關於册子本的學問”。需要説明的是，雖然 codicology 的構詞中有 codex，其研究對象不僅限於册子本。如今學界更傾向於將各種形式的手抄書，例如卷軸、版牘等，納入 codicology 的研究範圍。而册頁形製的印刷書，由於非手抄，對其的研究不能稱之爲 codicology。[5]這個新詞的發明者，一般認爲有兩

[1] 歐洲是寫本研究的重要陣地，相關研究成果多使用英語、法語、意大利語、德語發表。爲避免不同語言間轉換時造成的混淆，文中一些辭彙，尤其是術語，將優先使用發表時的原語言。而譯成漢語的部分，或有翻譯不周之處，望學界指正。本文的撰寫，得益於實物寫本學領域已出版的論文和著作。本文第一部分和第三部分，重點參考了 Albert Gruijs, “Codicology or the Archaeology of the Book? A False Dilemma,” *Quaerendo*, vol. 2, no. 2 (January 1972), pp. 87-108; Albert Gruys, “De la «Bücherhandschriftenkunde» d'Ebert à la «Codicologie» de Masai,” *Codicologica*, vol. 1, 1976, pp. 27-33; Denis Muzerelle, “Le progrès en codicologie,” in Peter Rück and Martin Boghardt, eds., *Rationalisierung der Buchherstellung im Mittelalter und in der frühen Neuzeit: Ergebnisse eines buchgeschichtlichen Seminars*, Wolfenbüttel, 12-14 November 1990, *Marburg an der Lahn: Institut für historische Hilfswissenschaften*, 1994, pp. 33-40; J. P. Gumbert, “Fifty Years of Codicology”, *Archiv für Diplomatik*, vol. 50 (2004), p. 507; Maria Luisa Agati, *The Manuscript Book: A Compendium of Codicology*, Rome: L'Erma di Bretschneider, 2017。

[2] 實際上，codicology 和 archaeology of the book，以及後文將會提到的“handschriftenkunde”，并不完全等同。它們在意涵和使用語境上有微妙差異，見 L. M. J. Delaissé, “Towards a History of the Medieval Book,” *Codicologica*, vol. 1, 1976, p. 82。

[3] J. P. Gumbert, “Fifty Years of Codicology, ” p. 507.

[4] Parchment 參考了蘇傑和高峰楓的譯法，見〔英〕C. H. 羅伯茨、T. C. 斯基特著，高峰楓譯：《册子本起源考》，北京大學出版社 2015 年版，第 2 頁。

[5] 對於印刷書實物形態的研究，學界多使用分析書志學（analytical bibliography）一詞。分析書志學和實物寫本學在研究方法上頗多共通之處。

位。首先是 Charles Samaran。他在法國高等研究實踐學院（École pratique des hautes études）1934 至 1935 學年開設的講座中，創造了“codicographie”一詞，作爲當時已有的、來自德國的術語“handschriftenkunde”（science of manuscripts，關於寫本的學問）的翻譯。但這個單詞在當時并未引起學界重視。Samaran 在後來的出版物中，也没有再使用 codicographie。至 1944 年，Alphonse Dain 在一次演講中，使用了相似的詞語“codicologie”，并在他 1949 年出版的著作《寫本》（*Les manuscrits*）中繼續采用。由此，codicology 一詞逐漸被學界接受。[1]

而在這個單詞被創造之前，對於寫本實物形態的研究已經存在，例如出版於 1825 年 Friedrich Ebert 的著作《寫本學》（*Zur Handschriftenkunde*）。這本書系統介紹了寫本的書寫材料與工具、墨水與顔料、辭彙分割與縮寫、頁面佈局、界欄、字母裝飾、插圖、開本、裝幀、水印、抄寫，以及重寫頁（palimpsest）等方面[2]，并歸納了定位寫本製作時間與地點的方法和注意事項。[3] 相比於《寫本學》的匯爲一處，早期的實物寫本研究在更多情況下呈現零散的面貌，散見于古書迹學（palaeography）、語言文字學、文獻學、歷史學的著述中。來自這些領域的學者在研究寫本的書寫和文本的過程中，逐漸開始關注寫本的實物層面和製作技藝，以判斷寫本來源，輔助文本閱讀。他們雖不專門從事實物寫本研究，在當時實物寫本學也并未被視爲一門獨立的學問，但這些研究爲實物寫本學日後的發展奠定了最初的基礎。

至 1950 年，François Masai 在期刊《繕寫室》（*Scriptorium*）發表《古書迹學與實物寫本學》（Paléographie et codicologie）一文，實物寫本學才開始獲得獨立地位。這篇文章第一次提出古書迹學和實物寫本學應相互區分：前者研究的是古代字體和書寫，屬於歷史學範疇；後者研究的是物質形式，屬於考古學範疇。作者認爲實物寫本學有自身明確的方法和目標，是獨立的學科，不是語言文字學和歷史學的分支學科。以這種認識爲前提，對於實物特徵的專門研究才能被更好地落實，取得發展，爲其他相關研究提供更多協助。後來流行於學界的實物寫本學的另一個稱呼“書籍考古學”，也可追溯至這篇文章。[4] 1956 年，Masai 在同一刊物上發表《希臘-拉丁古書迹學，其任務與方法》（La paléographie gréco-latine, ses tâches, ses méthodes），補充論述古書迹學和實物寫本學之間

[1] 需要指出的是，codicology 一詞在剛被提出時，其含義與現在的 codicology 有一些差異。其意涵變化的過程，見 Albert Gruijs, “Codicology or the Archaeology of the book? A False Dilemma,” pp. 87-108; Albert Gruys, “De la «Bücherhandschriftenkunde» d’Ebert à la «Codicologie» de Masai,” pp. 27-33。

[2] 指的是一種被重復利用的寫本頁面。其上原有的文本被擦除，書寫了新的文本。

[3] Friedrich Ebert, *Zur Handschriftenkunde*, Leipzig: Steinacker und Hartknoch, 1825; J. P. Gumbert, “Ebert’s Codicology a Hundred and Fifty Years Old,” *Quaerendo*, vol. 5, no. 4（January 1975）, p. 336.

[4] François Masai, “Paléographie et codicologie,” *Scriptorium*, vol. 4, no. 2（1950）, pp. 279-293.

的關係，再次强調實物寫本學的獨立地位。[1] 值得一提的是，刊載這兩篇文章的《縉寫室》，創於 1946 年，内容以歐洲中世紀實物寫本研究和古書迹學研究爲主，至今仍是寫本學的重要陣地。

如果説 Masai 的兩篇文章是實物寫本學理論上的“獨立宣言”，那麽以 Léon Marie Joseph Delaissé、Neil Ripley Ker、Jean Irigoin、Léon Gilissen 等爲代表的一批學者，則在 20 世紀 50 年代至 70 年代通過具體研究逐漸從實踐上建立了實物寫本學。L. M. J. Delaissé 於 1956 年完成的《托馬斯・肯培的親筆手稿和〈效法基督〉：布魯塞爾皇家圖書館 5855-61 的考古學研究和仿真本》（*Le manuscrit autographe de Thomas a Kempis et L'«Imitation de Jésus-Christ»: examen archéologique et édition diplomatique du Bruxellensis 5855-61*），是書籍考古學的經典著作之一。作者詳細調查了布魯塞爾皇家圖書館 5855-61 寫本的抄寫特徵、册頁結構、頁面佈局、裝幀、文本裝飾，以及文本的增删改易、標點的調整等。通過復原寫本的構成及形成過程，他證明了 Thomas A Kempis 不是文本的抄寫者或校訂者，而是文本的作者。[2] 除此之外，他對 15 世紀的尼德蘭寫本插圖研究和中世紀書籍考古學皆有重要貢獻。N. R. Ker 的主要研究領域是英國中世紀拉丁語寫本。他不僅編寫了一系列寫本目録，他的《牛津裝幀中被用作封皮内頁的中世紀寫本碎片》（*Fragments of Medieval Manuscripts Used as Pastedowns in Oxford Bindings*）和《諾曼征服後一個世紀的英格蘭寫本》（*English Manuscripts in the Century after the Norman Conquest*）也是實物寫本學領域的重要著作。前者通過研究 16 世紀牛津的書籍裝幀者利用舊寫本製作封皮内頁的現象，透視書籍裝幀和圖書館的歷史。後者則關注諾曼征服後的英格蘭寫本，揭示這一歷史事件所帶來的字體劃欄、刺孔、頁面佈局等方面的轉變。[3]Jean Irigoin 在古書迹學領域頗有成就的同時，還深入研究了希臘語寫本的開本尺寸、頁面佈局、裝幀，以及拜占庭的抄寫中心，并運用阿拉伯寫本、叙利亞寫本和亞美尼亞寫本拓展研究的廣度。[4] 而 Léon Gilissen，他的研究涉及實物寫本學的諸多方面，近乎在這個領域的每一個角落都留下了足迹。他於 1977 年出版的《實物寫本學導論：對於册子本構造和中世紀寫本的頁面佈局的研究》（*Prolégomènes à la codicologie: recherches sur la construction des cahiers et la mise en page des manuscrits médiévaux*），基於布魯塞爾皇家

[1] François Masai, “La paléographie gréco-latine, ses tâches, ses méthodes,” *Scriptorium*, vol. 10, no. 2（1956）, pp. 281-302.

[2] L. M. J. Delaissé, *Le manuscrit autographe de Thomas a Kempis et L'«Imitation de Jésus-Christ»: examen archéologique et édition diplomatique du Bruxellensis 5855-61*, Anvers: Standaard-Boekhandel, 1956.

[3] Kevin Kiernan, “N. R. Ker (1908-1982),” in Helen Damico, ed., *Medieval Scholarship: Biographical Studies on the Formation of a Discipline*, vol. 2, New York: Garland Publishing, 1998, pp. 425-437.

[4] Brigitte Mondrain, “Jean Irigoin et la paléographie grecque,” in Antonio Bravo García and Inmaculada Pérez Martín, eds., *The Legacy of Bernard de Montfaucon: Three Hundred Years of Studies on Greek Handwriting: Proceedings of the Seventh International Colloquium of Greek Palaeography*, Madrid-Salamanca, 15-20 September 2008, Turnhout, Brepols, 2010, pp. 601-611.

圖書館所藏寫本，集中展示了册子本的製作工藝和頁面佈局，是日後學者分析寫本實物特徵時無法繞開的參考著作。[1] 這一時期，除了個人著述，還有不少合作編寫的專題集，如《寫本學》（*Codicologica*）系列和《寫本學研究》（*Studia codicologica*）。至 20 世紀 70 年代末，實物寫本學的著述數量相較 50 年代已有了顯著增長，研究内容日益豐富，無法盡數。[2]

隨着實物寫本學的成長擴張，其研究範圍也愈發寬廣，逐漸從技術層面的研究走向更廣闊的歷史學領域。這一趨勢可回溯至 L. M. J. Delaissé《走向中世紀書籍的歷史》（Towards a History of the Medieval Book）一文。這篇文章指出，書寫中世紀書籍的歷史，需要依賴寫本的物質形態分析。通過釐清技術細節，確定寫本生産的地點和時期，摸清相關實踐的地域分佈和歷史上的變遷，由此與書籍的歷史産生對接。同時，鼓勵實物寫本研究并不意味着冷漠地排斥其他領域的研究，其背後的觀念實際上是一種整體性：書籍不僅僅是傳播文本的載體，也不僅僅是古代書寫的保存地。它是一個完整的個體，包含文本與書寫，也包含許多技術因素。只有整體考察書籍的各個方面，才能爲特定領域的研究提供準確的信息。[3]Albert Gniijs 則在他 1971 年的講座《實物寫本學還是書籍考古學》（Codicologie ou archéologie du livre?）中，明確將實物寫本學區分爲狹義的實物寫本學（stricto sensu）與廣義的實物寫本學（lato sensu）。此後，Albert Derolez、Albert Gruys、Charles Samaran 等人，也相繼提出類似的觀點。[4] 狹義的實物寫本學將寫本視作技術産物，嘗試通過對寫本實物特徵的描述與分析，重構寫本製作的技術因素和原始實踐；廣義的實物寫本學則將寫本視作一種歷史、文化現象，一種社會、經濟産物。它將對實物形態的研究延伸至物質構成背後的人與物，延伸至寫本的傳播、接受、收藏、使

[1] Léon Gilissen, *Prolégomènes à la codicologie: recherches sur la construction des cahiers et la mise en page des manuscrits médiévaux*, Gand: Éditions scientifiques Story-scientia, 1977.

[2] 關於《寫本學》（*Codicologica*）系列和《寫本學研究》（*Studia codicologica*），以及至 20 世紀 70 年代末實物寫本學的進展，見 Paul Canart, “Nouvelles recherches et nouveaux instruments de travail dans le domaine de la codicologie,” *Scrittura- e civiltà*, vol. 3（1979）, pp. 267-307。截至 2002 年的主題書目，可見 Marilena Maniaci, *Archeologia del manoscritto: metodi, problemi, Bibliografia Recente*, Rome: Viella, 2002。

[3] L. M. J. Delaissé, “Towards a History of the Medieval Book,” pp. 75-83. Delaissé 原有關於書籍考古學和中世紀書籍史的寫作計畫（Archaeology and History of the Medieval Book），將由牛津大學出版社在 1972 年或 1973 年出版。但他的去世使得寫作未能完成，僅留下了這篇概述。

[4] Albert Gruijs, “Codicology or the Archaeology of the book? A False Dilemma,” pp. 101-105; Albert Derolez, “Codicologie ou archéologie du livre? Quelques observations sur la leçon inaugurale de M. Albert Gruijs à l'Université catholique de Nimègue,” *Scriptorium*, vol. 27, no.1（1973）, pp. 47-49; Albert Gruys, “Paléographie, codicologie et archéologie du livre:questions de méthodologie et de terminologie,” in *CNRS* ed., *La paléographie hébraïque médiévale*: Paris, 11-13 September 1972, Paris: CNRS, 1974, pp. 19-25; Albert Gruys, “De la «Bücherhandschriftenkunde» d'Ebert à la «Codicologie» de Masai,” pp. 27-33; Charles Samaran, “Préface,” *Codicologica*, vol. 1, 1976, p. 9. J. P. Gumbert 則將實物寫本學區分爲由窄至寬的三個層次：對於寫本的考古學分析；對於寫本生産技術的研究；將寫本視作文化現象的研究。（Maria Luisa Agati, *The Manuscript Book: A Compendium of Codicology*, p. 27）這種看法與前述狹義和廣義的概念基本吻合。

用，延伸至寫本製作相關的商業活動、政治背景和文化動因，將寫本研究置於更大的歷史背景下，多方協助各人文領域的研究。對於狹義和廣義實物寫本學的界定，表面上看似區分劃界，實際上是增加了實物寫本學的靈活度，擴大了這個領域的研究範圍，使其與其他領域的研究，尤其是與書籍史研究之間聯繫變得緊密。

今天，研究者在使用 codicology 一詞時，會在合理的範圍内根據自己的需要取捨，靈活操作。例如著名刊物《寫本學通報》(*Bulletin codicologique*)，將寫本研究相關的論文與著作悉數收録，範圍寬廣。一些近年出版的實物寫本學手册，如《伊斯蘭實物寫本學：阿拉伯文寫本研究入門》(*Islamic Codicology: An Introduction to the Study of Manuscripts in Arabic Script*)[1]、《寫本的考古學：方法、問題與近年參考書目》(*Archeologia del manoscritto: metodi, problemi, bibliografia recente*)[2]、《寫本書籍：實物寫本學綱要》(*The Manuscript Book: A Compendium of Codicology*)等[3]，則采用了較爲嚴格的劃界，主要介紹寫本的物質特徵和技術因素，但在必要時也會納入古書迹學和歷史學的知識。

二、實物寫本學的主要内容

在過去的 70 年間，實物寫本學以歐洲爲主陣地迅速成長。研究成果大量涌現，研究方法日臻成熟。比利時、法國、英國、荷蘭、德國等國學者對於寫本實物形態的探索，不僅展現了書籍生産技術和實踐的驚人的多樣性，充實了我們對於中世紀寫本的認識，還在研究過程中建立了一套精細的觀察方法和系統的分析方法，能在方法論層面上爲其他文化傳統的寫本研究提供借鑒。本文這一部分將參考上文提及的近年出版的三本實物寫本學手册，以各個子領域爲綱，概述實物寫本學具體的研究内容、視角與方法。

書寫載體。實物寫本學的研究對象是手寫書，其書寫載體包括版牘、莎草紙、皮紙、紙張等。存留至今的寫本，絶大多數由皮紙或紙張製成。對於皮紙，研究者通過顯微鏡觀察其毛髮的斜度和毛囊的密度，能大體分辨動物的種類。研究者還會觀察其尺寸、厚度、色澤、邊緣弧度、污垢、裂痕、孔洞等，復原皮紙和皮紙册子本的製作工藝，甚至揣測工匠微妙的心態。工匠會有意遮蔽、修飾皮紙上的瑕疵，例如縫合裂縫，填充

---

[1] François Déroche, *Islamic Codicology: An Introduction to the Study of Manuscripts in Arabic Script*, London: Al-Furqān Islamic Heritage Foundation, 2006. 法語原版：François Déroche, *Manuel de codicologie des manuscrits en écriture arabe*, Paris: Bibliothèque nationale de France, 2000。

[2] Marilena Maniaci, *Archeologia del manoscritto: metodi, problemi, Bibliografia Recente*, Rome: Viella, 2002.

[3] Maria Luisa Agati, *The Manuscript Book: A Compendium of Codicology*, 2017. 意大利語原版：Maria Luisa Agati, *Il Libro Manoscritto da Oriente a Occidente: per una codicologia comparata*, Rome: L'Erma di Bretschneider, 2009。

孔洞，或將有缺陷的皮紙置於折頁靠內的位置。同時，皮紙的物質細節，對於確定寫本生産的時間、空間非常重要。皮紙的品質優劣，還與所抄文本的類型有一定聯繫，可成爲研究書籍生産的經濟、觀念背景的切入點。

紙張，無論是“東方紙”（oriental paper）還是“西方紙”（western paper），都在技術層面上備受關注，是科技史、文明史的重要課題。紙張不同的質地、顔色、紋路形態和疏密等外觀特徵，都暗示其背後不同的生産技術，攜帶着豐富的地域、歷史信息。對於紙張生産成本、生産效率、生産管理、價格、流動的關注，則爲紙張研究開啟了更廣闊的商業、社會圖景。值得一提的是，研究册子本的内部結構時，觀察紙張是基本方法。根據紙張的織紋方向（chain line）和水印位置，可大體確定册子本的開本類型和折頁結構。西方紙上的水印，也是紙張研究的焦點，對於確定寫本的年代、紙張生産的作坊以及其他更爲細緻的製作背景有很大幫助。而紙張上的裝飾因素，如色彩、影紋、金箔、印花、大理石紋路等，也是技術傳播史珍貴的研究材料。

寫本形制。寫本形製多樣，有版牘、卷軸、册子本，乃至單張的書頁等形態。目前西方學界對於册子本的研究最爲精純，已發展出一套成熟的描述方法研究者通過羅馬數字、阿拉伯數字和字母的組合描述多樣複雜的册頁構成，并成功將分析結果運用至社會史、經濟史、文化史等領域。另外，“複合寫本”（composite manuscript）也值得注意。複合寫本由不同的寫本單位構成，例如不同的紙張、來自不同時期的疊頁、不同的抄手留下的字迹等，是多次操作的産物。辨識其物質層次上的複雜狀況，復原寫本製作與流變的歷史，追溯文本的起源與傳播過程中的改易。使用兩種材質（例如莎草紙和皮紙，或皮紙和紙張）製成的册子本也能體現經濟成本、文化傳統與功能性之間的平衡。而容易被忽視的，是協助頁面排序、裝幀的各種標記。這些標記爲寫本生産工序的研究提供了珍貴綫索。從卷軸到册子本的轉變，則是西方書籍史的重要命題，關涉書籍製作技術的轉變和社會、文化、思想層面的轉型。近年研究者也開始關注過去被忽視的中世紀卷軸，相應的研究和描述方法也開始發展。

刺孔（pricking）與劃欄（ruling）。刺孔是册子本製作工序中最常見的技術操作之一，用於協助裝幀、折疊或劃欄。研究者通過放大鏡觀察洞痕，可辨識刺孔的方向和所使用的工具。刺孔方式總體而言有固定的模式，但不同時代不同地區仍略有差異。劃欄的研究則分爲兩個方面：技術的方面和視覺的方面。技術方面關注繪製界欄所使用的工具和方法，視覺方面則關注頁面佈局，例如界欄以内文本與界欄外空白的分配比例。研究者也發明了多種描述方法，將圖像性的頁面佈局轉化爲數字、字母和符號的組合，以便表述和統計研究。

頁面佈局（la mise en page）。頁面佈局是指頁面上書寫、空白、插圖等因素的排列佈局。研究者關注文本和空白部分的面積比例、頁面密度、分欄書寫、行數、行高、書寫部分的長寬比等方面，并探索影響頁面佈局的因素，例如抄手審美、幾何法則、勞工成本等。其觀察對象易於量化，使得計量方法在這個領域大展身手。[1]與頁面佈局相關的另一個話題是易讀性（readability），這涉及寫本的實物形態與製作者、讀者心態的互動。作爲一種視覺感受和心理反應，易讀性難以把握。而研究者通過觀察和測量頁面密度、紙張和墨水的品質、字母和界欄的整齊程度、頁面上各因素（例如字母、詞語、行段）的間距、單詞换行和縮寫的頻率、相似書寫的區分度，將易讀性落實爲可供分析的數據與記録。

抄寫。一般來説，抄手對於字體的選擇和書寫，屬於書迹學的範疇。但在實際研究中，無法將書迹學和實物寫本學强行割裂。抄寫相關的人與物，例如抄手身份、抄寫工具、抄寫姿態、抄寫工序、抄寫速度、抄寫質量、抄寫地點和背後的組織等，以及這些實踐的歷史環境，都是實物寫本學需要關注的。而其中值得注意的，是抄手在寫本上留下的功能性標識和技術性標識。前者包括使用不同色彩的墨水書寫，對標題和詞目的裝飾，改變書寫形態或字體大小，添加數字編號等，目的是凸顯視覺效果，方便查詢文本或增强易讀性。後者則旨在提示其後接續的技術操作，作爲後續工作的備忘，例如通過劃綫提示需用紅字書寫的標題的位置，用鉛筆標註需塗繪大寫的字母，通過記號提示裝幀書頁的正確順序等。這些痕迹，無一不有助於揭示寫本生産的生動細節。

插圖與裝飾。寫本中的插圖，藝術史學者多有關注，但他們往往忽視簡單潦草的、缺乏藝術性的插圖。實物寫本學則對插圖一視同仁。無論是人像、風景畫，還是靜物畫乃至幾何形狀，無論是出於何種原因製作的，都能被囊括入研究範圍。圖像與文本之間的關係，是實物寫本學插圖研究的重點。寫本中圖文契合，或是圖文錯位，其背後都有相應的原因，例如工序安排、經濟成本、宗教權力等。通過對寫本的整體觀察，研究者還可重建繪制者的工作程式，探索其如何協調插圖與文本、開本尺寸、界欄、頁碼位置、字母裝飾、邊框裝飾之間的關係，如何維持成本與藝術性之間的微妙平衡。需要補充的是，頁面上還存在一些非文本、非插圖的裝飾，例如字母和行段的裝飾、頁邊空白處的裝飾、邊框、地毯頁（carpet page）、藝術化的字母等。[2]對其風格的歸類分析，有助於定位寫本製作的空間和時間。

裝幀。過去研究者多關注裝幀封皮的裝飾藝術風格。實物寫本學興起後，裝幀的其他面相才開始被系統研究，包括製作材料、縫綫方式、粘合方式、裝飾技藝、功能部件

[1] 詳見本文第三部分第一節“計量實物寫本學”。

[2] Carpet page 是指使用幾何圖形裝飾的書頁。其由圖案和色彩填充，頁面上没有文本或文本極少。

等。但由於寫本外側易被磨損腐蝕，原有的裝幀在流傳、保藏過程中常被替換，書頁也被重新縫合，目前存留的可供研究的原始裝幀較少。這對研究造成了一定困難，也需要研究者在觀察實物時注意分辨原始的和替換、修補過的部分。封面的裝飾，例如印花、繡綫和鍍金，以及打磨、拋光等製作手法，都是書籍生産技術的集中體現。裝幀也會使用舊寫本作爲製作材料，例如從舊寫本取下一葉作爲封皮内頁，或是裁成長條加固書脊。這類裝幀中很可能保存了已佚的文本或未見版本，而寫本的重復利用也是研究書籍製作的經濟、文化背景的一個切入點。

以上列舉的諸多方面，構成了實物寫本學，尤其是狹義的實物寫本學的研究主體。需要注意的是，寫本研究應是對於寫本的整體研究。只有綜合考察文本、書寫、載體、製作技藝，才能最大程度地接近寫本生産、流傳的原本面貌。以古書迹學爲例，即使實物寫本學在理論上嘗試與古書迹學劃清界限，但實際研究中更多的情况是兩者無法分離。通過觀察書寫的形態，縮寫、連寫的方式，合文的形式，標音的符號，可以增進對抄手和抄寫習慣的認識，獲取寫本生産時間和空間的相關信息。另一個例子是寫本上存留的與其流傳、保藏歷史相關的痕迹，例如題記、資助説明、藏書票、印章、收藏單位增添的頁面標記、替换的裝幀、藏品標籤、記録小條，乃至寫本上的污損和指印。這些綫索都可以協助我們復原寫本的流傳過程，對於研究被大量從原址轉移、流散各地的東方寫本的流傳史和收藏史，具有重要意義。

三、實物寫本學的重要進展

本文的第一部分已提及，從 20 世紀 70 年代開始，實物寫本學的視野變得更爲廣闊。研究者邁出了純技術研究的壁壘，走向了廣義的實物寫本學，與更多的人文領域産生聯繫。這一趨勢的重要體現，是 20 世紀 70 年代末、80 年代初開始出現的計量實物寫本學和比較實物寫本學。而隨着科學技術被更多地應用於寫本的觀察、檢測和呈現，實物寫本研究的精度與廣度也得到了極大提升，展現了科技和人文跨學科合作所能帶來的潛力。

計量實物寫本學（Quantitative Codicology）

20 世紀 80 年代，實物寫本學經歷了一個研究方法上的重大轉折。1980 年，Carla Bozzolo 和 Ezio Ornato 出版了《中世紀寫本書籍的歷史：計量實物寫本學的三篇論文》（*Pour une histoire du livre manuscrit au Moyen Âge: trois essais de codicologie quantitative*）。[1]

[1] Carla Bozzolo and Ezio Ornato, *Pour une histoire du livre manuscrit au Moyen Âge: trois essais de codicologie quantitative*, Paris: CNRS, 1980.

這三篇論文以 6200 份寫本爲研究對象，使用計量方法估測法國中世紀寫本書籍生產的發展。它們標誌着計量方法被正式引入寫本的實物形態研究，成爲了日後實物寫本學計量學派的基石。

計量實物寫本學所關注的，不是作爲個體的寫本，而是大量寫本彙聚而成的集合體。它要求研究者從這個集合體中獲取數據，并使用多樣的統計技巧處理數據，來展現非文本因素歷時性的發展和地域上的延伸，揭示其與技術操作、社會結構、經濟系統、文化背景等因素之間的聯繫。[1] 這種研究方法與傳統人文研究方法有顯著差異，卻成功孕育了許多重要成果，甚至解决了原先被認爲無法解决的問題。計量實物寫本學討論的話題廣泛多樣，包括書籍生産的成本和價格、紙張品質和價格、抄手工作效率、流行疊頁類型、頁面佈局、易讀性、書寫選擇、紙張的擴張、印刷術的影響等。以下以頁面佈局和疊頁類型爲例，展現計量方法在實物寫本研究中的具體應用。

頁面佈局的研究多牽涉數字，是計量方法應用得最爲頻繁的一個領域。通過對寫本集合的統計與分析，研究者能夠清晰觀測到頁面佈局的發展趨勢及其影響因素。對於法國中世紀寫本的書寫區域 / 頁面區域（black on white）比例的統計，揭示了頁面佈局歷史上的兩次轉變：第一次轉變發生在 9 世紀卡洛林小草書體（Carolingian minuscule）的擴張時期。這一時期寫本頁面變得方正，兩側空白區域相對天頭地腳有所拓展。這與當時經濟、社會的發展相關；第二次轉變發生在 14 世紀末至 15 世紀初，寫本頁面四個邊緣的空白面積顯著增大，在某些情况下甚至只有 30% 的頁面利用率。這歸因於皮紙生産的進步，以及新載體紙張的逐漸普及。研究者還發現寫本書體的選擇會影響文本密度，發現無論是在印本還是寫本中，哥特體（gothic）比古典體（antiqua）有更高的頁面利用率，更適合緊凑的書寫和印刷。古典體在壓縮高度時會變得過於纖細，哥特體則不會受影響。若將兩者壓縮至同樣的尺寸，古典體字母的孔洞會比哥特體小得多，字母變得難以辨識，不便閱讀。哥特體適於壓縮的特點，順應了 15 世紀末大學數量增加帶來的對抄本需求的增長和書籍生産成本降低的趨勢，使其在法國和德國變得極爲流行。[2]

計量實物寫本學同樣在疊頁類型的研究上做出了重要貢獻。册子本的基本構成單

---

[1] 對於書籍生産過程中各種作用因素的剖析，見 Ezio Ornato, “Exigences fonctionnelles, contraintes matérielles et pratiques traditionnelles dans le livre médiéval: quelques réflexions,” in Peter Rück and Martin Boghardt, eds., *Rationalisierung der Buchherstellung im Mittelalter und in der frühen Neuzeit: Ergebnisse eines buchgeschichtlichen Seminars*, Wolfenbüttel, 12-14 November 1990, 1994, pp. 7-31。

[2] Carla Bozzolo, Dominique Coq, Denis Muzerelle, Ezio Ornato, “Noir et blanc: premiers résultats d’une enquête sur la mise en page dans le livre médiéval,” in Convegno Internazionale Il Libro e il Testo, *Il Libro e il testo: Atti del Convegno Internazionale*, Urbino, 20-23 September 1982, Urbino: Università, 1984, pp. 203-205, 209-213.

位爲“疊”（quire）。“疊”由一疊紙從中對折而成，分爲不同類型。[1] 計量實物寫本學的研究顯示，一個地域在某個時段，有相對流行的、占主要地位的疊頁類型（majority quiring），也有較少被使用的疊頁類型。疊頁類型的選擇受到寫本的開本尺寸、書寫載體、文本類型、頁面佈局等實物因素，以及文化、經濟等社會因素的影響。例如，在中世紀拉丁語和希臘語的皮紙寫本中，quaternion 占主要地位。而從 14 世紀開始，希臘語的皮紙寫本相較紙張製成的寫本，更多地使用 quinion。前一種現象是因爲皮紙通過最自然的方式折疊、剪裁後會形成 quaternion，是一種技術層面的“慣性”在起作用；後者則是受到了意大利商業的影響——當時在意大利，皮紙以五張一疊爲單位售賣。[2]

對於這種新穎的研究方法，學界有一些質疑的聲音。批評者認爲計量實物寫本學泯滅了個體寫本的獨特性，將寫本的學術價值混同爲以數據表示的平均值，威脅了學術研究的批判精神。計量方法本身也存在一些問題：研究者對調查程序與所獲數據擁有權威，研究之外的人無法證實結論的真實性；研究者的預設會對調查方法產生影響，對某一結論的傾向性會造成數據獲取與處理過程中的偏差，最終導致統計學上的錯誤。但無法否認的是，計量實物寫本學能夠清晰展現個體寫本難以反映的總體趨勢，并揭示寫本生産作爲社會系統的一部分與其他因素之間的相互作用，由此拓展了寫本研究的廣度與深度。[3]

比較實物寫本學（Comparative Codicology）

實物寫本學發展早期，以拉丁語寫本研究爲主。從 20 世紀 70 年代開始，研究者逐漸意識到，寫本非西方的專利，寫本普遍存在於世界各個文明中，是全球性的現象。寫本的歷史不是單一的譜係，而是不同地域文化、多樣技術操作的結合體。這種觀念較早的體現，是出版於 1978 年的《寫本學》（*Codicologica*）第二卷。在“比較實物寫本學的要素”（Éléments pour une codicologie comparée）的主題之下，這一卷展現了拉丁文化區域之外的希臘語寫本和希伯來寫本的生産實踐，以實例説明對於地中海區域不同寫本文化的綜合考察可以豐富對於這一地域寫本文化的認識。[4]

---

[1] 由一疊紙從中對折形成的單元，被稱爲“quire”。這個術語目前在中文中有“一疊”“一折”“一刀”“一帖”等翻譯。討論“疊”的類型，首先需要釐清幾個概念：一張紙對折後形成一個對葉（bifolium），由左右兩葉（folio）構成。一葉（folio）有正反二頁 / 面（page），故一個對葉（bifolium）有兩葉（folio）、四頁 / 面（page）。quaternion 是由四張紙疊在一起對折而成的八葉的疊，quinion 是五張紙疊在一起對折而成的十葉的疊。

[2] Maria Luisa Agati, *The Manuscript Book: A Compendium of Codicology*, pp. 164-168.

[3] Marilena Maniaci, *Archeologia del manoscritto: metodi, problemi, bibliografia recente*, pp. 23-24; J. P. Gumbert, “Fifty Years of Codicology,” pp. 525-526; Maria Luisa Agati, *The Manuscript Book: A Compendium of Codicology*, pp. 31-32.

[4] A. Gruys and J. P. Gumbert, eds., *Codicologica*, vol. 2, Leiden: E.J. Brill, 1978.

其中一位參與者 Malachi Beit-Arié，以希伯來寫本研究爲基礎，在比較實物寫本學領域做出了重要貢獻。我們必須提及他著名的《爲什麽要從事比較實物寫本學研究》（Why Comparative Codicology?）一文。作者指出在寫本生產的比較研究中，首先要關注共同的技術問題，關注不同的文化爲達到相同的目標所采取的相異的應對手段，并揭示造成這些差異的環境因素；而不同環境下相似的實踐，則可以證明某種技術的落實較少受到環境因素的影響。在明晰不同區域寫本生產的變遷的基礎上，比較實物寫本學能很好地協助跨文化寫本比較研究，能解决歷史學者所關注的文化交流、滲透與融合的問題。[1] 近期，他將出版一本以比較、計量和歷史學視角研究希伯來寫本實物特徵的專著，將會爲寫本研究帶來更多的驚喜與啟發。[2]

以希伯來寫本研究爲先鋒，近年，世界範圍内各地域、各文化傳統的寫本的實物層面也開始被系統探索。電子技術的發展加速了數據處理和傳播，寫本資源和研究成果變得更易於獲取，爲跨文化比較研究提供了很好的平臺。比較寫本學近期最引人注目的成就，是歐洲科學基金會（European Science Foundation）研究交流網絡“東方寫本比較研究”項目（Comparative Oriental Manuscript Studies/COMSt）。這個項目以非拉丁傳統的寫本文化爲研究主體，通過一系列會議和出版物，協助東方寫本研究的跨文化學術對話與交流。來自不同領域的寫本研究者圍繞實物寫本學、古書迹學、語言文字學、文本考訂、寫本編目、寫本保藏、寫本研究所使用的儀器設備與電子工具等話題展開探討，嘗試突破各寫本文化研究之間的藩籬，找尋共性與個性，實現研究方法上的借鑒融通。從 2010 至 2014 年，這個項目已出版了 8 期《東方寫本比較研究通訊》（*Comparative Oriental Manuscript Studies Newsletter*）（2015 年後由《東方寫本比較研究通報》〔*Comparative Oriental Manuscript Studies Bulletin*〕接替）。[3] 2015 年出版的《東方寫本比較研究入門》（*Comparative Oriental Manuscript Studies: An Introduction*），則首次系統全面地介紹了地中海東部的寫本文化，涵蓋了對於阿拉伯、亞美尼亞、阿維斯陀、高加索阿爾巴尼亞、阿拉米、科普特、埃塞俄比亞、格魯吉亞、希臘語、希伯來、波斯、斯拉夫、敘利亞、土耳其寫本的研究。[4]

而項目的主陣地，德國漢堡大學寫本文化研究中心（Centre for the Study of Manuscript Cultures/CSMC），則是目前歐洲最大的寫本比較研究機構之一。除了落實 COMSt 項

---

[1] Malachi Beit-Arié, “Why Comparative Codicology?” *Gazette du livre médiéval*, vol. 23 (Autumn 1993), pp. 1-5.

[2] Hebrew Codicology, *Historical and Comparative Typology of Hebrew Medieval Codices based on the Documentation of the Extant Dated Manuscripts Using Quantitative Approach*. 這本書還未正式出版。預印本已在作者的 academia 個人主頁公開。

[3] 關於 COMSt 的更多信息，見 https://www.aai.uni-hamburg.de/en/comst.html。

[4] Alessandro Bausi, ed., *Comparative Oriental Manuscript Studies: An Introduction*, Hamburg: COMSt, 2015, pp. 27-30.

目，該中心還開展了多項以歷史和比較的視角進行的跨地域、跨文化的寫本綜合研究，嘗試突破寫本研究的地域隔閡和學科限制。中心的研究者在副文本（paratext）、寫本外觀、寫本收藏史、寫本類型學、電子工具、材料分析、可視化、寫本保藏、抄手書迹和墨水、贋品鑒定，以及寫本的文化實踐等方面産出了大量成果。至今，CSMC 已出版刊物《寫本文化》（*Manuscript Cultures*）12 期，"寫本文化研究"（Studies in Manuscript Cultures）系列專著十五本，并協助了一系列數據庫、資料庫的開發建立。《亞洲與非洲寫本文化百科全書》（*Encyclopedia of Manuscript Cultures in Asia and Africa*）也即將出版。[1]

比較寫本學落實時也伴隨着一些現實問題，例如語言障礙和專業知識障礙。不同地域、不同學術傳統的寫本研究有相異的術語和表達方式。如何協調差異，增進理解，也是研究者面臨的問題之一。但這些都無法掩蓋比較實物寫本學所能帶來的積極影響：首先，觀察其他學術傳統的寫本研究的内容與方法，能從另一個視角反觀自身研究，獲得啟發。一些地域的實物寫本研究尚在起步階段，而比較寫本學提供了對話交流的機會，使方法的傳遞更爲便利。其次，探索不同寫本文化之間的共性與差異，將其與寫本生産的特定社會環境與文化基礎相關聯，能將寫本研究導向更廣闊的地域、文化情境之中。對技術遷徙和文化交流的關注，與歷史研究和文化研究的對接，爲實物寫本研究提供了更多可能。

科學技術與實物寫本學

實物寫本學的研究較爲特殊的一点是，需對寫本的物質形態進行盡可能細緻的觀察，以獲取實物層面的信息。然而由於人眼的局限，這項工作時常需要儀器設備的協助和相應的技術支持，從最常見的放大鏡、光盒，到各類多光譜和高光譜成像技術。將光學、材料科學、生物科學等領域的知識應用於寫本檢測，能使許多肉眼難以觀察到的綫索展現在研究者面前，使他們能夠分析紙張的纖維，確認皮紙來源的動物品種，辨識裝幀使用的木料、膠黏劑的種類，確定墨水和顏料的成分，閱讀褪色或者被遮蓋的文本。這對確定寫本的年代和地域，重建書籍製作的歷史，剖析文本形成的複雜過程，具有重要意義。

在過去的 30 年間，無損檢測技術（non-destructive technology/NDT）獲得較大進展。無損檢測技術可被劃分爲識別化合物的光學和振動光譜學技術（optical and vibration spectroscopy），和識別元素構成的 X 光放射技術（X-ray emission technique）。[2] 利用這些技術檢測寫本時不需提取樣品，不需觸碰寫本，能在損害最低的情況下分析墨水和顏

[1] 關於 CSMC 的更多信息，見 https://www.manuscript-cultures.uni-hamburg.de/index_e.html。

[2] Alessandro Bausi, ed., *Comparative Oriental Manuscript Studies: An Introduction*, pp. 27-30.

料的成分。以粒子誘發 X 射綫螢光分析（particle induced X-ray emission/PIXE）为例，這一技術的應用爲研究者提供了許多中世紀插圖、裝飾繪製方面的工藝細節。例如，通過分析藍色顔料的成分，研究者能觀察到不同類型的藍色顔料被應用於不同的字母裝飾。對顔料成分組合和搭配習慣的系統分析，還能協助我們摸清繪制者的偏好和風格，從而建立身份標識。對於顔料成分的檢測，還能爲東西商業交流史提供佐證。例如，過去認爲青金石（lapis lazuli）在中世紀晚期從阿富汗輸入歐洲。但實際上，在十二世紀的托斯卡納的寫本上，青金石製成的顔料已被普遍使用。[1]

成像技術在實物寫本學領域也獲得了廣泛運用。紅外綫熱成像（IR thermography）、紅外綫反射成像（IR reflectography）、紫外綫反射成像（UV reflectography）等技術，可生成多層次的寫本圖像。研究者可通過電腦軟件分解圖像、合成新的圖像；或編輯圖像，淡化某些圖層，增强對比度，潤色關鍵部分，使一些細節變得更爲清晰。通過這些操作，研究者可以在不損傷實物的情況下，讓褪色或被擦除的文本重現天日（這對重寫頁的研究意義重大），看清隱藏在書脊内或封皮内的文本封皮的文本，查看污垢和色彩之下的文本，甚至恢復燒焦的皮紙上的書寫。[2]

各類可視化工具對寫本物質形態的研究亦有大有幫助。以賓夕法尼亞大學勳伯格寫本研究所（Schoenberg Institute for Manuscript Studies）、多倫多大學圖書館、古書新科學實驗室（Old Books New Science Lab）共同研發的 VisColl 爲例，其建立了一套數據模型用於描述册子本的内部結構。目前，VisColl 提供的模型能夠細緻、靈活地描述册子本中的折頁、單頁、護頁、原初頁、遺失頁、替换頁、插入頁，以及各種頁面接合方式，如縫合、全部粘合、部分粘合等，并以圖像的形式重現其立體樣態。這很好地克服了過去平面圖像無法展示册頁結構和頁面接合方式的缺陷。[3]

當然，以上提及的檢測手段和工具在實踐過程中也存在一些困難。首先，研究者需有特定的專業背景，才能正確操作儀器、使用工具、解讀數據，并認識其局限性。目前相關研究多采取跨學科合作的形式，這也需要團隊參與者多方協調、有效溝通。其次，受制於資金、組織、人力等因素，檢測工作較難在大範圍内實施，所能涵蓋的寫本數量有限，缺乏足夠的對照樣本。這使得獲取的數據具有偶然性，一定程度上無法反映寫本的整體狀況。[4]

---

[1] 關於 PIXE 等成分檢測技術的系列文章，見 Marilena Maniaci and Paola Munafò, eds., Ancient and Medieval Book Materials and Techniques, Erice, 18-25 September 1992, Città del Vaticano: Biblioteca apostolica vaticana, 1993, pp. 7-155。

[2] Alessandro Bausi, ed., *Comparative Oriental Manuscript Studies: An Introduction*, pp. 31-33; Maria Luisa Agati, *The Manuscript Book: A Compendium of Codicology*, pp. 73-75, p. 391.

[3] 詳見 https://github.com/utlib/VisualCollation。

[4] Marilena Maniaci, *Archeologia del manoscritto: metodi, problemi, bibliografia recente*, p. 20.

從以上三個方面看出，實物寫本學發展至今，已不再滿足於純技術性的分析。其研究對象不再局限于一時一地，其研究方法也不再源於單一的學術傳統。研究者不僅描述寫本，還需觀測其時間、空間上的變遷，將寫本生産置於歷史的大背景和廣袤的地域中考察，揭示寫本實物形態的文化、社會意涵。實物寫本學已發展爲與其他人文領域聯繫更爲緊密的綜合研究。

結語

然而作爲一個新興的年輕領域，實物寫本學時而遭到輕視："有人認爲實物寫本學是不相關的，是幼稚的消遣，即使他們很多時候不會如此禮貌地表達。"[1] 實際上，無論是狹義的實物寫本學，還是廣義的實物寫本學，都需依賴研究者精細的觀察和敏鋭的洞察力，所需精力和智慧并不比其他領域的研究少。就實物寫本研究自身的學術價值而言，也不應被忽視：它能提供許多僅憑傳世文獻無法獲取的實物證據；能協助寫本的斷代，確定其製作空間及流傳狀況，輔助文獻學、語言文字學、古書迹學等領域的研究；它以書籍製作的技術細節爲出發點，能揭示寫本生産與社會、經濟、文化、政治背景之間的互動，從而對歷史研究，尤其是書籍史研究做出貢獻。

如今，實物寫本學已成爲全球範圍内許多寫本研究領域關注的重要議題，且呈現多方合作、相互促進的趨勢。中國悠久的書寫歷史孕育了數量龐大、品類豐富的寫本。從簡牘帛書，到敦煌、吐魯番發現的寫本；從宋元文書，到明清手稿。中國寫本的物質形態和製作技藝，與西方寫本頗多共通之處，提供了研究上相互溝通、借鑒的可能。對歐洲實物寫本學發展歷史和目前進展的認識，或許能增進中西寫本研究之間的對話交流，對中國寫本研究有所裨益。

附記：本文受益於高奕睿（Imre Galambos）老師指導，撰寫於國家留學基金贊助期間。

（作者簡介：馮婧，劍橋大學亞洲與中東研究系博士候選人）

[1] J. P. Gumbert, "Fifty Years of Codicology," p. 525.

法藏敦煌遺書 P.3730 的寫本學研究*

王使臻

摘　要： 本文通過對法藏敦煌遺書 P.3730 寫本進行“寫本學”方法考察每一張書寫紙張的形態與内容，探討了利用數張單紙粘連後的書寫新單元及内容，認爲 P.3730 寫卷的粘連成卷經過了兩個不同時間階段的粘連綴接過程。

關鍵詞： P.3730；寫本學

紙張在中古時期是一種非常重要的書寫載體兼資源，每一張紙是最小的書寫單位。將紙張綴連成新的書寫單元并製作成卷軸裝寫本，是敦煌寫本的基本形態之一。利用已經書寫過的紙張，綴接粘連成新的書寫單元（包含兩紙以上的紙張）以再次利用：或者書寫，或者綴接，更是敦煌寫本裏的常見現象。研究這種現象，對於認識敦煌寫本形成的歷史動態過程，很有意義。

法藏敦煌遺書 P.3730 現藏法國國家圖書館。寫本爲卷子裝，由大小不一的十張紙粘連而成，正反兩面均有書寫，全卷（高 × 長）30.5 cm × 302.1 cm。正面從右往左，第一紙長 40.5cm，第二紙長 24.8cm，第三紙長 42.5cm，第四紙長 38.5cm，第五紙長 30cm，第六紙長 35 cm，第七紙長 29.2cm，第八紙長 21.cm，第九紙長 33.5cm，第十紙長 6.5cm。[1] 原卷上有許多破裂及孔洞，已經被法國國家圖書館修複。爲了揭示 P.3730 寫本因何粘連成卷，本文嘗試采取寫本學的研究方法，將寫卷重新拆分成單個紙張，首先，分析這一單個紙張正反面書寫情況，以確定單個紙張的原生書寫狀態；其次，考察數個單個紙張粘連綴接而成的新書寫單元的使用人和書寫人；最後討論整個全卷以考察整理人、使用人情況。

---

*　本文係國家社科基金重大項目“5—11 世紀中國文學寫本整理、編年與綜合研究”（項目號：16ZDA175）階段性研究成果。

[1]　以上數據來源，見 IDP 網站上 Pelliot Chinois _IV（《伯希和敦煌漢文文書目録》第四卷）：3730“目録”條目。http://idp.bl.uk/database/oo_scroll_h.a4d?uid=5632760111;recnum=61135;index=4（最后登録 2019/11/19）。

一、寫本每一張單紙的形態與内容

（一）午年十二月僧道苑牒

第一張紙正面共有十五行文字，内容上分作三個部分：僧道苑牒、榮清狀、判文。僧道苑牒文紙張上下經過了修剪，紙張右側留空白少，牒文右下部分紙張殘損，沿紙上裂縫呈階梯狀破裂缺損，不像是人爲造成的缺損，反像是自然斷裂。牒文共八行，楷書字體，書寫佳。牒文的内容因殘損，僅知其大意爲：僧道苑久任某寺院法律，現因家事上狀給沙州都司，請求免去法律職務，文中“别擇强明，新刀掌利，得允衆懷”，正是辭職請替代之意。

在道苑牒文後的空白處，抄寫有榮清狀文三行。比較其文字内容與敦煌社邑文書裏社人“入社狀”大體類似（如 P.3216p2）。榮清狀文書寫墨色較新，字迹清楚，内容與道苑牒文無關，推測系後人利用道苑牒文後的空白處而抄寫，時間必晚於午年十二月僧道苑牒文。

榮清狀文後抄寫四行判文。判文與本卷中其他的判文原件相比較，不僅字體小，書寫位置頂紙而書，且有抄録缺漏或衍文，如文中“必□斯”、“絶恩方□外”兩處書寫，有文意不通順的地方，必有誤衍。判文中的“肅清梵刹”與前僧道苑牒文中的“濫曰紀綱”正相對應，寺院内的法律職責就是管理僧團内的紀律事務。因此后抄的這四行判文應該與道苑牒文密切有關，可能就是道苑牒文後的判文。“公私有准，須假此人”，説明都司似乎未批准僧道菀的辭職請求。

第一紙背面雜寫有“人”、“人生一世”，相隔空白處抄寫《放妻書》後六行。

以上就是第一張紙正反兩面的原生狀況。爲何在紙張正面出現了三種書寫筆迹而僧道苑牒文後没有僧都司的原判文卻有抄録的判文呢？筆者推測，書寫道苑牒文的原紙張所留空白較多[1]，原書判文書寫在紙尾部，後因紙張斷裂或被剪裁掉了，與道苑牒文脱離開了。初次使用這單張紙的使用人仍然能看到斷裂掉的原判文，於是就照抄在了道苑牒文後。由於脱離或者剪裁後的原判文文末已經有了殘損，所以抄寫人只能依樣抄録到“伏望”一句而終止，即因原判文殘缺的緣故。夾在道苑牒文和抄録判文中間的三行榮清牒文則是再次使用這張單紙的使用人所抄録，與此紙背面抄寫《放妻書》的是同一個人，詳見下文討論。

[1] 第一張紙殘留長度 40.5cm，在 P.3730 卷子十張紙中居第二位，僅比全卷最長的第三紙（42.5cm）略短 2.0cm。假設蕃占時期敦煌寺院的標准紙張長度如第三紙，在 43cm 左右。

（二）尼海覺牒

第二張紙前後都經過剪裁，呈現不規則弧綫。紙張上下邊沿也被修剪，後部的年代被剪裁，僅殘存一行文字的一半，可以識讀出來的是"尼海覺謹牒"。牒文存九行，書寫佳，楷書體，内容完整，大意是：尼海覺向某教授和尚請求厨舍房屋。由於牒文後部被剪，不見判文。也許原紙尾早已斷裂，故不見後部判文。第二張紙紙面上可以見到明顯呈竪條狀的折紙痕迹，説明這張紙最初以折紙形態而保存。

紙背面爲便麥契約七行。契約的内容發生在未年四、五月之間，那麽正面海覺牒的年代在未年之前。契約的内容是抄録的，包括抄録了保人的簽名與畫指情况，其中的一位保人爲僧靈俊[1]，并有"俊"字簽押。契約中的"骨薩部落"是吐蕃統治敦煌時期的鄉制，因此此紙正反面的書寫年代均在吐蕃統治敦煌的未年之前的一段時間内。契約之後接抄《放妻書一道》前六行。

（三）酉年正月金光明寺衆牒文

第三張紙保存較完好，牒文上下均未見修剪，上下文字完整。内容爲金光明寺徒衆請淮濟爲上座，吕智藏充寺主。後部有吴洪辯大字判文，紙後部徒衆簽名文字略有一行被後面一粘連紙遮蓋。紙張背面抄寫《某甲等謹立社條》後十三行，墨色較清晰。紙面上有竪條形的折紙痕迹及横向折紙裂紋，説明原紙最初以折紙形態保存。正面牒文中的僧人靈秀又見於 S.2447V 子年（832）付經帖，由此推斷酉年爲 829 年。

（四）申年十月報恩寺僧崇聖牒

此紙紙色較黑，上下前後都經過了修剪，紙張大小比前後所粘連的紙張要小。正面牒文殘存九行，内容是僧崇聖因病請求放免看管果園，紙後部有索承恩親筆大字判文七行。

第四紙背面先抄寫索承恩的另一條判文三行，與正面的承恩親筆判文字迹不同。這一條判文顯然是對正面判文的補充，兩條判文結合，是對僧崇聖牒文的最終處理意見（見圖 1 、圖 2）。承恩判文後空幾行接抄寺院支給曆兩行，支給曆書法與前所抄承恩判文筆迹類似。寺院支給曆後接抄寫《某甲等謹立社條》前十一行，與第三張紙酉年正月金光明寺衆牒文背面紙張粘連。

從第四紙原紙的殘缺程度來看，像是不規則自然斷裂。承恩的第二判文原本也應書

[1] 敦煌文獻中還有一位僧靈俊，與此件保人僧靈俊同名，但不是同一人。前僧靈俊俗姓張，從其邈真贊推知約生於公元 872 年。在景福二年（893）正月曾撰《功德銘》（P.3425），在景福二年（893）十月《徒衆供莫等請律師善才充寺主牒》上有其親筆簽名（P.3100），時爲靈圖寺僧人。後唐天成、長興年間撰寫了許多歸義軍僧俗官員的邈真贊，約去世於清泰三年（936）左右。關於張靈俊的生平，鄭炳林的研究較詳，參看鄭炳林：《敦煌碑銘贊輯釋》之"P.2991 張靈俊和尚寫真贊并序"注釋③，甘肅教育出版社 1992 年版。

於親筆判文之後，但因紙尾破裂斷開，最初整理、使用此文書的人便把斷開的判文抄寫在了牒文的背面。寺院支給曆大約也是這個使用人所書，時間大約是吐蕃統治敦煌時期。

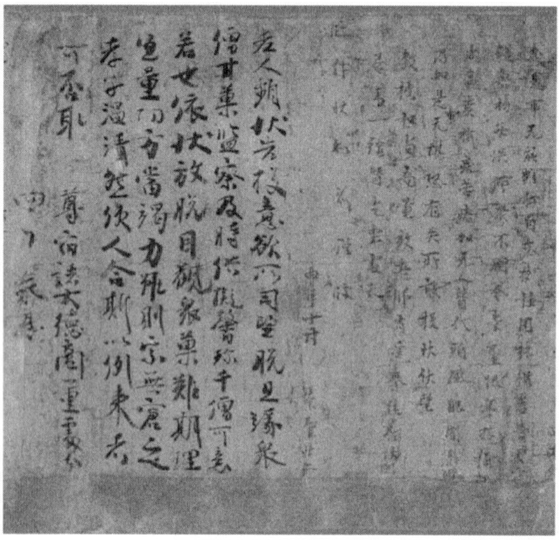

圖1　第四紙正面

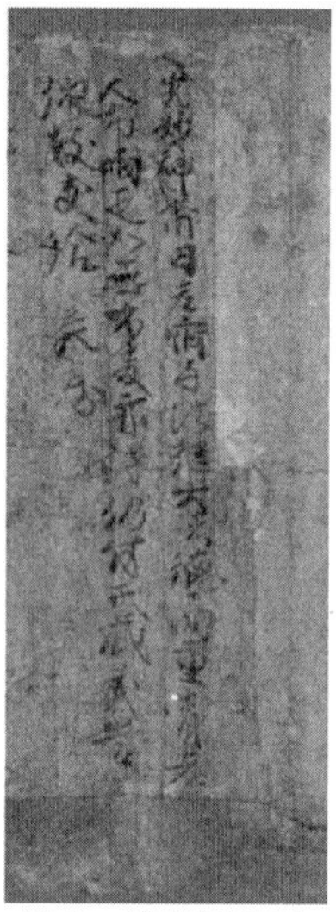

圖2　第四紙背面

（五）寅年正月尼惠性牒

第五張紙基本保存完好，紙尾有吴洪辯和尚正月廿三日親筆判文三行。

背面抄某師訓徒之文字，書寫潦草，存七行。揣測文意，似是一件某和尚（或老師）對弟子的“教”誡文（也稱“教曲”）。

（六）寅年正月尼惠性牒

第六張紙保存完整，存牒文八行，紙尾有吴洪辯和尚正月廿四日親筆判文六行。本牒文緊接第五紙寅年正月尼惠性牒，内容是尼惠性在收到正月廿三日洪辯的判文處理意見後，再次上牒請求亡外甥僧遺物鎖二具，洪辯判示同意。

紙背面倒書寫青面金剛、大自在天神、虚空藏菩薩等名稱，也許是抄自壁畫粉本上的榜題。

第五紙和第六紙正面内容密切關聯，但背面的書寫筆迹不是同一人，書寫順序一正一倒，内容也無相關性，表明第五、六兩紙都是以單紙形態保存於寺院中，由不同的使用人各自利用紙張的背面進行書寫，後來才被最後的整理人、使用人粘連在一起。

（七）酉年正月奉仙牒

第七張紙上下經過修剪，部分文字殘存一半，存牒文六行。紙尾有正月廿日榮照親筆判文三行。正面牒文内容是音聲博士奉仙等人請求賞賜絹布。背面抄書信後部十八行。

（八）寅年九月尼真濟牒

第八紙上部雖經過裁剪，但基本保存完好。正面存牒文五行。紙尾有洪辯和尚九月十五日判文兩行，另有一朱筆所書判文一行。正面牒文内容是請求儭司支給物品。并用朱筆繼續記録了物品的支給情況“支金（光明寺）净太下取”，在領取人沙彌尼“普真”名右上用朱筆畫ㄱ符號，表示物品已由普真領取。背面抄書信中部十二行。

（九）寅年八月法相牒

第九紙上部雖經過裁剪，保存完好，但已殘牒文前部一行。正面存牒文九行，紙尾有吴洪辯和尚八月二十七日判文三行，内容是同意儭司支給物品。在牒尾日期與判文之間存在豎條狀污漬污染，致使判文的一些字迹如衆、咸、慈、心、振的末筆筆劃不清（見圖 3）。背面抄書信前部十八行。

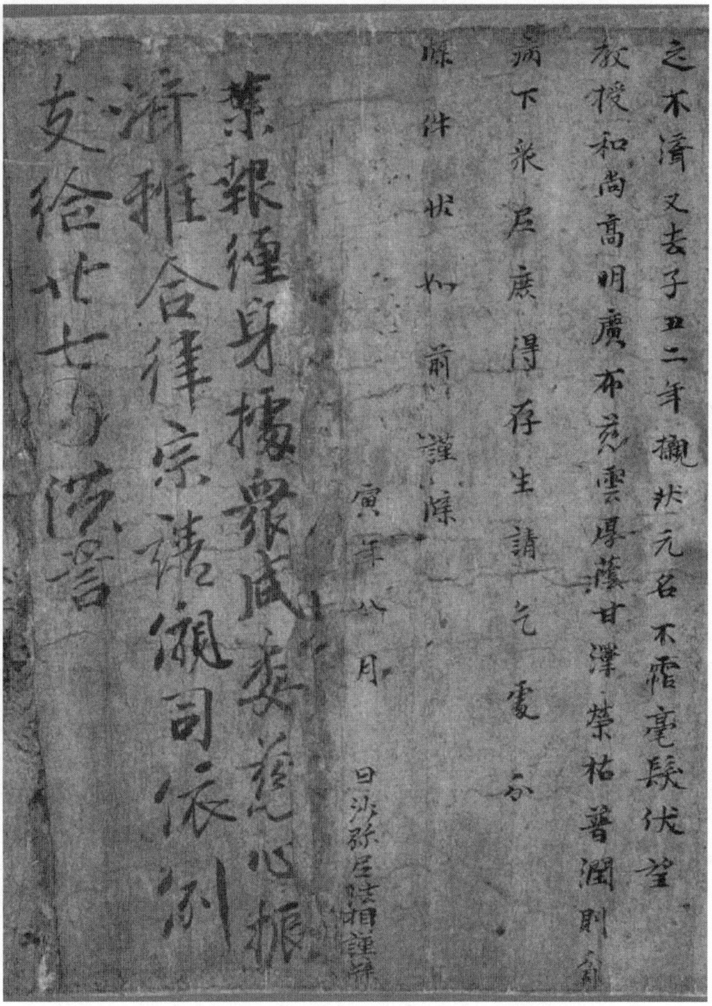

圖 3　第九紙上的豎條狀污漬及字迹筆劃不清

（十）不知年代慈惠鄉百姓李進達狀

第十張紙紙色黑，前後部均經過修剪，後部殘缺。正面存殘牒文四行，其中第四行僅僅殘存一半文字偏旁，殊難辨認。内容大意是李進達慈父在日充行人征行，現請求放免某職役。由文意推測，似是上給地方官府的，惜狀文後部已殘，紙尾判文缺失。正面右下角似有一個朱筆書寫的“二”字（見圖4）。背面無書寫文字（見圖5）。

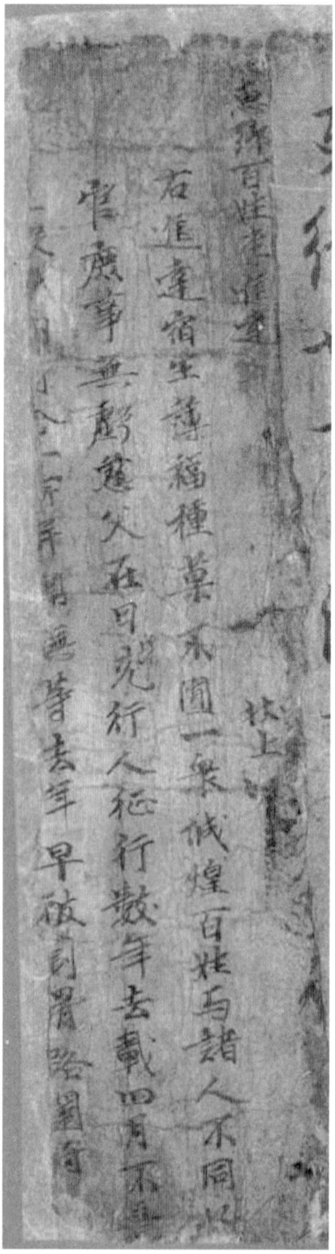

圖4　第十紙正面

圖5　第十紙背面

二、數紙粘連後的書寫新單元

從卷子背面書寫有關聯性（書寫字迹相同，内容相關）出發，把由數個單紙粘連綴接起來的新紙張，作爲一個重新書寫利用的書寫新單元進行研討。根據 P.3730 寫卷卷背的書寫特征，將卷背的内容區分爲三個書寫新單元。

（一）"寅年八月法相牒＋寅年九月尼真濟牒＋酉年正月奉仙牒" 三張紙粘連後的"書信單元"。

第七、八、九三紙粘連後成爲一個書寫新單元，由某位使用人撰寫書信等七件（見圖 6），恰好用完這三張單紙。説明這位使用人，他搜集了寺院内保存的廢棄紙張，利用紙背空白，起草書信草稿，并將三張原來各自獨立的紙首次粘連拼接在一起。

圖 6　書信單元

背面同一人、同一筆迹草擬了七件書信稿。經敦煌學研究者們持續不斷的研究[1]，目前已經可以確定背面七件書信的大致草擬時間。依據吴麗娱、楊寶玉兩位先生的研究，P.3730V《書信草稿七件》第二、三、四件狀文提及的"阿郎"是晚唐敦煌歸義軍節度使張議潮，而第五、六件狀文提到的"郎君"爲張議潮之子，可能就是張淮鼎。對於草撰書信的人，吴、楊兩位先生推測有兩種可能性：一種可能是一位寺院的高僧大德；另一

[1] 吴麗娱、楊寶玉：《P. 3730v 張氏歸義軍時期書狀考釋》，中國文物研究所編：《出土文獻研究》第 7 輯，上海古籍出版社 2005 年版，第 278—286 頁。楊寶玉、吴麗娱：《張議潮束身歸闕後與沙州人士的往來及其對敦煌政局的影響》，劉進寶、〔日〕高田時雄主編：《轉型期的敦煌學》，上海古籍出版社 2007 年版，第 331—342 頁。楊寶玉：《晚唐敦煌名僧恒安事迹稽考與相關歸義軍史探析》，《隋唐遼宋金元史論叢》第 5 輯，上海古籍出版社 2015 年版，第 43—47 頁。李軍：《再論張議潮時期歸義軍與唐中央政府之關係》，《中國邊疆史地研究》2017 年第 3 期，第 91—93 頁。

種可能則是一位歸義軍中資深的文書官員。通過進一步聯繫其他敦煌文書研究，兩位先生指出 P.3730V 中的第六件書信應是 S.6405V《僧恒安致郎君謝司空寄縑緗狀》的草稿，由此判斷 P. 3730V 書信的作者應是張氏歸義軍時期的僧人恒安。S.6405V《僧恒安謝司空寄縑緗狀》是恒安於咸通八年（867）二月之後的某年寫給在京師長安的司空張議潮的回信，P.3730V（6）則是回信的原始草稿。這樣，從 S.6405V《僧恒安謝司空寄縑緗狀》的撰寫時間，可以對 P.3730V 七件書信草稿的撰寫時間做出大概參照，即在咸通八年（867）張議潮進入京師長安前後的一段時間內。至於撰寫者是不是恒安，目前依然没有確切的證據，但目前看來恒安的可能性最大，他在唐咸通八年之後的某年，利用寺院内的三張廢棄牒文，草擬了七件書狀。

（二）“申年十月報恩寺僧崇聖牒＋酉年正月金光明寺衆牒”兩張紙粘連後的“社條單元”。

第三、四兩紙粘連後形成一個新的書寫單元，由某個使用人抄寫《某甲等謹立社條》（見圖 7）。

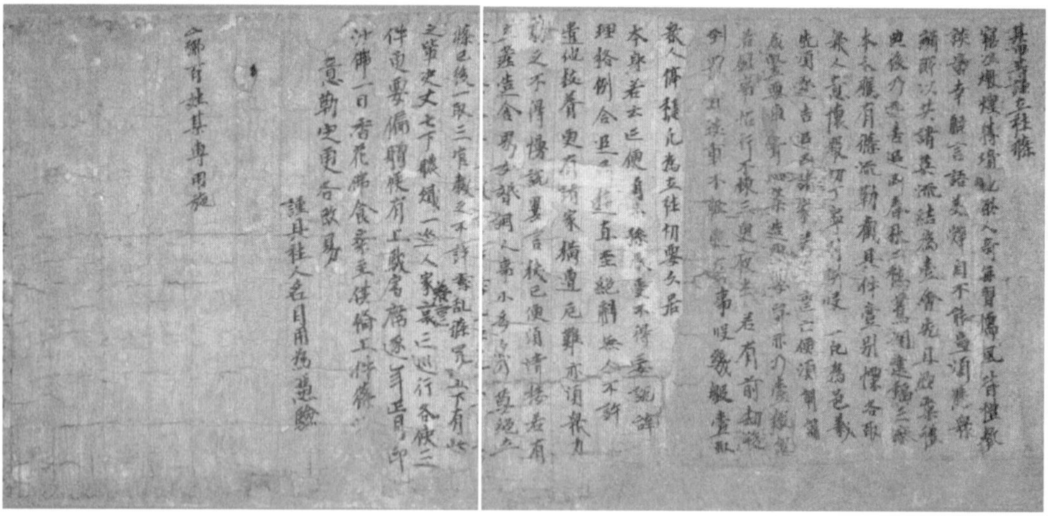

圖 7　社條單元

其社條内容如下：

某甲等謹立社條。竊以敦煌勝境，地傑人奇。每習儒風，皆禮教談。量幸解言，［好］語美辭，自不能宣，須懸衆訴，所以共諸英流結爲一會。先且款崇禮典，後乃逐吉追凶。春秋二社，焉□逢福。三齋本分，應有條流。勒截具件别標，各取衆人意懷，嚴切丁寧。别列段。一凡爲邑義，先須逐吉追凶，諸家若有喪亡，便須匍匐成堅。［柬］

要車，齊心榮（營）造；西要舁，亦乃一投。忽若録事帖行，不揀三更夜半，若有前劫後到，罰皆致重不輕。更□事段幾般，一取衆人停穩。[—] 凡爲立社，切要久居，本身若云亡，便須子孫承受。不得妄説辭理。格例合追西游，直至絶嗣無人，不許遣他枝眷。更有諸家横遭厄難，亦須衆力效（救）之，不得慢談異言，狀已便須濟接。若有立莊造舍，男女婚姻，人事小多，亦乃莫絶。立條之後，一取三官載之，不許紊亂條日（目）。[—] 凡立下，有此之輩，决丈七下，朧膩一巡。人家若喪哀，無巡行，各便三件。更要偏贈，便有上馱局席。逐年正月印沙佛一日，香花、佛食，齋主供備。上件條流，衆意勒定，更各改易。謹具社人名目用爲憑驗。

這位使用人搜集到吐蕃統治敦煌時期寺院内所保存的從申年到酉年（只相差兩年）的牒狀廢紙，利用紙背抄寫已經存在的社條。他計算好了大概書寫位置，先書寫後粘連，因此在背面兩張相粘的交界紙縫處，表現爲“衆人停穩凡爲立社，切要久居”中的“穩”字的右半部分被前紙遮蓋（見圖 7），“久居”之後雖然還有空白處，但是考慮到前紙尾突出的部分，若依空抄寫，文字勢必在粘連時被突出部分遮蓋住，所以留空不寫，以待粘連。由於兩紙粘連時漿糊塗抹不匀，致使在收卷保存時，社條上的文字出現被粘損的現象，在紙上出現白斑塊狀樣（見圖 7）。

社條屬於社邑文書中的一類，名稱多樣，又稱社案、社格、條、條件、條流、約、憑、驗等，是社邑組織和活動的規約[1]。將此件社條與敦煌文獻中現存的 S.6537V 卷子本社條、Дх 12012 册頁本社條的文字内容進行比較，主要内容與 S.6537V（6）社條的内容基本相同，雖然有個别文字明顯差異，應當是社條文樣在流傳過程中出現的變異，社條的基本精神是一致的。據日本學者竺沙雅章考證，S.6537V（6）社條文樣是曹氏歸義軍時期净土寺僧惠信所書的“諸雜要緣字一本”中的三件社條文樣之一。[2] 另一件社條 S.6537V（7）“上祖社條”與具有實用性質的 S.527《後周顯德六年（958）正月三日女人社社條》的主要内容基本相同，郝春文先生的研究認爲，958 年女人社社條顯系依據 S.6537V（7）“上祖社條”文樣草成[3]。同樣的社條内容被改寫成實用社條，由此可以推斷 P.3730V 社條的抄寫時間可能還要晚於 958 年之後。

社條往往不會單獨出現，它會相伴投社人狀一起出現。在 P.3730 寫卷正面第一張紙“午年十二月僧道苑牒”尾空白處夾抄的榮清向某社邑所上的投社狀與本社條其實也有關連。説明抄寫社條與投社人狀的，都是利用、整理吐蕃時期牒狀廢紙的同一個人，“社

[1] 郝春文：《中古時期社邑研究》，上海古籍出版社 2019 年版，第 156 頁。
[2] 寧可、郝春文：《敦煌社邑文書輯校》，江蘇古籍出版社 1997 年版，第 44 頁。
[3] 郝春文：《中古時期社邑研究》，第 157 頁。

條”單元與下文《放妻書》單元皆是此人粘連綴接。社條後空一行所寫的“厶鄉百姓某專用（甲）施（放）”實際是下文《放妻書》單元中抄寫的文字。

（三）“海覺牒＋午年十二月僧道苑牒”兩紙粘連後的《放妻書》單元。

第一、二張紙粘連後形成新的書寫單元，由粘連人抄寫《厶鄉百姓某專甲放妻書一道》，書寫時避開原紙下部的缺損處，也是先寫後粘。紙面上也出現類似於社條上的白斑塊狀樣分布（見圖8），原因同上。同一書寫人并在第一張紙正面道苑牒紙尾空白處抄榮清狀。

《放妻書》内容如下：

厶鄉百姓某專甲放妻書一道。蓋次（以）伉儷情深，夫婦義重，幽懷合巹之歡，難同牢之樂。夫婦相對，恰似鴛鴦雙飛，并□花顔共坐。兩德之美，恩愛極重，二體一心。死同棺，樂於墳下。三載結緣則夫婦相和三年，有怨則來作讎隟。今已不和，相是前世怨家，販自生嫌，作傷後代，增嫉緣，業不遂。見（現）此分離，聚會二親。 夫與妻總色具名書足色，歸。一别相隔之後，更選重官雙職之夫，弄影庭前，美逞琴瑟合韻之態。解彫舍結，更莫相談三年衣糧，便肅□柔後儀秋。願娘子千秋萬歲。時次某年厶月日。

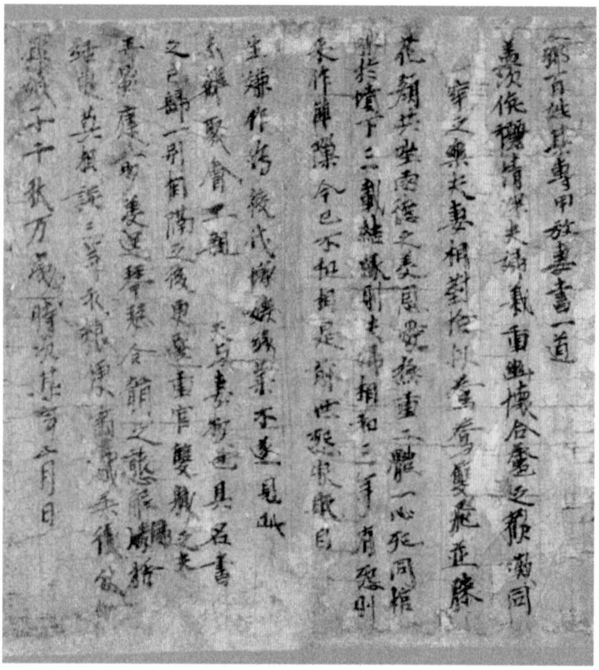

圖8 《放妻書》單元

經過對比（二）"社條" 和（三）《放妻書》兩個書寫單元的書寫字迹，完全相同，是同一人的筆迹。這個人在抄完社條之後本應接抄《厶鄉百姓某專甲放妻書一道》卻書寫成 "厶鄉百姓某專用施"，甲、放兩字形近而誤書爲用、施兩字，故舍棄不抄，同時因爲第三張紙背空白抄完社條後剩餘四行，不能抄完《放妻書》(共十二行)，故重新選擇在第二張紙背抄寫。

敦煌文獻裏現存 12 件放妻書，既有實用文書，也有文様。《放妻書》，即解除男女婚姻關係的證明文書，古代也俗稱休妻書。楊際平指出，《放妻書》之放乃 "放歸本宗" 之義，《放妻書》在唐宋律令裏屬於 "和離" 的範疇[1]，與律令中規定的七出、義絶等情形的離婚方式有區别。1990 年唐耕耦、陸宏基兩位先生編寫《敦煌社會經濟文獻真迹釋録》[2]時，在 "契據八" 中録出 7 件《放妻書》，其中英藏 4 件，法藏 3 件。1998 年沙知先生在《敦煌契約文書輯校》[3]中録出 11 件《放妻書》，其中英藏 5 件，法藏 5 件，俄藏 1 件。2008 年乜小紅先生又從俄藏文獻中輯録出 1 件（Дх 11038）并進行深入研究[4]。至此 12 件《放妻書》全部被輯録出來，成爲研究敦煌法律、契約文書的重要參考資料，有多種研究專著及論文對《放妻書》從法律文書方面進行過研究[5]，但從寫本學、文學的角度進行的專門研究并不多見[6]。

這 12 件《放妻書》(3 件爲實用文書，9 件是文様)，從格式、内容相同或相近上來分類，可以分成四個寫本系統，以單篇形式存在的 S.5578 和 P.3730V《放妻書》皆源出於 S.6537V《放妻書》文様系統，後者是在敦煌流傳最廣、使用最爲頻繁的放妻書，可以説是《放妻書》的標准文範。其他 11 件《放妻書》的時間似乎都不會早於 S.6537 卷子抄寫的年代——公元 10 世紀初期。

以往的研究指出，敦煌所出《放妻書》的實際用途在於除户籍和再婚時的法律證明文書之外，最主要的功能是其文書範本的功能。因此從現存數量上來説，也以文様（9 件）占絶大部分比例。從抄録放妻書文様的題記人、書法分析，抄録人群集中在文書吏、社録事、孔目官、學士郎等從事文書書寫或學習文書書寫的人群身上。這一人群，

[1] 楊際平:《敦煌出土放妻書瑣議》,《厦門大學學報》(哲社版）1994 年第 4 期。

[2] 唐耕耦、陸宏基:《敦煌社會經濟文書真迹釋録》第 2 輯，全國圖書館縮微文獻複制中心 1990 年，第 161—197 頁。

[3] 沙知:《敦煌契約文書輯校》，江蘇古籍出版社 1998 年版，第 468—491 頁。

[4] 乜小紅:《對俄藏敦煌放妻書的研究》,《敦煌研究》2008 年第 3 期。

[5] 日本學者仁井田陞、中國學者楊際平、譚蟬雪、劉文瑣、乜小紅、張豔雲等都有論文研究，多從唐宋律令角度出發研究。專著有譚蟬雪:《敦煌婚姻文化》，甘肅人民出版社 1993 年版；楊際平、郭鋒、張和平:《五—十世紀敦煌的家庭及家族關係》，嶽麓書社 1997 年版；王斐弘:《敦煌法論》，法律出版社 2008 年版。學位論文有范學君:《唐五代敦煌婚姻文化淺議——以敦煌文書爲中心的探討》，南京師範大學碩士學位論文，2007 年，第 15—25 頁；陳得勝:《敦煌出土放妻書研究》，甘肅政法學院碩士學位論文，2015 年，第 6—21 頁

[6] 僅有林聰明《唐代敦煌契約文書及其文學性質》，探討了《放妻書》的文學性質。

在晚唐五代宋初的敦煌社會裏，具有初步的文化知識，知識多來源自寺學或個人私學，書寫俗字和錯訛較多，整體上文化水平不高。具體到社條單元和放妻書單元的抄寫人，目前還没有證據確定他是誰。但可以確定的是，正面的第一至第四張紙均是由他收集起來後粘連綴接的。背面抄寫的社條與放妻書的時間距離正面牒狀中反映的吐蕃統治敦煌時期的某個寅年（822 或 834）至少已經過去了 100 年了，比前述晚唐恒安和尚利用三張廢棄牒文粘連綴接後草擬了七件書狀的咸通八年（867）也要晚至少 50 年，即：P.3730 寫卷卷背的“書信單元”和“社條、放妻書”單元，是不同時間階段的兩個書寫單元，彼此獨立，没有任何關係。

三、最終粘連和整理成卷

在前述的討論中，我們認爲：第七至第九紙粘連後背面書寫的“書信單元”、第一至第四紙粘連後背面書寫的“社條＋放妻書單元”，在被唐代的恒安和尚和五代時期某個人初次粘連綴接後，各自獨立存在，使用人不是同時期的人物。剩下的第五、六、十張紙最初也是以單張的廢紙形態保存於敦煌。直到出現了一位整理人，他把第五張“寅年正月尼惠性牒”和第六張“寅年正月尼惠性牒”與“書信單元”、“社條＋放妻書單元”粘連綴接成了一個長卷，綴接時對部分過大的紙張經過了整齊修剪，以使全卷美觀。爲了保護這個長卷，他還專門找了一小張廢紙——第十張紙“慈惠鄉百姓李進達狀”，粘接在卷子頭部，起到類似長卷包首的作用。由於是最後塗抹的漿糊，漿糊仍然較新鮮，致使卷子被收卷保存時，在第十張紙和第九張紙之間的紙縫處的漿糊污漬污染到了第九張紙上的判文字迹，使其出現豎條狀污漬污染和判文的一些字迹的末筆筆劃缺損的現象。社條單元和放妻書單元紙面上出現白斑塊狀樣、文字被粘損的現象，也應該與最終收卷保存時有關。那麽，第十張紙所起到的作用僅僅是保護卷子頭部，以免在經常翻閲卷子時因寫卷磨損而發生斷裂，丢失重要的參考文字。它正面書寫的内容根本無關重要，即，整理人更注重的是 P.3730 卷背内容（即書信單元、社條單元、放妻書單元）的價值，保護其完整美觀，而不看重正面的已經廢棄了百年的吐蕃占領敦煌時期的寺院文書的價值。

他（這位最終的整理人）的身份可能是僧人，也許就是五代宋初時期敦煌三界寺内整理廢棄寺院舊文書的、以張道真和尚爲代表的那些僧人們。也有可能是五代宋初時期粘連綴接“社條單元”及“放妻書單元”的官府文書吏們，因爲他們可以收集并處置官府内、寺院内的廢棄紙張，擁有對敦煌地方社會紙筆等書寫物資的處置權。他們視寺院相關文書爲神聖的物品，四處尋訪殘破紙張以修補佛經；把自認爲有價值的社會文書精心地粘連起來，整理保存成卷，時時學習範文以參考；他們還可能是藏經洞内所有文獻的收集人和保存人之一。

至於 P.3730 寫卷正面第一張紙“午年十二月僧道苑牒”右下部分沿紙上裂縫呈階梯狀破裂缺損，可能是藏經洞被封閉一千年後此卷子被斯坦因、伯希和、王道士打開翻動時的自然脱落而造成的。巴黎法國國家圖書館在整理敦煌遺書時，給卷子背面裝裱了一層淡色細絹網，并粘貼了編號標簽，成爲 IDP 中所顯示的照片的樣子。

四、余論

敦煌藏經洞遺書寫卷，由於大多經歷了不同歷史時期的制作與粘連修複，目前展示的樣子，絶不是寫卷初始時的模樣。研究者們發現，不僅在佛經寫本中通常存在紙張粘連、修複、使用、修複、再使用、再修複的紙張循環使用的過程[1]，在社會文書寫卷中同樣存在紙張的再粘連、再使用循環的過程[2]。敦煌寫卷的粘連與修複，是個動態過程，對研究敦煌寫本的制作與傳播、藏經洞文獻的來源，有重要意義。在進行敦煌寫本的研究時，面對複雜的寫卷，研究者們通過采用拆分現存寫卷的方法，將複雜寫卷拆分成每一紙的書寫單位，來研究原生態的寫本紙張信息，進而探討數紙粘連後的書寫新單元的寫本狀况，將是今後寫本學研究中的一個有益嘗試。

（作者簡介：王使臻，歷史學博士，西華師範大學歷史文化學院副教授，主要從事敦煌學研究）

[1] 如徐浩、張涌泉先生以敦煌寫經《大般若經》的補綴與修複爲例，通過拆分卷子，發現在敦煌寫經中存在批量補綴卷首、卷尾、異卷拼接首尾等特殊現象，通過總結歸納，意在爲敦煌寫經殘卷的綴合提供理論依據，并探討寫卷的歷史演變過程。參徐浩、張涌泉：《從綴合看古代寫經的制作——以敦煌本漢文〈大般若經〉爲例》，《人文雜誌》2017 年第 10 期。徐浩：《批量補綴卷首——古人對敦煌寫經的一種特殊修複》，《敦煌研究》2018 年第 6 期。

[2] 典型例子如 S.2041，它實際上由丙寅（846）年三月社條、巳年（849）二月社條、大中年間儒風坊西巷社條三張小紙粘連而成。時間越晚的紙張，粘連時順序越在右。且在三張紙背面的兩條紙接縫處分别出現了兩位粘紙人：良友、聰俊，其書寫字體分别與 849 年社條、大中年間社條的書寫字體一致，説明社條經過了不同時間階段的整理。先有蕃占時期丙寅年間用硬筆書寫的社條殘紙，後在 849 年被良友用一張小紙與 846 年社條殘稿粘連起來起草新社條，并在背面粘紙處署名。最後，這兩張紙被聰俊用大中年間的社條草稿紙粘連起來。粘連的目的，是爲了保存社條格式和内容，供撰寫新的社條時參照使用。

敦煌寫本 S.3227+S.6208+S.11423+S.5731 綜合研究*

郝雪麗

摘　要：敦煌 S.3227+S.6208+S.11423+S.5731 寫本正面抄有三件重要字書，背面抄寫《古賢集》《寒食篇》《韓朋賦》等敦煌民間廣泛傳播的文學作品，該寫本具有敦煌民間寫本的典型特徵。該寫本形成於中晚唐時期，是經四人之手傳抄而成的雜寫本。

關鍵詞：S.3227；S.6208；S.11423；S.5731；寫本學；綜合研究

徐俊在《敦煌詩集殘卷輯考》序言中對敦煌詩歌寫本特徵有精闢論述，他提出詩歌寫本主要有兩個特徵：第一是區别於"刻本時代"的、典型的"寫本時代"文獻的特徵，第二是區别於"經典文學"的，以"民間文本"爲主的特徵。他總結出敦煌詩歌寫本無定本性、偶然性、隨機性、個性化的特徵，對我們研究敦煌文學寫本是很有啟發意義的[1]。本文主要討論 S.3227+S.6208+S.11423+S.5731 綴合本的物質形態、文本功能、性質年代等問題。

一、S. 3227+S. 6208+S. 11423+S. 5731 寫本形態及抄寫内容

S.3227，卷軸裝，首尾皆殘，雙面書寫。尺寸爲 27.5cm × 82cm，由三紙粘合而成，先粘後寫。正面抄寫《雜集時用要字》，計 32 行，每行 12 字，楷書工整。第三行與第四行間有雜抄"沙州有功將仕郎守右驍衛金吾大夫兼左馬步"一行，書法拙劣，筆迹與《雜集時用要字》不同。背面第一紙無界欄，殘存上半幅，存 7 行，每行 8 字左右。抄《寒食篇》（補題）、《下女夫詞一卷》（原題）、《書後有殘紙》（擬題），抄寫筆迹一致。第二、三紙有界欄，第三紙後半部分缺失，存 37 行，每行 19 字左右，抄寫《韓朋賦》

* 本文係國家社科基金重大項目"5—11 世紀中國文學寫本整理、編年與綜合研究"（項目號：16ZDA175）階段性研究成果。

[1] 徐俊：《敦煌詩集殘卷輯考》，中華書局 2000 年版，第 9—20 頁。

（原題），筆迹一致。第一紙筆迹與第二、三紙筆迹不同，前者墨色較淡、楷書纖細，後者墨色較濃、筆迹粗拙。

S.5731，卷軸裝，首尾皆殘，雙面書寫。尺寸 27.5cm × 91cm，由兩紙粘合而成，第一紙僅存上半幅，第二紙右下角缺失，先粘後寫。正面存 39 行，每行 18 字左右，楷書工整，筆迹一致。前 14 行爲《新商略古今字樣撮其時要并行正俗釋下卷》（補題），後 25 行爲《時要字樣卷下第四》（首題）。背面筆迹與正面不同，殘存“差役名簿”，“乾符六年（879）十二月十日破用糧麵”等雜寫[1]。

S.6208，卷軸裝，破損嚴重，雙面書寫。寫本尺寸 107cm × 37cm[2]。前半段卷首殘損嚴重，由二紙粘合而成，後半段由四個碎片組成。正面有界欄，楷書工整，筆迹一致。前 28 行抄《雜集時用要字》（擬題），每行 12 字；後 25 行抄《新商略古今字樣撮其時要并行正俗釋下卷》（原題），每行 18 字左右。背面無界欄，書寫潦草，錯訛頗多，筆迹一致。殘存文字 46 行，每行 28—32 字。依次抄《十二月（遼陽寒雁）》《古賢集》《寒食篇》。S.6208 的四個碎片字迹、款式相同，内容相似，書法工整，凡注釋皆雙排小寫。S.6208p1 存字書 6 行。S.6208p2 存字書 12 行。S.6208p3 存字書 3 行。S.6208p4 殘存 4 字，僅“紫”字較完整。

S.11423 爲碎片，僅存 8 字，筆迹與内容與前三件寫本一致。

周祖謨最先提出 S.6208 殘卷，尺寸 5.8cm × 7.2cm 可與 S.3227 相補，稱兩件寫本爲“某字書殘卷”[3]，張涌泉依此將 S.6208 卷首與 S.3227 卷尾綴合[4]。朱鳳玉仔細比對 S.5731 寫本所抄“時要字樣卷下第四”與 S.6208 之第二段碎片的筆迹後，發現兩件寫本可以綴合[5]。後來，張涌泉又將 S.6208 之三塊碎片與 S.5731、S.11423 綴合[6]。四件寫本

[1] 寫本背面圖版不完整，内容描述參考中國社會科學院歷史研究所等編：《英藏敦煌文獻（漢文佛經以外部分）》第 9 册，四川人民出版社 1994 年版，第 103 頁。敦煌研究院編：《敦煌遺書總目索引新編》S.5731 條：“S.5731 時要字樣卷下。S.5731v 乾符六年（879）百姓盧延慶牒，其後另有乾符六年十二月十日開支糧麵關係殘文三行”（中華書局 2000 年版，第 180 頁）。又，S.5731 背面存五塊碎片，從左往右看：碎片 1 存一字“乾”。碎片 2 存“乾符六年己亥”6 字。碎片 3 存“百姓盧延慶（下殘），右延慶令差迴□（下殘）”12 字。碎片 4 存“乾符六年十二月十日（下殘），徐人計喫食糧面（下殘），兩驛供羊并路（下殘），允”23 字。碎片 5 僅存“蒼蒼”2 字。這五塊碎片的筆迹、内容與 S.3227+S.6208+S.11423+S.5731 寫本相去甚遠。從碎片的内容可知，這五件是盧延慶在乾符六年記録的糧麵破用曆的殘片。由於目前公佈的 S.5731 圖版内容有限，筆者無法得知這五塊碎片與 S.3227+S.6208+S.11423+S.5731 寫本的聯繫，這五塊碎片是否爲 S.5731 的背面内容，尚存疑。此五碎片，本文暫不論。

[2] 寫本尺寸參考敦煌國際項目網。鄭阿財、朱鳳玉《敦煌蒙書研究》録尺寸爲 83.8cm，甘肅教育出版社 2002 年版，第 99 頁。

[3] 周祖謨：《敦煌唐本字書叙録》，載《敦煌語言文學研究》，北京大學出版社 1988 年版，第 48 頁。後收入《周祖謨語言學論文集》，商務印書館 2001 年版，第 470 頁。

[4] 綴合圖見張涌泉：《敦煌經部文獻合集》第 8 册《雜集時用要字》（二），中華書局 2008 年版，第 4149 頁。張涌泉：《敦煌寫本文獻學》，甘肅教育出版社 2013 年版，第 577 頁。

[5] 朱鳳玉：《敦煌寫本字樣書研究之一》，《華岡文科學報》1989 年第 17 期。後收入鄭炳林、鄭阿財主編：《港臺敦煌學文庫》第 13 册，甘肅人民出版社 2014 年版，第 226—238 頁。

[6] 張涌泉：《敦煌經部文獻合集》第 8 册《時要字樣》（一），中華書局 2008 年版，第 3846—3848 頁。

綴合後的順序爲 S.3227+S.6208+S.11423+S.5731。此綴合本正面抄寫《雜集時用要字》《新商略古今字樣撮其時要并行正俗釋下卷》《時要字樣卷下第四》。背面抄寫《十二月（遼陽寒雁）》《古賢集》《寒食篇》《下女夫詞一卷》（僅存題）《書後有破紙》《韓朋賦一首》。以下詳細叙説。

（一）寫本正面内容

1.《雜集時用要字》（擬題），見S.3227、S.6208 前半段[1]。除S.3227、S.6208，《雜集時用要字》又見於 S.5514、P.3776、S.610、P.3391、S.3836、Дx02822 六件寫本，僅 S.610 有題名，其餘皆無題，作者皆不可考。抄寫内容起“犁耳”，迄“壓醻”，存石器部、靴器部、農器部、車部、冠幘部、鞍轡部、門窗部、舍屋部、屏障部、花釵部、采色部、纈部、飲食部[2]、薑筍部、菓子部、席部、布部、七事部、酒部。今依《敦煌音義匯考》擬題“雜集時用要字”，此字書擬題始末，《敦煌經部文獻合集》詳備矣[3]。《敦煌遺書總目索引》《敦煌寶藏》認爲此部分字書所抄内容與後文爲同一書，將前後文内容題作“新商略古今字樣撮其時要并行正俗釋上、下卷”，不確。周祖謨初步判斷這是一種分類抄録事物名稱之書[4]，朱鳳玉認爲這是同《俗務要名林》及S.610“雜集時用要字”等同一類型之字書。《敦煌音義匯考》歸其爲《雜集時要用字七種》，題解認爲“時要用字”亦“俗務要名”，《雜集時要用字》可視爲《俗務要名林》之無注簡本或條目表[5]。

2.“沙州有功將仕郎守右驍衛金吾大夫兼左馬步”雜抄一行。夾抄於 P.3227 正面《雜集時要用字》“石器部”中間。將仕郎守，唐九品文散官，唐代品級較低的人擔任較高官職的叫“守”。左右驍衛，神龍元年（705）始稱，乃中央十六衛之一。金吾大夫，漢代始有“執金吾”，此處“金吾大夫”之職責乃宫外巡衛。左馬步，亦侍衛一類官職，無品，“左”表示更低一級。

3.《新商略古今字樣撮其時要并行正俗釋下卷》（首題）。見 S.6208 正面後半段、S.6208p2、S.11423、S.5731。S.6208 後半段每行抄 7 行，每行 20 字（包括注釋），抄寫内容起“控引；枯動反、倥偬，迄“捕捉、哺兒食三”。S.5731、S.6208p2、S.11423 三件寫本可綴合[6]。S.5731 卷首殘存14 行，下半幅殘，起“嫽物”，迄“儳言”。

[1] S.3227、S.6208 綴合圖見張涌泉：《敦煌寫本文獻學》，甘肅教育出版社 2013 年版，第 577 頁。

[2] S.6208 碎片 4 存四殘字，中有一“紫”字大體完整，當歸爲“綵色部”之詞語碎片。

[3] 張涌泉：《敦煌經部文獻合集》第 8 册《雜集時用要字》（二），中華書局 2008 年版，第 4148 頁。

[4] 周祖謨：《敦煌唐本字書叙録》，載《敦煌語言文學研究》，北京大學出版社 1988 年版，第 53 頁。後收入《周祖謨語言學論文集》，商務印書館 2001 年版，第 476 頁。

[5] 張金泉、許建平：《敦煌音義匯考》，杭州大學出版社 1996 年版，第 745 頁。

[6] 綴合圖見張涌泉：《敦煌經部文獻合集》第 8 册《時要字樣》（一）題解，中華書局 2008 年版，第 3478 頁。

S.6208p2 殘存 14 行，上半幅殘，下半幅下部及右下部分殘損嚴重，抄寫内容起“□之夜。五”迄“蘸鐀。滓陷”，可以與 S.5731 完全綴接。S.11423 爲碎片，殘存 3 行，僅存“候伺、逅邂、□竿三、任官”四字，可與 S.6208p2 之 9—11 行下部殘缺部分綴合。S.6208p1+S.6208p3 與 S.5731+S.6208p2+S.11423 不能銜接，張涌泉判斷其間約缺三行左右[1]。

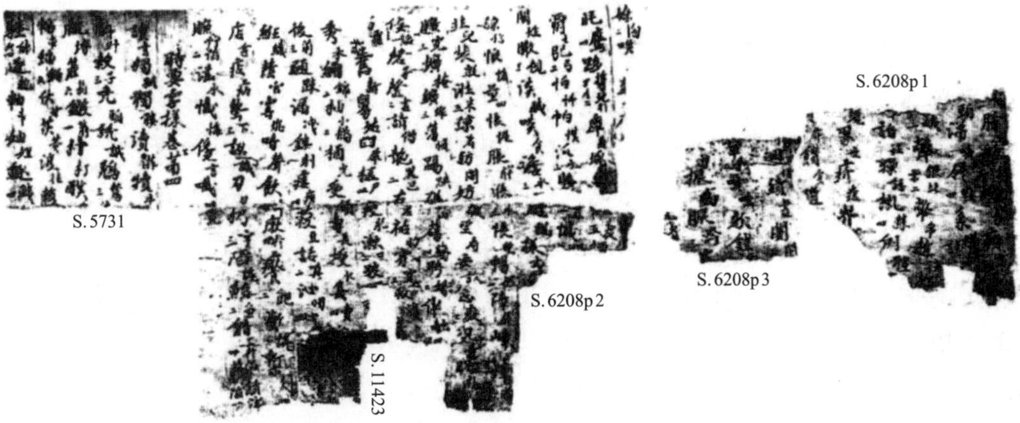

圖 1 《敦煌經部文獻合集》S.6208+S.5731+S.11423 綴合圖[2]

《時要字樣卷下第四》(首題)。見 S.5721，殘存 24 行，前 19 行僅存上半幅。抄寫内容起“讀書”，迄“奜明三”。周祖謨認爲《時樣字書》與《新商略古今字樣撮其時要》爲同一書之别名，《敦煌音義匯考》亦持此説。除 S.6208、S.11423、S.5731 三件寫本外，《時樣字書》或《新商略古今字樣撮其時要》又見於 Дx.2391A、S.6117、Дx.8914、Дx.8928、Дx.11346 五件寫本，皆無題[3]。《敦煌音義匯考》對 S.6208、S.6117、S.5731、S.11423 有初步校勘[4]，《敦煌經部文獻合集》系統研究了抄有《時要字樣》的全部寫本，并有校録[5]。

(二)寫本背面内容

《十二月(遼陽寒雁)》(擬題)，起“正月孟春春漸暄”，迄“忽憶貞君□□□”。此組詩又見 P.3812。劉銘恕《斯坦因劫經録》將 S.6208 之組詩題作《十二月曲子》，任半

[1] 張涌泉:《敦煌經部文獻合集》第 8 册《時要字樣》(一)，中華書局 2008 年版，第 3861 頁。
[2] 張涌泉:《敦煌經部文獻合集》第 8 册《時要字樣》(一)，中華書局 2008 年版，第 3846—3848 頁。
[3] 此五件寫本所抄《時要字樣》的詳細研究，見張涌泉:《敦煌經部文獻合集》第 8 册《時要字樣》(一)、(二)，中華書局 2008 年版，第 3877—3888 頁。
[4] 張金泉、許建平:《敦煌音義匯考》，杭州大學出版社 1996 年版，第 834—856 頁。
[5] 張涌泉:《敦煌經部文獻合集》第 8 册《時要字樣》(一)，中華書局 2008 年版，第 3846—3889 頁。

塘《敦煌歌辭總編》將此兩組詩編入《定格聯章》，擬調名爲《十二月》，另擬題曰《遼陽寒雁》（S.6208），《邊使戎衣》（P.3812）[1]。該組詩分十二個月份抒寫閨婦對遠征丈夫的思念。關於《十二月》詩的創作時間和抄寫時間，周丕顯認爲，兩首《十二月》同爲中晚唐時代的作品，它們是同一地區、甚至出自於同一人之手[2]。饒宗頤、任半塘據P.3812卷首“維大唐乾寧二年（895）”七字推知《十二月詩》應作於唐昭宗之前，抄寫在唐昭宗之後[3]。顏廷亮主編《敦煌文學概論》將此詩納入“敦煌俚曲小調”的範疇展開研究，認爲P.3812《十二月》“情形與《雲謠集》中《鳳歸雲》《洞仙歌》等相類，則其寫作時間或亦在開元之前或開元間”[4]。徐俊認爲P.3812正面詩的抄寫應在乾寧二年前[5]。

2.《古賢集》（首題），未署作者。起“君不見秦皇無道枉誅人”，迄“故今千代使人［識］”[6]。抄於S.6208，共16行。又見P.2049、P.6208、P.2748、P.3113、P.3174、P.3929、P.3960、P.4972、L2872九種敦煌寫本。《古賢集》以七言長詩的形式，通過歌詠古代賢士的事迹，傳授歷史知識、訓導世人。項楚評其爲“一部體現普通民衆思想意識的通俗歷史教科書”[7]。汪泛舟、鄭阿財、王金娥等學者將其納入蒙學範圍考察[8]。陳慶浩有《〈古賢集〉校注》[9]。

3.《寒食篇》（補題），缺題，未署作者，内容殘損嚴重。又見P.3608，該寫本還抄有《夜燒篇》，與《寒食篇》詩調相同。《全唐詩》卷115所存王泠然《夜光篇》，即P.3608所抄《夜燒篇》，王重民因疑《寒食篇》亦王泠然作[10]。王泠然，一作王冷然，字仲清，太原（今屬山西）人。開元五年（717）登進士第。敦煌寫本所見王泠然詩主要有：P.3608抄《寒食篇》《夜燒篇》，未署作者；P.2677抄《野（夜）燒篇一首》（首題），未署作者；P.3480抄《汴河柳》殘句，詩題及作者皆佚；S.12098碎片存《野燒篇》（補題）殘句，作者署“王齡（泠）然”[11]。

---

[1] 任半塘：《敦煌歌辭總編》，上海古籍出版社1987年版，第1265頁。

[2] 周丕顯：《敦煌俗曲中的分時聯章歌辭——關於五更轉、十二時辰、十二月的考察》，甘肅省社會科學院文學研究室編：《關隴文學論叢（敦煌文學專集）》，1982年，第10—13頁。

[3] 任半塘：《敦煌歌辭總編》，上海古籍出版社1987年版，第1276頁。

[4] 顏廷亮主編：《敦煌文學概論》，甘肅人民出版社1993年版，第445頁。

[5] 徐俊：《敦煌詩集殘卷輯考》，中華書局2000年版，第378頁。

[6] 所抄《古賢集》最後一行，僅存“古賢作字韻，故今千代使人［識］”十二字，其中“今”之前似乎有一“令”字，似被作者點去，將正確的“今”字接抄於後。“［識］”字左殘，他本作“知”，就所留偏旁判斷，當爲“識”。

[7] 項楚：《敦煌詩歌導論》，巴蜀書社2001年版，第184頁。

[8] 汪泛舟：《敦煌古代的兒童課本》，甘肅人民出版社2000年版。鄭阿財、朱鳳玉：《敦煌蒙書研究》，甘肅教育出版社2002年版。王金娥：《敦煌蒙書及蒙學研究》，蘭州大學博士學位論文，2014年。

[9] 陳慶浩：《〈古賢集〉校註》，香港新亞研究所敦煌學會主編：《敦煌學》第3輯，1976年，第63—101頁。

[10] 王重民：《補全唐詩》，《中華文史論叢》1963年第3輯。又見《全唐詩補編》，中華書局1992年版。

[11] 參見榮新江《英國圖書館藏敦煌漢文非佛教文獻殘卷目録（S.6981—13624）》著録云：“唐人詩集。首尾下均殘，存七行，書寫工整。第四行有‘王齡然’名，一下殘存詩句係王泠然《夜光篇》”（臺灣新文豐出版公司1994年版，第229頁）；徐俊：《敦煌詩集殘卷輯考》，中華書局2000年版，第202頁。

此《寒食篇》抄於 S.3227 正面卷首前 6 行以及 S.6208 背面卷尾第 37—45 行。張涌泉等學者對 S.6208+S.3227 綴合寫本的正面字書進行過詳細校勘，但學界對背面殘存的詩文關注不高。楊明璋先生首次發現 S.6208+S.3227 綴合後的“殘韻文”爲《寒食篇》殘句，並對 S.6208+S.3227 所抄内容[1]做了簡要的敘録。筆者在楊先生的研究基礎上，在此將 S.6208+S.3227 拼合處的詩文做詳細校勘，S.3227 卷首前 8 行可以與 S.6208 背面卷尾第 40—46 行（第 45 與 46 行中間有一行空白）拼接，S.3227 卷首第 7、8 行可以與 S.6208 背面卷尾第 45、46 行拼合。

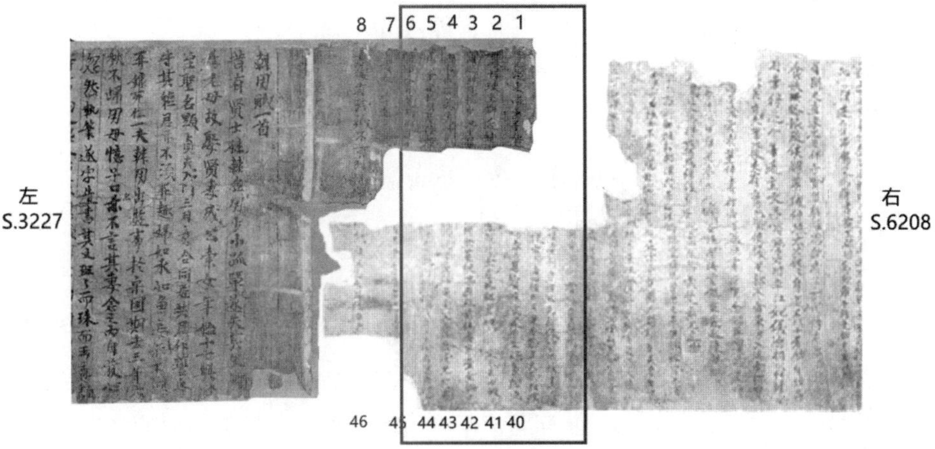

圖 2　S.6208 背面卷尾第 40—46 行

這些殘韻文爲《寒食篇》殘句[2]，共 9 行，每行抄 28—32 字，與 P.3608 所抄《寒食篇》參校，録原文如下[3]：

第一行：［今年寒食勝常春，總緣天子在東巡，能令］氣色遂（隨）河落（洛），鬥角（覺）烽（風）光競逐人。尚（上）

第二行：［上陽遙見青春見，洛水橫流遶城殿，波］上樓臺列岸明，風光數（所）使皆流堆（遍）。畫各（閣）

第三行：［盈盈出半天，依稀雲裏見鞦韆，來疑神女］從雲下，去四（似）恒［娥］

[1] 楊明璋《關於敦煌詩的幾則新發現》，見鄭炳林、鄭阿財主編《港臺敦煌學文庫》第 55 册，甘肅人民出版社 2016 年版，第 178—179 頁。原載《清華學報》（臺灣）第 38 卷第 1 期，2008 年 3 月，第 158—173 頁。

[2] 方框裏的九行文字。

[3] 此段寫本紙張破損嚴重，内容參校 P.3608，圓括號中“？”表示因字迹模糊不可辨認而存疑，圓括號中文字爲對校 P.3608 所得正字。方括號中所録文字，原殘，皆據 P.3608 補。P.3608 所抄《寒食篇》，開頭多抄 8 句：“天運四時成一年，八節相迎盡可憐。秋貴重陽冬貴臘，不如寒食在春前。焚火初從太原起，風俗流傳幾千祀。算取去年冬至時，一百五日今朝是。”

到月邊。今（金）酌（閨）大[1]（待）酌（看）紅粧

第四行：［早］，先過麥（陌）尚（上）垂羊（楊）好，［花場共鬬汝南鷄］，春由（游）篇（遍）饕（在）東交（郊）道。千金保（寶）長（帳）綴流

第五行：［蘇］，被（簸）懷（瓌）瓌（還）坐錦延（筵）鋪，［莫愁光景重］窗閟（闇），自有金瓶照垂（乘）知（珠）。［心移］食（向）者由（游）敖（遨）［處］，

第六行：［乘］周（舟）欲騁陵（淩）忮（波）步，池中［弄水白鷗飛］，［樹下］抛（？）求（毬）菜（彩）鬻其（去）。别殿前林（臨）走馬臺，金鞍更

第七行：［送］菜（彩）求（毬）來。求（毬）落晝膢（樓）［攀柳取］，［枝搖香徑］踏花回（迴）。良袖（辰）更重宜三月，能成咒（晝）夜

第八行：［芳菲］節，金（今）夜無明月作燈，［街衢游賞何曾歇］。男（南）有龍門對洛成（城），車馬傾都滿路行，

第九行：［縱使］敖（遨）由（游）今日琶（罷），明［朝尚自有清明］。

4. ▭酉年二月七日張李□書。

此題記接抄於S.6208《寒食篇》後。翟理斯、金岡照光、王重民皆録作“□年二月七日張□□書□”[2]。徐俊録爲“▭酉年二月七日張學儒書”[3]。土肥義和將抄者録作“張李璘”，并判斷題記抄寫於九世紀後期[4]。

5.《下女夫詞一卷》（首題）。僅存題“下女夫詞一卷”。據最新研究統計[5]，敦煌所見《下女夫詞》共有十七件寫本：P.2976、P.3147b、P.3266v、P.3350、P.3893、P.3909、S.3877v、S.5515、S.5949、S.9501+S.9502v+S.11419+S.13002、北大藏D246、中國書店藏ZSD.068+《殘墨》第70號、傅斯年圖書館藏188085背、Дx3885A、Дx3860、Дx3135+Дx3138、Дx2654+Дx11049+Дx12834，其中以P.3350抄寫内容最完整。“下”有調侃戲弄之意，“女夫”即女婿，此唐代俗語[6]。“下女夫”指男方來女家迎親時，女方親友會在口頭上或動作上來戲弄新郎，在當今社會這種婚姻習俗仍有保留。關於

[1] 酌（閨）大，之間似衍一“土”字。

[2] 〔英〕翟理斯：《英國博物館藏敦煌漢文寫本注記目録》（Descriptive Catalogue of Chinese Manusripts from Tunhuang in the British Museum，Lionel Giles），倫敦英國博物館1957年版。又見《敦煌叢刊初集》第1册，臺灣新文豐出版公司1985年版，第269頁。〔日〕金岡照光編：《敦煌出土漢文文學文獻分類目録附録解説》，東洋文庫1971年版，第116頁。中國文化大學中研所敦煌學研究小組編：《倫敦藏敦煌漢文卷子目録提要》，臺灣福記文化圖書有限公司1993年版。

[3] 徐俊：《敦煌學郎詩作者問題考略》，《文獻》1994年第2期，第20頁。徐俊：《敦煌詩集殘卷輯考》，中華書局2000年版，第785頁。

[4] 〔日〕土肥義和：《八世紀末期～十一世紀初期敦煌氏族人名集成》，汲古書院2015年版，第463頁。

[5] 宋雪春：《敦煌本〈下女夫詞〉的寫本考察及相關問題研究》，《敦煌學輯刊》2012年第12期，第74—83頁。

[6] 詳細闡述參見張鴻勛：《敦煌寫本〈下女夫詞〉新探》，敦煌文物研究所編：《1983年全國敦煌學術討論會文集——文史·遺書編（下册）》，甘肅人民出版社1987年版，第162—164頁。

《下女夫詞》的性質，起初王重民判斷《下女夫詞》是對話體變文[1]，而張鴻勛提出《下女夫詞》是結婚儀式上的“喜歌”[2]。李正宇進一步研究發現《下女夫詞》并非一般性的文學作品，而是實用性的婚禮詞[3]。結合前輩學者研究，我們認爲《下女夫詞》是婚禮儀式中口頭賦誦的詩文[4]，唐代敦煌民間婚禮儀式上常有儐相來朗誦此詩文，以此活躍婚禮氣氛，或是串聯婚禮儀式。

6.《書後有殘紙》(擬題)。寫本無題及作者，據第一句詩擬題。此詩抄於 S.3227 第 8 行與 S.6208 第 46 行拼合處，S.3227 抄前兩句“書後有殘紙，不可别將歸”。S.6208 抄後兩句“□[雖]然無手筆，且作五言□[詩]”。此詩又見 P.2947、P.3192、P.3322，皆抄於卷尾。

7.《韓朋賦一首》(首題)，抄於 P.3227，共 37 行，每行抄 19—21 字，起“昔有賢士姓韓名朋”，迄“不能察意，母聞客言面自”。《韓朋賦》又見 P.2653、S.2922、P.3873、S.4901、S.3904、S.10291 六件寫本。韓朋故事，早見於晉干寶的《搜神記》卷 11。之後，《嶺表録異》《法苑珠林》《太平御覽》《九域志》等書也有大體相同的記載，可見這個故事流傳很廣泛。但是這些韓朋故事就體制而言，主要是散文形式，它們主要是作爲案頭讀物來流傳的。值得注意的是，晚唐人崔龜爲同時代人段公路撰寫的《北户録》所作的圖注中保存了《韓朋賦》殘文，形制上也是賦體。殘存的内容，與敦煌本大體一致：二本都有韓朋、貞夫、宋王、梁伯四個人物，二本都有掘墓、埋石、生樹、伐樹、化鳥、復仇等情節；語言上都以四言爲主，押了很自然的韻，表明它的講誦性質。民間所傳韓朋故事還可以追溯得更早。1979 年敦煌馬圈灣出土的西漢殘簡中就有韓朋故事。據研究，漢簡中的韓朋故事在叙述方式和風格上更接近於敦煌本《韓朋賦》，《韓朋賦》前半部分不見於《搜神記》的内容，其主要情節在漢代的韓朋故事中已經存在了。

二、S. 3227+S. 6208+S. 11423+S. 5731 寫本綜合研究

前文對 S.3227+S.6208+S.11423+S.5731 物質形態、抄寫内容進行了全面考察。接下來，根據寫本的紙張、筆迹等綫索，分析其抄寫順序、寫本性質及抄寫年代，對寫本

[1] 王重民:《敦煌變文研究》,《中華文史論叢》1981 年第 2 期，第 273—326 頁。

[2] 張鴻勛:《敦煌寫本〈下女夫詞〉新探》，敦煌文物研究所編:《1983 年全國敦煌學術討論會文集——文史・遺書編(下册)》，甘肅人民出版社 1987 年版，第 162—164 頁。

[3] 參看李正宇:《〈下女夫詞〉研究》，敦煌民俗學會、敦煌研究院文獻研究所編:《敦煌民俗研究》，甘肅人民出版社 1995 年版，第 22—23 頁。

[4] 伏俊璉:《敦煌文學總論》，甘肅教育出版社 2013 年版，第 461 頁。

進行綜合研究。

第一，寫本的抄寫順序。P.3227 寫本背面的粘貼痕迹、抄寫内容是判斷寫本抄寫順序的關鍵。P.3227 寫本背面由三紙粘合而成，先寫後粘。第一紙殘存上半幅，僅存 8 行文字，前 6 行抄《寒食篇》，第 7 行抄“下女夫詞一卷”五字，第 8 行抄“書後有殘紙，不可別將歸”。筆者推測，抄者寫完《下女夫詞》題目之後，發現剩餘紙張空間不夠，故未接抄《下女夫詞》的内容，而抄“書後有殘紙”打油詩填補紙張剩餘空白。第二、三紙抄《韓朋賦》。筆者判斷抄寫《寒食篇》《下女夫詞》《書後有殘紙》的第一紙與抄寫《韓朋賦》的紙張原爲兩件不同的寫本，由後人拼合爲一。理由有三：其一，P.3227 第二、三紙所抄《韓朋賦》筆迹、行款與第一紙不同。其二，第一紙與後兩紙之間粘貼痕迹明顯。其三，第一紙卷尾有“書後有殘紙”詩，此詩又見 P.2947、P.3192、P.3322，皆抄於卷尾。此詩是敦煌寫本常見的卷末打油詩，徐俊認爲這是敦煌學郎題詩的一種固定形式[1]，此詩抄寫目的是填補寫本剩餘紙張的空白，説明第一紙已經是原寫本的最後一紙。敦煌寫本中有不少這樣的拼合的寫本，當時紙張稀缺，抄寫者盡量利用紙張的空白。這件寫本的使用者將 P.3227 背面的紙張粘貼後，紙張背面的空白才足夠繼續抄寫正面的字書内容。所以，S.3227+S.6208+S.11423+S.5731 寫本的抄寫順序爲背面内容抄寫時間在前，正面字書抄寫時間在後。

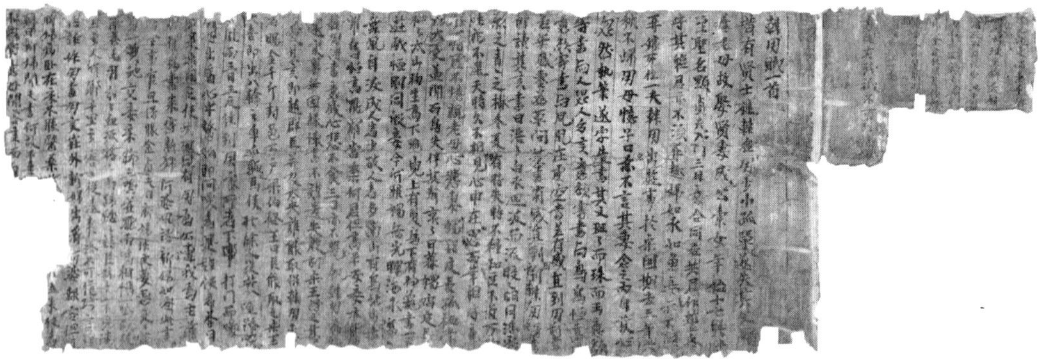

圖 3　S.3227 寫本背面[2]

第二，寫本的抄者、性質及用途。正面存兩種筆迹，字書筆迹一致，楷書工整。雜抄一行，書法拙劣。《雜集時用要字》《新商略古今字樣撮其時要》《時要字樣》，此三種字書題名中“雜集”當是彙集之意；“時要用字”是當時的常用字；“要名”指常用重要

[1] 徐俊：《敦煌學郎詩作者問題考略》，《文獻》1994 年第 2 期，第 20 頁。徐俊：《敦煌詩集殘卷輯考》，中華書局 2000 年版，第 785 頁。

[2] 參照 S.3227+S.6208+S.11423+S.5731 寫本綴合順序，將抄有字書的内容作爲正面。圖版來自國際敦煌項目網（IDP）。

的事物名稱。這類字書分類輯録音義相近的字詞，但所分部類并不固定，具有很强的靈活性。其目的在方便時人正確的學習并使用必要的生活詞彙，其受衆廣泛，在敦煌地區廣爲傳播。抄寫者將三種字書抄於一處，就是爲了方便僧俗查閲正字。加之筆迹工整、行款嚴謹，抄寫者應當是有知識素養的文士。雜抄“沙州有功將仕郎守右驍衛金吾大夫兼左馬步”，敦煌寫本中常見此類官職雜抄、題記，疑是學郎調侃自娱，或爲文書落款的練筆。

背面亦有兩種筆迹。《十二月詩》《古賢集》《寒食篇》《下女夫詞》《書後有殘紙》爲同一人所抄，楷書纖細，墨色較淡。《韓朋賦》爲另一人所抄，筆迹粗劣，墨色較濃。這些都是敦煌民間流行的文學作品，其中《十二月詩》又見 P.3812,《古賢集》又見 P.2049 等 9 件寫本,《寒食篇》又見 P.3608,《下女夫詞》又見 P.2976 等 17 件寫本,《書後有殘紙》詩又見 P.2947、P.3192、P.3322 三件寫本,《韓朋賦》又見 P.2653 等六件寫本。説明這些作品在敦煌廣爲流傳。

此外，S.6208 抄寫的《十二月（遼陽寒雁）》與 P.3812 抄寫的《十二月（邊使戎衣）》内容相似、體制相同，或改編自敦煌 P.4994、P.2633 等寫本中出現“十二月氣候套語”，説明了寫本之間的傳抄關係。P.4994 卷背抄有《諸雜記字録爲用後流傳》，依次抄十二月氣候套語、四時八節、三才、三光、五嶽、三川、八水、五行等百科常識。P.2633 正面抄有同樣的内容，無題。P.4994、P.2633 中出現的“十二月氣候套語”内容爲：

> 正月孟春猶寒，二月仲春漸喧，三月季春極喧，四月孟夏漸熱，五月仲夏盛熱，六月季夏極熱，七月孟秋猶熱，八月仲秋漸涼，九月季秋霜冷，十月孟冬漸寒，十一月仲冬嚴寒，十二月季冬極寒[1]。

《諸雜記字録爲用後流傳》之後抄寫的四時八節、三才、三光、五嶽、三川、八水、五行等百科常識又見於 P.2721 等寫本抄寫的《珠玉抄》。《珠玉抄》在敦煌其他寫本中又名“雜抄益智文”“隨身寶”，其内容有“辨四時八節”“論三川八水五嶽四瀆”等篇。《諸雜記字録爲用後流傳》《珠玉抄》《雜抄益智文》《隨身寶》這四題名中的“爲後流傳”“益智文”“隨身寶”等詞皆表明，所抄之常識是爲了方便查閲、傳閲。而 P.4994、P.2633 所見《諸雜記字録爲用後流傳》或疑爲《珠玉抄》的改編本或簡本。再回到“十二月套語”，P.3812 與 S.6208 所見《十二月》詩首句皆以“十二月套語”起。

---

[1] P.4994、P.2633 中出現的“十二月氣候套語”内容個別字詞小有出入。此段録 P.2633 正面内容。

任二北最先注意到其中的關係，他舉開元中袁暉十二月“閨情”五律爲例，認爲袁詩亦依時節定詩序。其詩中有“三月春盡”，“七月坐良宵”等。任先生進一步推測 P.4994 所見“諸雜字録”是出於曲録，而與“雜記字録”相配合者，他認爲凡十二月氣候、四時。且八節、三才、四濱、五嶽，原皆有曲辭之表示。他説“唐代樂曲歌辭之應用頗爲現實，每每滲透一般社會中之日常生活；唱歌固可以消愁解悶，亦可以助識字，增常識。在一般通俗讀物中，插入此類歌辭，其作用不啻插圖畫”[1]。任先生之推斷别具匠心——P.3812 與 S.6208 所見《十二月詩》文辭優美，十二首皆寫閨情，或爲 P.4994、P.2633 所見《諸雜記字録爲用後流傳》之改編。但任先生後半句所説“八節、三才、四濱、五嶽，原皆有曲辭之表示”，筆者竊以爲不可以“十二月”之例套用這些百科常識知識。《諸雜記字録爲用後流傳》《珠玉抄》這類普及讀物在敦煌寫本的傳抄中，被詩歌創作、書儀表文廣泛應用，展示了民間文學對社會需求的適應性，也是敦煌文學寫本傳播的重要途徑。

根據以上分析，結合背面題記“⎕⎕酉年二月七日張李□書”，筆者初步判斷 S.3227+S.6208+S.11423+S.5731 寫本背面的抄寫者，應當是學郎，抄寫這些作品的目的是爲了學習。

因此，S.3227+S.6208+S.11423+S.5731 整個寫本的文本生成至少經過四人之手，學郎“張李□”抄寫《十二月詩》《古賢集》《下女夫詞》《書後有殘紙》，佚名學郎抄《韓朋賦》，這二位學郎抄寫目的或是學習。此後由正面字書的抄寫者將兩件寫本粘合爲一，繼續利用空白紙張抄寫字書，這位抄寫者學識較高，其抄寫目的是爲了提供習字範本，方便僧俗查閱正字。自此，這件寫本在三位抄寫者手中已經形成。在之後的流傳、閱讀過程中，留下了閱讀者的塗鴉“沙州有功將仕郎守右驍衛金吾大夫兼左馬步”等抄。通過還原寫本的文本生成過程，我們可以發現整件寫本具有敦煌民間寫本的典型性，具有極强的社會功用。抄寫者憑個人喜好，或是出於日常生活需要，將多種文體選抄於一件寫本。

第三，寫本的抄寫年代。本寫本的年代判斷綫索有二：其一，“書後有殘紙”的抄寫時間。此詩又見 P.2947、P.3192、P.3322，皆抄於卷尾。P.2947《蘄法師垂引文》末，有“甲寅年四月十八日書記。書後有殘紙，不可别將歸。雖然無手筆，且作五言詩”。池田温《中國古代寫本識語集録》確定此“甲寅年”爲吐蕃甲寅年，即唐文宗大和八年（834）[2]。P.3192 抄此詩於第五紙末尾，前面抄有《論語集解》卷6，有題記“丙子（856）

---

[1] 任二北：《敦煌曲初探》，上海文藝出版社 1954 年版，第 315 頁。

[2]〔日〕池田温：《中國古代寫本識語集録》1041 號，東京大學東洋文化研究所 1990 年版，第 341 頁。

三月五日寫書了張□□讀”一行[1]。卷背抄有大中十二年（856）四月一日社官李明振社司轉帖等[2]。P.3322 卷末武則天《臘日宣詔幸上苑》詩前：“書後有淺（殘）紙，不可別將歸。雖然無首（手）筆，德（得）作五言書。”此詩前有題記：“庚辰年（860）正月十七日學生張大慶書記之也。”張大慶其名，還見於 S.367《光啟元年（886）沙州伊州地志》，P.3485《目連變文》背有“張大慶記”四字題記，池田温《中國古代寫本識語集録》擬定時代爲“大約九世紀後期”[3]。又 P.2741 于闐文書也有張大慶之名，并可推測他到十世紀初還在世[4]。通過考察上述寫本，結合重出寫本年代判斷，此詩抄寫、流傳時間當在 834—870 期間。綜上，S.3227+S.6208+S.11423+S.5731 寫本是中晚唐時期在敦煌地區傳抄形成的寫本。

三、小結

通過對 S.3227+S.6208+S.11423+S.5731 寫本進行文本細讀與綜合研究，筆者對此件寫本的往日的研究成果進行了一些補充。在文本細讀中，我們可以進一步挖掘寫本信息，探究寫本文本之間的抄寫關係與文本的生成方式。在寫本學的視野下，此寫本儼然是獨特且豐富的文獻景觀，此景觀是與唐五代敦煌地區其他民間寫本相互呼應的，其抄寫的《十二月詩》《古賢集》《寒食篇》等篇與其他寫本的重出關係將這一個個寫本鏈接在一起，共同構成一種文學生態。這啟示我們要更加注意寫本之間內容、筆迹、行款、雜抄等各種微小聯繫。我們從以往一個寫本單篇作品的研究，到一個寫本的整體研究，再到對有重出關係的寫本群研究，這種寫本學的研究方式爲中國古代文學研究提供了一種有特色的研究視角和方式。

（作者簡介：郝雪麗，中國科學院文獻情報中心博士研究生）

[1] “張□□”，姓名後兩字似被人爲抹去。

[2] 徐俊《敦煌詩集殘卷輯考》將“P.3192”誤書爲“P.3195”。

[3] 〔日〕池田温：《中國古代寫本識語集録》2113 號，東京大學東洋文化研究所 1990 年版，第 447 頁。

[4] 張廣達、榮新江：《關於敦煌出土于闐文獻的年代及其相關問題》，《紀念陳寅恪先生百年誕辰學術論文集》，北京大學出版社 1989 年版，第 299 頁。

圖 4 S.3227+S.6208+S.11423+S.5731 綴合圖正面

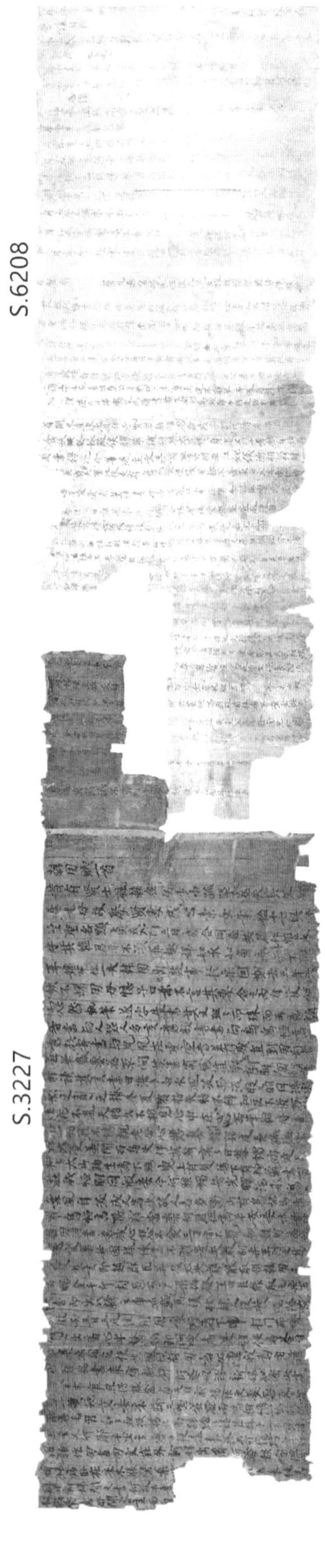

圖 5 S.3227+S.6208+S.11423+S.5731 綴合圖背面

日藏古筆切《贈鄭員外》詩與《七老會詩》叙考*

陶新昊

摘　要： 日本陽明文庫藏名爲平安朝高枝王《河嶽英靈集》的斷簡實際上只抄寫了陶翰《贈鄭員外》殘詩，應定名爲"陶翰《贈鄭員外》詩古筆切"。陶翰此詩并非以文人别集形式而是以總集、叢抄寫本爲載體傳播到日本，是日本平安時期唐詩東渡的縮影。東京國立博物館傳爲平安朝小野道風"絹地切"的書寫内容是《七老會詩》，該寫本係首次在國内介紹，其文本較今本更優、編次亦與通行本相異。平安朝日人接受傳抄的"七老會詩"既是承載文學活動信息的傳播媒介，也是"日本尚齒會"擬作詩歌的範本源頭。抄寫中國文學的平安朝古筆切可以豐富中國文學舊鈔本的内容與體量。

關鍵詞：《贈鄭員外》詩；《七老會詩》；古筆切

受唐風所及，日本奈良平安時期的上層貴族普遍書習漢字以提高文化修養。因此契機，日本存傳了爲數不多卻彌足珍貴的漢文書迹。這些書法作品涉及内容廣泛，其間既有日本上流士人創作的漢字和歌，也有"泊自唐土"的中國文學作品。較早系統地探尋日本古代書迹所存中國文學作品的是日本學者小松茂美，其致力於搜集《白氏文集》的"古筆斷簡"，并發掘其作爲"舊鈔本"的文獻價值[1]。此後又有周一良、王曉平等中國學者從文獻學的視角解讀光明皇后《杜家立成雜書要略》《聖武天皇宸翰雜集》等書迹資料[2]。可以發現，上述學者都將日本古代書迹看作"寫本文獻"，并進一步解讀其文獻價

* 本文係國家社科基金重大項目"5—11 世紀中國文學寫本整理、編年與綜合研究"（項目號：16ZDA175）階段性研究成果。

[1] 〔日〕小松茂美：《平安朝傳來の白氏文集と三蹟の研究》，墨水房 1965 年版。其修訂本現已收入《小松茂美著作集》（第 1—3 卷），旺文社 1996—1997 年版。江户時代的日本學者已有使用古代書法作品校勘《白氏文集》的做法，如小野道風所書《白氏文集》書迹在後世校本中被稱爲"野""野迹"（謝思煒：《白居易集綜論》，中國社會科學出版社 1997 年版，第 38 頁）。但這些校勘大都零散且不成體係，至小松茂美氏方才有計劃地搜集并系統地討論，故此處稱之爲"系統地探尋"。

[2] 周一良：《唐代的書儀與中日文化關係》，《歷史研究》1987 年第 1 期，第 43 頁；丁永忠：《陶詩佛音辨》，四川大學出版社 1997 年版，第 106—107 頁；王曉平：《從〈鏡中釋靈實集〉釋録看東亞寫本俗字研究》，《天津師範大學學報》2008 年第 5 期，第 59—64 頁。

值。笔者針對“陶翰《贈鄭員外》詩”與“《七老會詩》”兩件“古筆切”的叙考[1]，就是在追尋前人思路的基礎上，探索日本平安朝書迹所存中國文學的一番嘗試。

一、陽明文庫藏“陶翰《贈鄭員外》詩古筆切”叙考

陽明文庫藏“陶翰《贈鄭員外》詩”的圖版，早已在日本館藏圖録與古筆鑒賞刊物上登出[2]。僅筆者所見者即有日本1943年出版的《陽明文庫圖録》第2輯（古筆）第七種“宮内卿高枝王”[3]，以及1952年《書品》雜誌第30號以別刷折紙印出的《高枝王・唐詩殘簡》[4]。中國書法家陳振濂1989年編著的《日本書法通鑒》最早在國内展示了斷片圖像[5]，但該書主要是從書迹筆法角度展開的藝術鑒賞，因此未被國内文獻學者充分利用。關於這件古筆切，日本學者名兒耶明1976年撰有相關考證[6]，中國學者孫猛2015年出版的《日本國見在書目録詳考》在考述《河嶽英靈集》的流布時提及其關於該寫本的論述，并轉述“所抄乃此集所載陶翰詩”[7]，王兆鵬也於此年指出名兒耶明的文章爲學界提供了“珍貴材料”[8]。其後至今，中國學界未見該寫本是何形製、詩存多少的詳細描述。因此筆者遂將這件日藏書迹以寫本文獻學的視角叙録如下：

紙本，古筆切。現藏日本陽明文庫。首尾俱全、紙邊齊整，上下兩端略有殘損。現存四行，行款整齊，每行7—8字。單面書寫，字迹一致，漢字行楷，爲日本平安朝書法家高枝王（802—858）筆迹[9]。書寫内容起“儒服揖諸將”，迄“人生志”。共7句

[1] “古筆切”是日本書法史上特有的名詞，“古筆”即日本平安時代著名書法家之書法作品與書法風格的統稱，“切”指部分篇幅小且未必完整的書法作品。當時“爲了欣賞收藏，一些好事者和茶道中人便肆意將古代和歌作品切割開來，將其中一兩頁單獨抽出懸於茶室，據爲己有”（中國教育學會法教育專業委員會編:《日本書法史》，天津古籍出版社2010年版，第157頁）。這種獨特的名家筆迹與特殊的文獻載體生成方式相較敦煌吐魯番寫本有很大不同。中國學者劉維治曾將該術語翻譯爲“古抄殘卷”（〔日〕静永健著，劉維治譯:《關於東京國立博物館藏古抄殘卷〈白氏文集〉卷六十六的文本》，《南陽師範學院學報》2005年第5期），但“古抄”可能是經生所寫而非大家書迹，“殘卷”的界定亦未將自然殘缺與人爲切斷有效區分。有鑒於此，此處仍以“古筆切”作爲文獻寫本形態的特有名稱。

[2] 據孫猛轉述日本學者名兒耶明的介紹，東京國立博物館另存一件殘片，書寫内容亦爲陶翰詩。名兒耶明認爲“兩本均爲平安初期鈔本，内容相同，書體不同”，“或出於同一人之手”（孫猛:《日本國見在書目録詳考》，上海古籍出版社2015年版，第2053頁）。由於筆者未睹東博寫本，故此處僅叙考陽明文庫所藏該帖。

[3] 〔日〕陽明文庫編:《陽明文庫圖録》第2輯（古筆），陽明文庫1943年版，第7種。

[4] 〔日〕近代書道研究所編:《書品》第30號，東洋書道協會1952年版，第1頁。

[5] 陳振濂:《日本書法通鑒》，河南美術出版社1989年版，第126頁。

[6] 〔日〕名兒耶明:《新發見の「河嶽英靈集」斷簡について》，《東京國立博物館研究誌》302號，第25—34頁。

[7] 孫猛:《日本國見在書目録詳考》，第2053頁。

[8] 王兆鵬:《20世紀日本唐代文學研究成果量的發展變化》，《社會科學戰綫》2015年第5期，第150頁。

[9] 該殘片出自高枝王筆，日本書道界已達成共識。北川博邦等人認爲“從書風酷似空海推測，筆者可能是據傳曾學書於空海的高枝王”（〔日〕北川博邦編:《日本歷代書聖名迹・書法大字典》，華夏出版社2001年版，第1388頁）。然據《日本文德天皇實録》卷10載:“高枝學沙門空海之書迹，習沙良真熊之琴調，未得其一道，遂至終身。”似乎高枝王未得空海書迹真意。此處暫取學界共識。

32 字，爲陶翰《贈鄭員外》殘詩。該詩見於《河嶽英靈集》卷上、《文苑英華》卷 252、《唐詩紀事》卷 20、《全唐詩》卷 146 等傳世典籍。

《陽明文庫圖録》等書籍將該寫本定名爲《河嶽英靈集》，認爲此則古筆切是《河嶽英靈集》的殘片[1]。而近代書道研究所則將該寫本定名爲“唐詩斷簡”，認爲現存寫本是“殘斷的唐詩寫本”，并未指實。今考古筆切僅存陶翰殘詩七句，未見到有關《河嶽英靈集》的明顯字迹，所以此處仍取“唐詩斷簡”的題法，將寫本嚴謹地定名爲“陶翰《贈鄭員外》詩古筆切”。

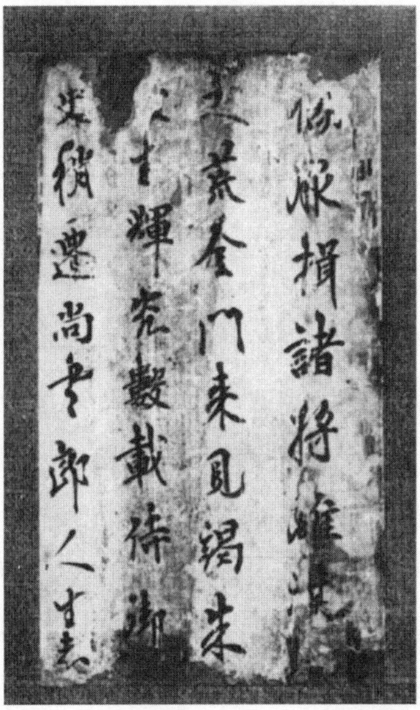

圖 1　陽明文庫藏陶翰《贈鄭員外》古筆切

現將《陽明文庫圖録》第 2 輯公布的圖版轉引至此，并校録原卷文字：

1 儒服揖諸將，雄謀［吞］

2 大荒。金門來見謁，朱

3 紱生輝光。數載侍禦

4 史，稍遷尚書郎。人生志

[1] 另有名兒耶明、陳振濂、北川博邦等人認爲該斷片爲“河嶽英靈集斷簡”，孫猛考證《日本國見在書目録》“河嶽英靈集”時也提及了此則材料（〔日〕名兒耶明：《新發見の「河嶽英霊集」斷簡について》，《東京國立博物館研究誌》302 號，第 25—34 頁；陳振濂：《日本書法通鑒》，第 126 頁；〔日〕北川博邦編：《日本歷代書聖名迹・書法大字典》，第 1388 頁；孫猛：《日本國見在書目録詳考》，第 2053 頁）。

其中“揖諸將”,《唐詩紀事》作“護諸將”。《禮記・樂記》:“揖讓而治天下者，禮樂之謂也。”[1]前言“儒服”，故應以禮樂相“揖”爲宜。若徑言“護”字，實失其儒雅之致。“來見謁”,《文苑英華》作“未見謁”。《爾雅・釋詁》:“來，至也。”[2]至則能遇，遂使“朱紱生輝”。若“未見”則二者未逢，又談何揖拜“諸將”。應以“來”字爲宜，《英華》作“未”蓋屬形誤。據此兩例校勘，舊鈔文字實勝一籌。

前文叙録時已提到，學者們對該寫本是否爲“河嶽英靈集斷簡”存在不同的意見。那麽，這件古筆切究竟是整部《河嶽英靈集》的殘卷切片，還是僅爲陶翰《贈鄭員外》的唐詩選抄？寫本性質的判定將直接影響進一步的文獻研究。筆者持諸本陶翰詩與陽明文庫《贈鄭員外》詩對校而考其源流，發現僅32字的古筆切與《文苑英華》《唐詩紀事》各有一處異文，與《全唐詩》的校記存在四處異文[3]，獨與《河嶽英靈集》略無一字偏差。是則高枝王所寫此篇《贈鄭員外》詩應與《河嶽英靈集》存在較爲密切的“文本源流”關系（這或許正是諸位學者認爲寫本是“河嶽英靈集斷簡”的原因）。但其間仍有文本的“源”“流”之辨，若就此簡單認爲該寫本即《河嶽英靈集》殘卷，是存在缺失的。

首先，從寫本文獻學的角度來看，古筆切原件上没有任何一處筆迹可以明確證明其爲《河嶽英靈集》。翻檢記載高枝王行迹的《日本文德天皇實録》等書，也未見到高枝王本人有抄寫“整本”《河嶽英靈集》的記録。其次，如日本學者北川博邦所言，寫本内容“是收集在唐代殷璠所撰的《河嶽英靈集》裏的陶翰詩的斷簡”[4]，所謂“《河嶽英靈集》裏的陶翰詩”只能説明其文本來源，而不能説其本身就是《河嶽英靈集》。若僅因寫本抄寫了一首收在“《河嶽英靈集》裏的陶翰詩”而斷然言其即爲本體，實則誇大了寫本的文獻價值，犯了指“流”爲“源”的弊病。

雖然古筆切與《河嶽英靈集》存在密切的“文本源流”關係，但高枝王完全存在以《河嶽英靈集》爲底本選抄數詩，從而生成新的寫本的可能。這件古筆切或許正是“再生成寫本”的殘餘，其可以作爲日人閲讀接受《河嶽英靈集》或陶翰詩的證據，但絶不能説該寫本就是《河嶽英靈集》抄本的斷片。在新的材料未公布前，我們必須嚴謹地將該寫本定名爲“陶翰《贈鄭員外》詩古筆切”，根據此則材料展開的有關《河嶽英靈集》的討論也需要重新考量。

盛唐文人陶翰的詩歌在8—9世紀遠播海外，被日本的上流人士閲讀接受并轉抄書

---

[1]　楊天宇:《禮記譯注》，上海古籍出版社2004年版，第474頁。

[2]　胡奇光、方環海:《爾雅譯注》，上海古籍出版社2004年版，第6頁。

[3]　《全唐詩》卷146《贈鄭員外》的四處校記如下:“揖”，一作“護”;“大”，一作“八”;“來”，一作“求”;“年”，一作“載”。

[4]　〔日〕北川博邦編:《日本歷代書聖名迹・書法大字典》，第1388頁。

寫，現存的書迹實物生動地展現了這個有趣的文學活動。在探討陶翰《贈鄭員外》詩的“東渡”之前，讓我們先來考察《陶翰集》的編纂情况[1]。陶翰生卒年不詳，傅璇琮等人依其行迹推測其下世約在天寶末（756），至多止於大曆五年（770）[2]。顧况《禮部員外郎陶氏集序》云：“嗣子問儒爲法官，捧先人之集，霜露之疾，將愬於吾。”[3]是則陶翰下世後，其子陶問儒匯編“先人”文集，并請顧况爲序。約略推算，至遲大曆末年（779）前已有《陶翰集》成編。但翻檢日本平安朝僧人的諸種“求法目録”，以及成書於寬平三年（891）的《日本國見在書目録》，未見著録署名陶翰的詩文集。這也意味着作爲完整書籍性質的《陶翰集》在當時并未傳至日本，高枝王所抄陶翰《贈鄭員外》詩的底本也應當另有來源。

今本《河嶽英靈集》卷上收陶翰詩十一首，第三首爲《贈鄭員外》。藤原佐世《日本國見在書目録》著録有“《河嶽英靈集》一卷”。據孫猛言該書“奈良時期已傳入日本”[4]，陶翰《贈鄭員外》詩的文本最初可能因收於《河嶽英靈集》而以總集載録的形式傳至異域。此外，日本平安朝僧人的“將來目録”著録有許多“雜詩”“詩集”寫本，如空海《獻雜文表》記載其獻“雜詩集四卷”[5]，圓仁《入唐新求聖教目録》載有“雜詩一卷”“雜詩一帖”等[6]。這些雜詩文寫本與敦煌寫卷中的“詩文叢抄”十分相似，如敦煌寫本P.2567+P.2552就是典型的“雜詩”殘卷，編集者抄寫了李昂、王昌齡、李白、高適等數位文人的119篇詩歌[7]。該寫卷也抄有陶翰五言詩一首，原題《古意》（即今本《塞下曲》），這説明陶翰詩在當時存有别集與總集外“單篇别行”的情况。所以，陶翰《贈鄭員外》詩也可能載於諸種雜集、詩文叢抄寫本之中，被求法僧與遣唐使攜至日本。

陶翰《贈鄭員外》詩的傳播與複制只是平安時期唐詩東傳、被日人閱讀的一處縮影。平安朝日本貴族接受唐詩的文本載體極有可能并非完整的文人别集，而是帶有“選本性質”的總集或詩文叢抄寫本。這種文獻傳播的不完整性和隨機性使日本人閱讀中國文學時陷入被動的“有什麼讀什麼”的尷尬境地，其漢文文學的再創作也因此呈現出“限制

[1] 陶翰爲開元時人，《舊唐書·經籍志》未收《陶翰集》。《新唐書·藝文志》著録《陶翰集》，小注云：“卷亡。潤州人。開元禮部員外郎。”《直齋書録解題》：“《陶翰集》一卷。”《宋史·藝文志》：“《陶翰詩》一卷。”此後未見書目著録。大抵宋初時期唐編《陶翰集》已佚，而宋人重編的《陶翰集》《陶翰詩》又在後世散佚。今見《河嶽英靈集》卷上選録陶翰詩11首，《全唐詩》卷146爲《陶翰詩》一卷，收其詩作17首。

[2] 傅璇琮主編：《唐才子傳校箋》第1册，中華書局1987年版，第283頁；傅璇琮主編：《唐才子傳校箋》第5册，中華書局1995年版，第56頁。

[3] 李昉等編：《文苑英華》，中華書局1966年版，第3622頁。

[4] 孫猛：《日本國見在書目録詳考》，第2052頁。

[5] 陸心源：《唐文續拾》卷16，董誥等編：《全唐文》，中華書局1983年版，第11357頁。

[6] 《大正新修大藏經》第55卷，第1084頁。

[7] 徐俊：《敦煌詩集殘卷輯考》，中華書局2000年版，第41—98頁。

閲讀”後的獨特樣貌，這在日本古代漢文學史上有着充分體現[1]。

二、東京國立博物館藏“《七老會詩》古筆切”叙考

如果説上則考論還只是對前人已揭示材料的進一步詳考，那麽這一則叙録就是作爲“海外遺珍”的新材料在國内的首次推介。

研治日藏古鈔本的學者應對1989年出版的《東京國立博物館圖版目録：日本書迹篇（和樣Ⅰ）》并不陌生，該書第七種最早完整地向外界公布了“東博本《白氏文集》”的圖版[2]。也正是該書的第二種，收載了一件該館所藏的“唐詩斷簡（絹地切）”[3]（現“東京國立博物館·畫像檢索”電子數據庫也公布了寫本圖像）。但或許因其篇幅短小，國内暫時無人予以介紹。此處將該古筆切以寫本文獻學的視角叙録如下：

絹本[4]，古筆切。收藏於日本東京國立博物館，編號B-2893。首尾俱全、邊綫齊整。現存規格26.0cm×36.6cm[5]，卷中有輕微的縱向磨損。存11行，行款整齊，每行8—9字。各行最後一字書寫較小，僅爲前字一半，應是卷底空餘不足所致。據此可知，書手應是在事先製成的絹本上書寫，今存古筆切的寬幅亦未遭後世裁奪。單面書寫，字迹一致，漢字行草，傳爲日本平安朝“三迹”之小野道風筆迹。東京國立博物館定名該古筆切爲“唐詩斷簡”，又名“絹地切”，判斷其抄寫時間爲“平安時代，十世紀”[6]。

書寫内容起自“東洛優閑日暮春”，迄“衛尉卿致仕馮翊吉”。前爲無題七言12句詩，末爲單行殘句，共13句92字。《東京國立博物館圖版目録》指出該卷抄寫内容爲“鄭據·七言詩”，見於《全唐詩話》卷3。考《唐詩紀事》卷49、《全唐詩》卷463收

---

[1]《千載佳句》是現存最早的日本人自編的唐詩佳句選，存唐代名詩1083聯，其中收有《全唐詩》未收詩人朱千乘的詩句“錦纜扁舟花案静，玉壺春酒管弦清”。唐人朱千乘的詩篇在本土早已不傳，卻出乎意料地入選日本唐詩最高範本，這是一個奇怪的文學現象（王勇：《唐人贈空海送别詩》，《文獻》2009年第4期，第161頁）。推其原因，空海入唐求法時曾攜歸《朱千乘詩》一卷，大抵此後日本文人在“限制閲讀”的環境中接受中國文學，對中國文學的再創作（編選、擬作）也因此展現出與本土相異的狀態。

[2] 關於“東博本《白氏文集》”，日本學者静永健有專文介紹。參看〔日〕静永健：《東京國立博物館藏古筆殘卷「白氏文集卷六十六」の本文について》，《日本中國學會報》第55集，2003年（劉維治譯文載《南陽師範學院學報》2005年第5期；陳翀譯文載《漢籍東漸及日藏古文獻論考稿》，中華書局2011年版，第153—171頁）。〔日〕静永健：《東京國立博物館蔵古筆切「白氏文集卷六十六」影印·翻字》，《白居易研究年報》第4號，勉誠社2003年版（陳翀譯文載《漢籍東漸及日藏古文獻論考稿》，第171—196頁）。

[3]〔日〕東京國立博物館編：《東京國立博物館圖版目録：日本書迹篇（和樣Ⅰ）》，講談社1989年版，第23頁。

[4]《東京國立博物館圖版目録：日本書迹篇（和樣Ⅰ）》作品目録注：“絹本墨書。”“綾地切”“絹地切”等是“以用紙取名”（中國教育學會法教育專業委員會編：《日本書法史》，第157頁），“絹地切”的稱名也表明該寫本的質地爲“絹”。

[5]《東京國立博物館圖版目録：日本書迹篇（和樣Ⅰ）》作品目録注：“26.1cm×36.8cm。”此處所用數值源自“東京國立博物館·畫像檢索”電子數據庫。

[6]〔日〕東京國立博物館編：《東京國立博物館圖版目録：日本書迹篇（和樣Ⅰ）》，第283頁。

有該七言詩，題《九老會》[1]，確爲鄭據之作。然詳察此古筆切卷尾另存“衛尉卿致仕馮翊吉”一行（按：此處當缺一“皎”字）。據宋紹興本《白居易集》卷37所載，白居易晚年曾與“胡、吉、鄭、劉、盧、張等六賢”“合成尚齒之會”，并於宴後賦詩，其中即有“衛尉卿致仕馮翊吉皎”，及前詩作者“前右龍武軍長史鄭據”[2]。是則該殘卷原非單抄鄭據詩一首，而是《七老會詩》寫本的斷片，故此處定名爲“《七老會詩》古筆切”。

現將“東京國立博物館・圖像檢索”電子數據庫公布的圖版轉引至此，并將原卷文字校録如下[3]：

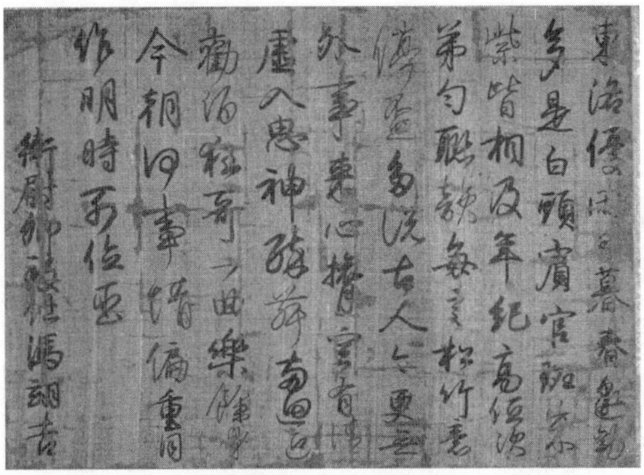

圖二　東京國立博物館藏《絹地切》（B–2893）

1 東洛優閑日暮春，邀歡
2 多是白頭賓。官班朱
3 紫皆相及，年紀高低次
4 弟匀。聯韻每言松竹意，
5 停盃多説古人今。更無
6 外事來心脊，空有清
7 虚入思神。醉舞兩迴迎
8 勸酒，狂哥一曲樂餘身。

[1] 盧燕新有關於“七老會”與“九老會”、《七老會詩》與《九老會詩》的考證，此處取其成説（盧燕新：《唐人編選詩文總集研究》，中國人民大學出版社2014年版，第315—321頁）。

[2] 白居易撰：《白氏長慶集》，文學古籍刊行社1955年版，第975頁。

[3] 除《唐詩紀事》《全唐詩》外，《全唐詩話》卷3亦收有此詩。然《全唐詩話》爲“後人剌取影撰”，文字亦“皆與計有功《唐詩紀事》相同”，此遂不校。《四庫全書》收有“《高氏三宴詩集三卷》附《香山九老詩一卷》”，《提要》因其卷尾存“夷白堂重雕”之字，推測其爲宋鮑慎由（元祐六年進士）所刊（《欽定四庫全書總目（整理本）》，中華書局1997年版，第2602頁）。若館臣推測屬實，《四庫全書》所收版本爲覆宋本。此以該本（簡稱四庫本）參校。

9 今朝何事情偏重，同

10 作明時列德臣。

11 衛尉卿致仕馮翊吉

“優閑”，諸校本俱作“幽閑”。“邀歡”，《唐詩紀事》作“邀懽”。“多是”，四庫本作“皆是”。“皆相及”，諸校本俱作“多相似”。《説文・又部》：“及，逮也。”[1] 言職位則有高低之逮否，而非物象之間的“相似”，此以古筆爲宜。“聯韻”，諸校本俱作“聯句”。“古人今”，諸校本俱作“古今人”。“人”爲真韻，而“今”屬侵韻，雖真侵通用，然全詩通押“真”韻，以韻腳考量當以“人”字爲是。“心膂”，諸校本俱作“心肺”。晉張華《勞還師歌》：“將士齊心膂，感義忘其私。”[2]“心膂”本即唐世習見詞語，有心思與精神之意，正與下句“思神”相稱。“情偏重”，諸校本俱作“偏情重”。“德臣”，諸校本俱作“任臣”。當以“德”字爲是[3]，閑居無關政事，獨求“列”爲“德臣”受世間欽贊。“任臣”於意雖通[4]，卻更在於己，不煩莊重嚴肅地“列爲”。限於篇幅，以上僅就緊要處辨析文意。可以發現東博藏《七老會詩》古筆切有多處文字與今本不同，然其語意明顯更優。此種文字宋代已不傳，可見日本古筆之珍。

學界一般認爲，“《七老會詩》以年齡爲選詩標准并以年齡爲序”[5]。年歲未足70者不入集，并按年歲高者據前、低者排後，即白氏序所謂“胡、吉、鄭、劉、盧、張”（胡杲、吉皎、鄭據、劉真、張渾、盧真）的順序依次排列。但有趣的是，日本這件《七老會詩》古筆切卻顯示鄭據列於吉皎之前，略存異態。實際上，傳世文獻中《七老會詩》的排列順序也并非完全一致。今見較早收録完整《七老會詩》的是《唐詩紀事》卷49和四庫本《香山九老詩》，二本皆依次收載“胡杲、吉皎、劉真、鄭據、盧真、張渾、白居易”的詩作[6]，其間劉真即與鄭據互乙。汪立名編《白香山詩集》卷40《七老會詩序》亦作“胡、吉、劉、鄭、盧、張等六人”[7]，與白氏所序不同。總體來説，各本具體排列順序雖略有不同，但仍嚴格按照年歲從大到小的順序編次[8]。至於“東博藏《七老會

[1] 許慎：《説文解字》卷3下，中華書局2013年版，第59頁。

[2] 郭茂倩編：《樂府詩集》卷19，中華書局1979年版，第284頁。

[3] 當行第四字“列”爲草書，所以此第五字當亦爲草書。觀其字形并非“任”字，應以草書“德”字爲是。

[4] 《漢語大詞典》解釋“任臣”爲：“指忠於職守、堪當重任的大臣。”

[5] 盧燕新：《唐人編選詩文總集研究》，第324頁。

[6] 計有功：《唐詩紀事》，上海古籍出版社2013年版，第738—740頁；《景印文淵閣四庫全書》第1332册，第8—10頁。

[7] 《景印文淵閣四庫全書》第1081册，第521頁。

[8] 此處列出白氏詩序與《唐詩紀事》卷49、四庫本《香山九老詩》《全唐詩》卷464（三者同，略稱校本）諸人年齡的差異：胡杲諸本俱作“年八十九”，吉皎白序作“年八十六”、校本作“年八十八”，鄭據白序作“年八十四”、校本作“年八十五”，劉真白序作“年八十二”、校本作“年八十七”，盧真白序作“年八十二”、校本作“年八十三”，張渾白序作“年七十四”、校本作“年七十七”。

詩》古筆切”將年齡偏小的鄭據置於吉皎之前、不同於今本的編排方式，原因不明，且作叙述，以俟後考。

白居易等人的“香山七老會”曾對日本古代文壇産生影響。據日本學者後藤昭雄考證，貞觀十九年（877）南淵年名等六人於小野山莊舉辦“尚齒會”[1]，安和二年（969）藤原在衡於粟田山莊舉行了“安和尚齒會”，天承元年（1131）又有藤原宗忠召集的“天承尚齒會”[2]。首次集會菅原道真作有《暮春見南亞相山莊尚齒會》一詩，其第四句爲“游宴追尋白樂天”[3]，表現出與會諸人對白居易的敬慕。“尚齒會”在日本延續久遠，此後逐漸演化爲更具本土特徵的“和歌尚齒會”。

雖然《七老會詩》與白居易本人有很大關聯，但翻檢宋紹興本《白氏長慶集》卷37、日本那波道圓本《白氏文集》卷71，都僅收録了白居易的詩題、詩注與其自作的“七人五百七十歲”一詩，未載同列宴會的其餘六人之作。據後藤昭雄所言，日本舉行的尚齒會完整照搬了白居易等人“七老會”的模式，如“參會的老人都是七位；會期都在三月；而且所有的詩均爲六韻十二句”[4]。如果單憑文本形態的詩題詩注詩歌，就能令日本文壇引起巨大的模仿興趣，并進一步完整地複原集會流程，這樣的假設似乎過分誇大了一首白詩的文化影響。那麼，除了《白氏文集》的記載外，平安朝日本人是否存在獲知“七老會”相關信息的其他渠道？换句話説，作爲文化活動的“香山七老會”是通過哪些傳播方式被日人接受的？[5]

首先，日人曾閲讀到關於“七老會”的圖畫[6]。後藤昭雄在解讀日本首次“尚齒會”與會者菅原道真《暮春南亞相山莊尚齒會詩》時指出，“除了白居易的詩以外，尚齒會還曾以繪畫的形式傳入日本”[7]。該詩序云：

唐家愛憐此會（筆者注：七老會[8]）希有，圖寫障子，不離座右。有人傳送呈我聖

[1] 宋紹興本《白居易集》卷37云：“偶於弊居合成尚齒之會，七老相顧，既醉甚歡。”是則該會原名“尚齒之會”，“七老會”之名蓋後世所出。

[2] 〔日〕後藤昭雄著，高兵兵譯：《日本古代漢文學與中國文學》，中華書局2006年版，第136頁。

[3] 〔日〕菅原道真撰：《菅家文草》卷2，早稻田大學圖書館藏刻本。

[4] 〔日〕後藤昭雄著，高兵兵譯：《日本古代漢文學與中國文學》，第137頁。

[5] 日本尚齒會源於中國的香山七老會，這是作爲文學活動的尚齒會在現實生活中的“事件源頭”。此處試圖闡釋的并非該活動的誘因，而是其“信息來源”，即日本人通過什麼方式、哪些渠道與載體獲悉了中國的七老會，涉及的是文學活動的信息傳播問題。

[6] 中國學界存在“《七老圖》爲後世杜撰”的説法，而後藤昭雄引用的日本史料表明當時中國的確存在“七老圖”并傳至日本。

[7] 〔日〕後藤昭雄著，高兵兵譯：《日本古代漢文學與中國文學》，第138頁。

[8] 史料顯示，中國曾有“七老會”與“九老會”不同的記載。根據日本“尚齒會”與會老人自始至終皆爲七人，可知日人僅受到“七老會”的影響。

朝，即得此障。遍覽諸相，朱紫接袖，鬢眉皓白，或歌或舞，傲然自得。誰謂圖畫，昭昭在眼。[1]

可見當時唐人已將白居易等人集會的相關内容“圖寫”於“障子”[2]，這件承載了文化信息的“障子”後東渡“傳送”至日本，日人始得而見之。菅原氏“朱紫接袖，鬢眉皓白，或歌或舞”的描述，也説明這“障子”繪載了與會諸人的具體形象。而作爲活動發生地的中國本土也有“圖寫障子”的相關記載。北宋題畫詩書目《聲畫集》收録了名爲《七老圖》的畫卷，并迻録了原畫所題白居易詩一首，正是參會所作的“七人五百七十歲”詩[3]。這些證據表明當時的確存在“七老圖”，日人曾通過接受這些泊來圖畫了解到“香山七老會”的具體情況。

其次，東博所藏《七老會詩》古筆切又以實物證明，平安朝初期（高枝王生活的年代）其餘“六老”的詩歌文本也已傳至日本，并被上層貴族接受傳抄。正如上文所言，僅憑白居易一人的詩歌似乎不足以再現當日文學創作活動的盛況，而這件高枝王的書迹遺物顯示，當時的日本士人已經接受到相對完整的《七老會詩》，并可由此獲取對七老“宴罷賦詩”更趨詳細的認知。此外，這些昔日宴會所作“原始文本”的傳抄與複制，恰恰也表明其範本意義。它們既是傳遞“香山七老會”的信息源，也是尚齒會參會諸人擬作“七言六韻詩”的範式文本。

正是記述事件始末緣由的白居易詩題詩注、描繪當時場景的宴會圖畫、與會諸人現場創作的文學作品三種“傳播媒介”的共同作用[4]，使得遠在異域文化環境中的日人充分獲知有關“香山七老會”的詳細信息。也正是通過閲讀這些形式多樣、或圖或文的“障子”與寫本，平安朝日人再現出“七老”宴會賦詩的儀式流程與生動情境，從而進一步擬創爲日本的“尚齒會”。

三、結語

正如謝思煒談及日本現存“白氏文集書迹”的文獻價值時所言，這些書法作品“盡

---

[1] 〔日〕藤原明衡著，柿村重松注：《本朝文粹注釈》下册，内外出版社 1922 年版，第 228—229 頁。

[2] 所謂“障子”，實即一種寫本文獻。《漢語大詞典》釋“障子”爲：“幛子。上面題有文字或畫有圖畫的整幅綢布。”《北夢瑣言》卷 6：“他日撰家戒，内不許垂《秦婦吟》障子。”

[3] 孫紹遠：《聲畫集》，《叢書集成續編》第 100 册，臺灣新文豐出版公司，第 321 頁。

[4] “傳播媒介”是傳播學的術語，一般指“信息傳遞的載體、渠道、中介物、工具或技術手段”，“我們可以説語言、文字是傳播媒介”，也可以説“報紙、書籍、電視等是傳播媒介”（郭慶光：《傳播學教程》第 2 版，中國人民大學出版社 2011 年版，第 115 頁）。

管往往有書迹中常見的轉倒訛誤之病，但無疑也反映了早期抄本的面貌”[1]。通過對“陽明文庫藏陶翰《贈鄭員外》詩”和“東京國立博物館藏《七老會詩》”兩件古筆切的叙録與考證，我們發現即使是日本平安時期的“古筆切”殘片，也可給中國文學研究帶來或多或少的參考啟發。站在廣義的文獻學的視角來看，這些寫有字迹的絹綾紙帛實際上也是日本奈良平安時期中國文學的謄抄寫本。

伏俊璉先生曾根據日本學者阿布隆一對“漢籍古寫本”的統計，指出日本現存有“大致相當於中國寫本時代的奈良平安時期的中國文學寫本近60部”[2]。如果將這些抄有中國文學的書迹寫本計算在内，日藏奈良平安時期中國文學寫本將會有更加豐富的内容與體量。

日藏奈良平安時期中國文學古筆切雖屬“零篇斷簡”，卻具有多方面的文獻價值。首先是校勘訂訛，古筆切雖則至多十數行，但因書寫年代較古而更接近文本原貌，可校正部分刻本的文字訛誤。其次是中國文學在日本的接受研究，童嶺曾指出日藏漢籍舊鈔本的來源主要有三種：“中土人士在中國寫成後傳入日本者”“留學生和留學僧在中國抄成後帶回日本者”與“日本人在日本重新抄録者”[3]。古筆切由於出自日本書法家，可確知屬於第三種類型，反映出日本社會上層對已傳來中國文學的自主接受與主動複制。再次是中國文學古筆切與“舊鈔本”的對比研究，古筆切由書法家書寫，與日藏中國文學“舊鈔本”的抄寫者存在差異，二者的對比研究有助於認知奈良平安時期的“抄工與學者”。

（作者簡介：陶新昊，貴州師範大學文學院碩士研究生）

---

[1] 謝思煒：《白居易集綜論》，第38頁。

[2] 伏俊璉：《5—11世紀中國文學寫本整理研究概論》，《雲南師範大學學報》2017年第5期，第128頁。

[3] 童嶺：《六朝隋唐漢籍舊鈔本研究》，中華書局2017年版，第90頁。

藏文寫本古籍紙頁殘片的顯微分析*

易曉輝　索朗仁青

摘　要：藏文古籍的紙質載體信息是研究藏族文獻及保護修復技術的重要内容，特别是藏文寫本古籍的紙張特徵對研究早期文獻的形態和藏紙發展歷史都有重要意義。實驗測定了十種藏文寫本古籍紙頁殘片的厚度，拍攝紙頁表面顯微形態和纖維顯微形態，分析紙張表觀形態的成因及加工方式，通過原料纖維的微觀特徵鑒别其纖維原料的種類。結果表明十種藏文寫本古籍紙頁的纖維原料均出自瑞香科的瑞香屬、結香屬和蕘花屬植物的韌皮纖維，由澆紙法制成紙張，并采用砑光、施澱粉膠、塗布等方法對紙面進行處理，以適于文字書寫。

關鍵詞：藏文寫本；古籍紙頁；顯微分析；瑞香科

在我國現存的古籍文獻當中，藏文古籍無論從質和量上在少數民族文獻中都獨樹一幟，僅次于漢文古籍。這些浩如煙海的文獻是藏族人民的智慧結晶，是中華民族共同的精神財富。藏文古籍有鮮明的民族特色，是藏民族悠久歷史文化的結晶，對研究藏族歷史文化和社會生活具有重要意義。

由于受到古印度文化和藏傳佛教的影響，藏文古籍的版本形式比較特殊，裝幀裝潢也有别于漢文古籍[1]。而且藏文古籍的載體材料多用藏紙，其紙張特性與漢文古籍有一定差異。藏紙大多取材于藏地特有的植物原料，采用傳統的澆紙法制成，紙質厚實、堅滑。特别是早期的藏文寫本古籍，這類特徵往往更加明顯。爲了滿足書寫的要求和效果，常常要將原紙經過多道程序進行加工處理，或多層粘合，或捶打研光，或施膠染色[2]。使紙張易于書寫不洇墨，墨迹烏黑如點漆。實際接觸中會發現許多藏文寫本古籍墨

* 本文係國家社會科學基金（項目號：15BTQ036）階段性研究成果。

[1] 先巴：《藏文古籍版本研究——以藏文古籍印本爲中心》，《西藏研究》2016 年第 3 期。

[2] 潘吉星：《中國造紙史》，上海人民出版社 2009 年版，第 441 頁。

迹黑亮厚重，立體感非常强，這跟藏紙的原料特性和加工方式有直接關係。

關于藏紙的原料，在許多有關藏文古籍的資料當中常提到其紙張多爲狼毒草紙[1]。這一説法跟大衆對藏紙的認知相吻合，狼毒草所制藏紙的確具有非常高的知名度，包括藏紙的國家級非遺項目也是尼木縣的狼毒藏紙。然而隨着近年來相關學者對藏紙工藝進行深入的調查和研究，發現藏紙的原料種類其實非常豐富。除了人們較爲熟知的狼毒草以外，更多的則是跟狼毒親緣關係較爲接近的瑞香科類韌皮纖維，此外還包括黄芪、萱麻[2]等其他種類的植物纖維。狼毒草在藏紙原料中實爲下等原料[3]，藏區民間流傳有“藏紙七等”的説法，用來劃分藏紙的品質等級，狼毒藏紙排第六等，僅高于廢紙再生的“還魂紙”，前面五等主要則是其他瑞香科類纖維原料。這一説法不僅表明藏紙原料的多樣性，同時也暗示藏紙當中大量優質紙張可能并非狼毒草所制。從存世藏文古籍的常見的紙張種類和外觀狀態來看，早期的藏文寫本古籍所用紙張的質感跟當前藏區所産狼毒藏紙有明顯區别，其纖維的純净度和分布狀態都要明顯好于後者，跟現存一些使用瑞香屬、結香屬、蕘花屬韌皮所制藏紙則更爲接近。藏紙的製作工藝當中尚有大量未曾公開的内容，等待着人們去發掘和詮釋。

本文以十種藏文寫本古籍紙頁殘片爲研究物件，采用顯微分析技術對古紙殘片樣品的表面形態和結構、纖維形態進行顯微觀察，分析其紙張的纖維分布結構及成型方式，加工方法以及原紙的纖維成分。雖挂一漏萬、管窺蠡測，也希望能通過這難得的十種藏文寫本古籍紙頁殘片纖維成分和工藝的分析，一窺寫本時代藏文古籍紙張製造所用原料，造紙過程及紙張特徵。

一、十種藏文寫本紙頁殘片信息

本文分析的十種藏文古籍紙頁殘片都出自藏區有關收藏單位的寫本藏經，其中有出自卡頂寺、曲德寺、白嘎寺、芒熱寺的藏經樣品 9 件，另 1 件則來自西藏博物館藏的一部殘經，據提供該樣品的館員介紹，該殘經發現于 12 世紀之前倒塌的一處寺廟的廢墟之中，發現時被倒塌物覆蓋，并被壓成紙磚狀，紙樣是從殘經中剥離出的一片狀態稍好的殘片。十種藏文寫本古籍紙頁殘片的詳細來源信息如表 1 所示：

[1] 孫麗芹、桑旦扎西：《藏紙文化初探》，《西藏科技》2009 年第 2 期。

[2] 索朗仁青、齊美多吉：《淺析傳統藏紙生産工藝及開發前景》，《西藏大學學報》1996 年第 11 期。

[3] 次旺仁欽：《藏紙考略》，《西藏研究》2002 年第 1 期。

表 1　十種藏文寫本古籍紙頁殘片樣品來源信息

紙樣編號	殘片樣品來源信息	尺寸 /cm	年代
古紙樣本 1	隆孜縣卡頂寺《甘珠爾》寫本殘片	9.6×6.9	13 世紀
古紙樣本 2	隆孜縣卡頂寺《甘珠爾》寫本殘片	10.2×7.7	13 世紀
古紙樣本 3	隆孜縣卡頂寺《甘珠爾》寫本殘片	9.1×7.0	13 世紀
古紙樣本 4	隆孜縣卡頂寺《般若波羅蜜多經》寫本殘片	11.3×8.8	不詳
古紙樣本 5	隆孜縣噶曲德寺古籍殘片，內容似爲《甘珠爾》	11.6×7.4	13 世紀
古紙樣本 6	隆孜縣噶曲德寺古籍殘片，內容似爲《甘珠爾》	13.3×11.1	不詳
古紙樣本 7	白嘎寺大般若經寫本	6.2×3.0	14 世紀前
古紙樣本 8	白嘎寺藏經寫本	4.5×1.8	14 世紀前
古紙樣本 9	芒熱寺藏經寫本	14.5×7.6	12 世紀前
古紙樣本 10	西藏博物館寫本藏經殘片	15.6×10.7	12 世紀前

十種藏文寫本古籍紙頁殘片整體形態如圖 1—圖 10 所示：

圖 1　古紙樣本 1

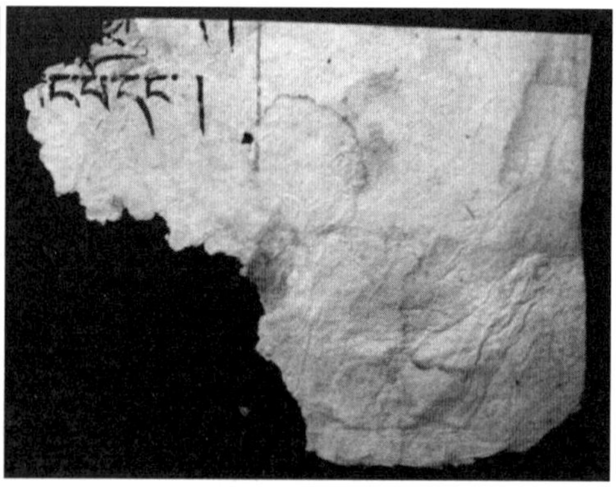

圖 2　古紙樣本 2

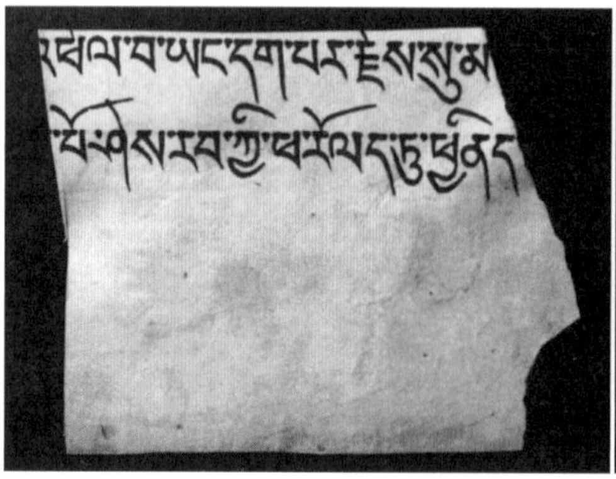

圖 3　古紙樣本 3

圖 4　古紙樣本 4

圖 5　古紙樣本 5

圖 6　古紙樣本 6

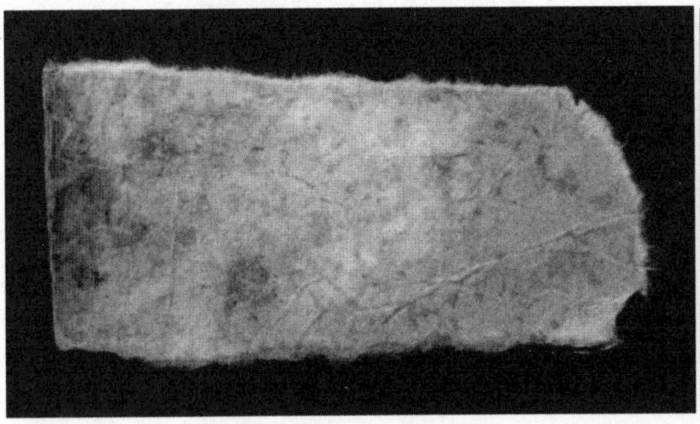

圖 7　古紙樣本 7

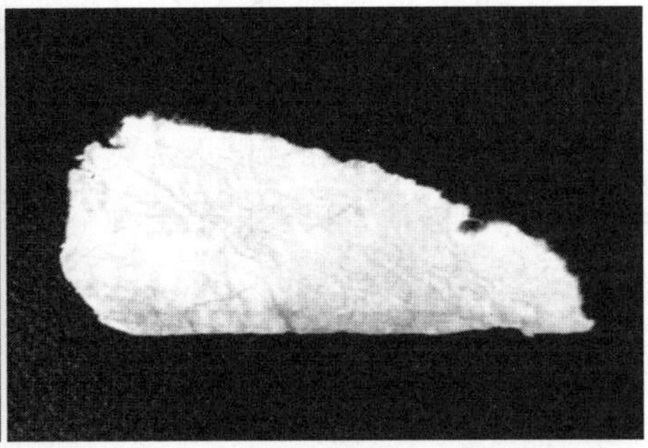

圖 8　古紙樣本 8

圖 9　古紙樣本 9

圖 10　古紙樣本 10

實驗還測定了藏文寫本古籍紙頁殘片的厚度，使用紙張厚度儀檢測每種樣品不同部位的厚度值，取其算術平均值并記録最大值和最小值。另因樣品 10 被壓爲書磚狀態，且老化嚴重，書頁互相粘連，已無法完整揭開成單頁，故樣品 10 未測厚度值。其餘九種紙樣檢測結果如表 2 所示：

表 2　十種藏文寫本古籍紙頁殘片樣品的厚度

樣品名稱	紙樣厚度 /μm			樣品名稱	紙樣厚度 /μm		
	平均值	最大值	最小值		平均值	最大值	最小值
古紙樣品 1	305	351	267	古紙樣品 6	317	330	297
古紙樣品 2	374	453	297	古紙樣品 7	261	272	249
古紙樣品 3	257	289	238	古紙樣品 8	182	245	159
古紙樣品 4	176	203	157	古紙樣品 9	244	263	232
古紙樣品 5	294	424	220	古紙樣品 10	—	—	—

紙張的厚度信息是紙張物理性能的一個基本屬性，既是紙張生産和加工過程所産生的工藝結果，也是紙張特定使用功能的最基本要求[1]，能直接影響寫印效果和紙張强度。因而古紙樣品的厚薄能够反應該類型紙張在歷史發展進程當中所承擔的用途，在寫本時代，爲了書寫和存閱的方便，紙張一般都做得比較厚實堅滑。從表 2 當中十種古紙樣品的厚度值可以看出，大部分樣品的厚度都在 200μm 到 300μm 左右，最厚者達 374μm，僅有兩種樣品低于 200μm，但也都超過 150μm。而現代手工紙大部分厚度都不超過 100μm，如宣紙中常見的單宣厚度一般爲 70μm 到 80μm 左右，較薄的扎花厚度能到 30μm。

相較而言，這些藏文寫本古籍的紙張厚度遠遠大于現代手工紙。從現存古籍文獻的用紙情况來看，早期紙張因製作工藝較爲簡單，紙張一般都偏厚實，後世隨着造紙技術的發展和進步才逐漸將紙越做越薄[2]。其次，藏區的手工造紙使用澆紙法成型，這一成型方式製作的紙張較抄紙法用漿量更多，成紙自然更厚。另外，寫本用紙要求紙張堅滑不洇墨，厚實的紙張更符合這一使用需求。

二、顯微分析過程與方法

顯微分析設備和藥品：Nikon 90i 生物正置顯微鏡；Herzberg 染色劑，根據《GB/T 4688-2002 紙、紙板和紙漿纖維組成的分析》中的方法配製。

紙張表面形態分析：將樣品殘片直接置于顯微鏡下，采用落射光模式進行觀察，分析殘片紙張表面的顯微特徵，包括纖維的表面狀態和分布特徵，紙面膠質及塗料形態等信息。以推測紙樣在製作過程中可能經歷的加工和處理方式，如是否經過塗布、施膠、

[1] 石淑蘭、何福望：《制漿造紙分析與檢測》，中國輕工業出版社 2003 年版，第 175 頁。
[2] 王菊華：《中國古代造紙工程技術史》，山西教育出版社 2006 年版，第 190 頁。

加填、研光等。

紙張纖維成分和狀態分析：分析方法參照國家標準《GB/T 4688-2002 紙、紙板和紙漿纖維組成的分析》，用鑷子從樣品上撕取一小片紙樣，浸于熱蒸餾水中潤濕，再放入超聲儀中超聲 20 min 以加速浸潤，同時去除樣品中過多的膠質，便于纖維分散。然後將超聲好的紙樣取出，擠乾水分後置于載玻片上，滴 2—3 滴 Herzberg 染色劑，用解剖針仔細地將纖維在染液中均勻分散，輕輕蓋上蓋玻片製成臨時裝片。將做好的裝片置于顯微鏡下以透射光模式觀察，通過分析紙張纖維的形態、紋理及雜細胞等特徵，并參照王菊華老師的《中國造紙原料纖維特性及顯微圖譜》，判斷原料纖維的成分，分析添加物的種類以及纖維的老化狀態 [1]。

三、殘片樣品表面顯微特徵分析

通過分析顯微狀態下的紙頁殘片樣品表面形態，從紙面纖維的排列和結合狀態、緊密程度，纖維間質的分布情況，纖維表面覆蓋物的情況，以及紙張自然邊緣處纖維的分散狀態，可以推測紙張在生產和加工過程中的成型方式，後期加工的過程，尤其是表面處理的過程。同時由邊緣區纖維的斷裂狀態還可以粗略判斷纖維的强度和劣化程度 [2]。

從圖 11—20 十種藏文寫本古籍紙頁殘片樣品的表面顯微特徵來看，所有紙樣表面的纖維排列都非常緊緻，并形成較爲平滑的平面，表明這些紙樣都經過了明顯的研光處理，使表面纖維被研實壓平。同時，樣品的纖維之間還能觀察到半透明的膠質物，這些膠質物在紙張表面分布較爲明顯，可能是在紙張成型後施于紙張表面。結合纖維樣本的染色特徵，膠質物在經 Herzberg 染色劑染色後呈藍黑色，表明紙面施用了澱粉類膠料。根據現存傳統藏紙的製紙工藝來看，因采用澆紙法成型，紙張纖維分布不如抄紙法均勻，纖維結合程度也不够緻密，因而需用卵石仔細打磨研光，使紙張緊致平滑。藏紙的施膠工藝在老紙中所見較多，爲了控制書寫時紙頁的洇墨程度，多使用澱粉類膠質經熬煮之後施于紙面，使紙張獲得必要的抗水性能。潘吉星先生在其《中國造紙史》中曾提到部分藏紙在製作時要往紙漿中加入米湯或仙人掌汁，使纖維分散均勻，這些工序常會使紙張纖維中殘留部分澱粉顆粒，經染色後會呈藍色。此外紙頁曬乾後在研光之前，也常要在紙面刷上一層澱粉汁，使墨水書寫時不致走墨。

此外，圖 12、18、19、20 所示四種樣品表面還能觀察到塗布的特徵，如圖中所示

---

[1] 王菊華：《中國造紙原料纖維特性及顯微圖譜》，中國輕工業出版社 2007 年版，第 266 頁。

[2] 國家圖書館古籍館：《國家圖書館三件早期雕版印刷佛經修復與保護》，國家圖書館出版社 2019 年版，第 85 頁。

在紙面可觀察到一層粉末狀或泥質塗層，這種塗布層一般是將礦物粉末塗料混于米湯汁等膠料當中，均匀塗刷于紙面之上。待其晾乾之後以砑石打磨，使塗料顆粒均匀鋪于紙面，填充紙面纖維之間的孔隙，并在紙面形成均匀的塗層，以增加紙張的平滑度，同時使紙張表面具有一定的抗水性能，能够承載書寫在紙面上的墨液，避免墨液向周圍滲透。

在這些紙樣當中，部分樣品已經出現明顯的老化特徵，如圖 18、圖 19、圖 20，老化後的紙樣其纖維本身的强度明顯下降，樣品很容易從原件上脱落或撕裂，而且在邊緣斷口處一般不會有普通皮紙撕扯後所特有的分散狀紙毛。明顯老化的紙樣纖維强度低，極易斷裂或破碎，在撕裂或彎折時纖維首先斷裂，因而其斷口處的纖維一般較短而秃，或有明顯的斷茬，甚至在臨近斷口的區域還能發現纖維整體酥鬆、脆裂的痕迹（如圖 20），這些都是顯微鏡下可以觀察到的紙張老化微觀特徵。

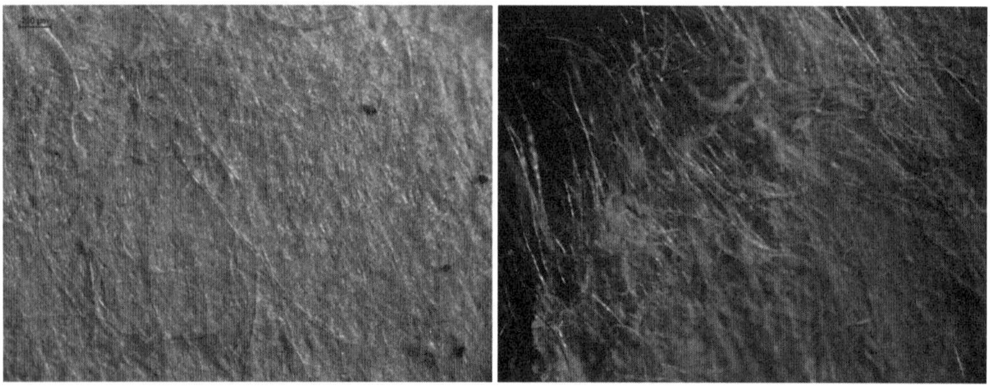

圖 11　古紙樣本 1 表面顯微圖像，× 40

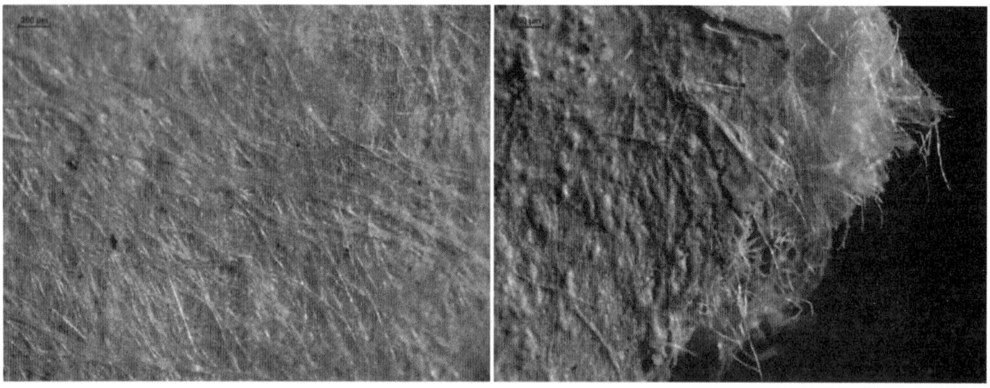

圖 12　古紙樣本 2 表面顯微圖像，× 40

圖 13　古紙樣本 3 表面顯微圖像，× 40

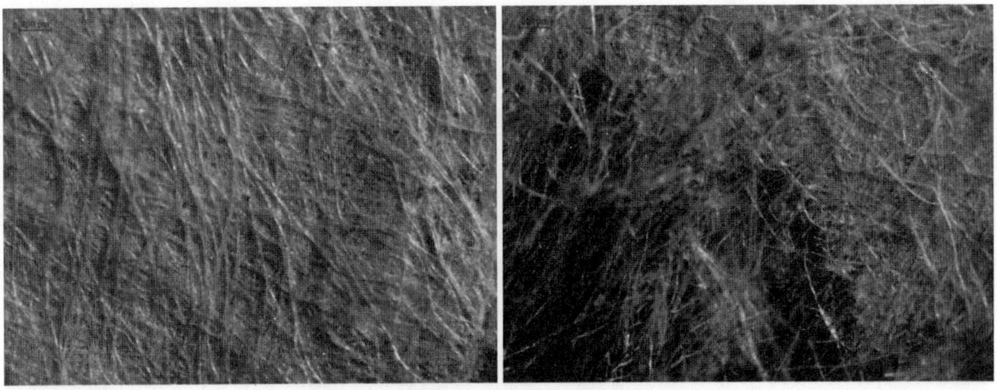

圖 14　古紙樣本 4 表面顯微圖像，× 40

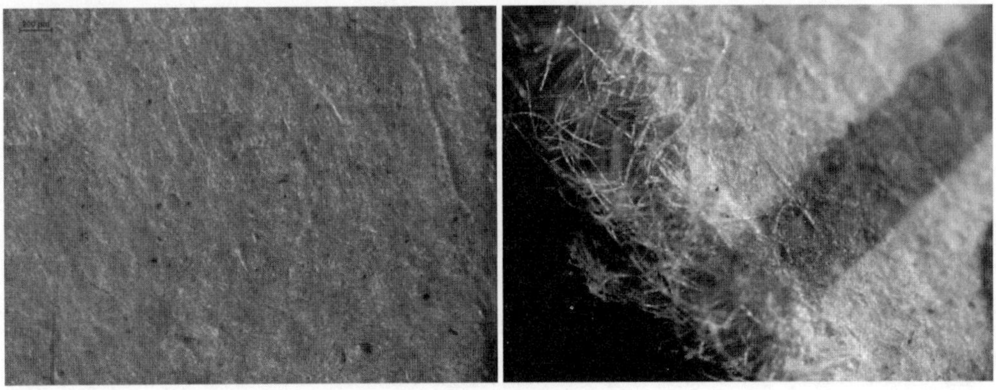

圖 15　古紙樣本 5 表面顯微圖像，× 40

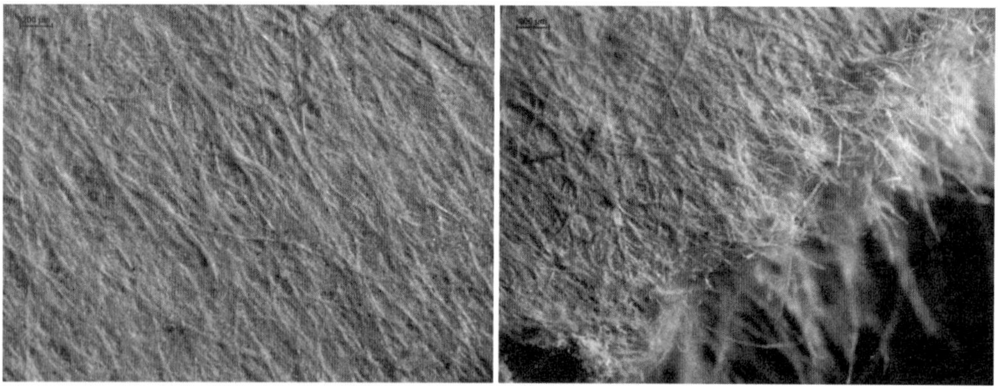

圖 16　古紙樣本 6 表面顯微圖像，×40

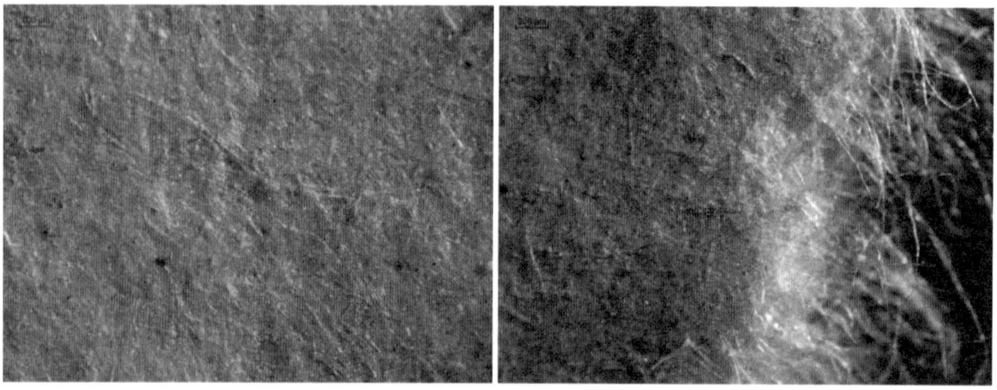

圖 17　古紙樣本 7 表面顯微圖像，×40

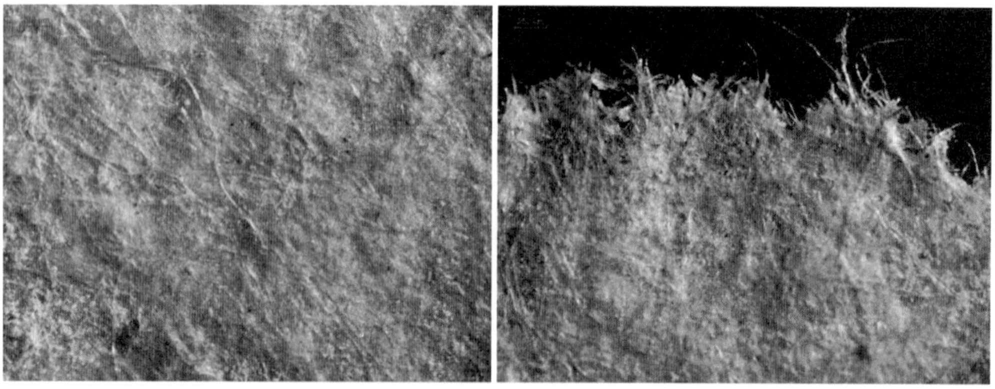

圖 18　古紙樣本 8 表面顯微圖像，×40

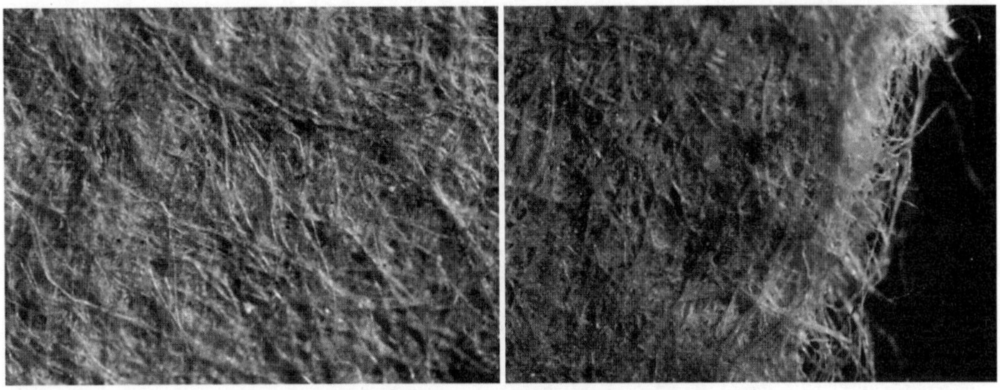

圖 19　古紙樣本 9 表面顯微圖像，× 40

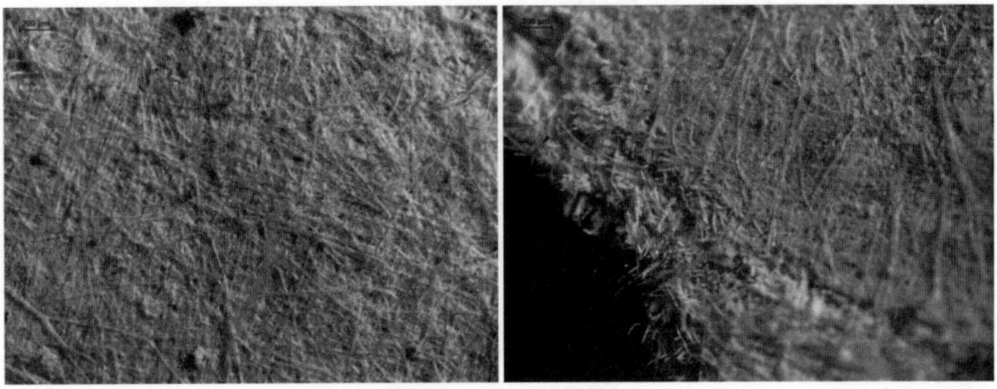

圖 20　古紙樣本 10 表面顯微圖像，× 40

四、殘片樣品纖維顯微分析

古紙樣品的纖維顯微分析技術是通過在顯微鏡下觀察染色之後的紙樣纖維，通過纖維細胞的形態特徵、紋理結構、呈色信息以及各種雜細胞的形態和結構來分析古紙樣品的纖維成分，確定其纖維原料的種類，以及各種組分之間的配比。可以通過纖維的染色及分散狀態、添加物的形態特徵來推測古紙樣品可能的生産工藝和加工過程。同時，還能根據纖維細胞的斷裂情況以及整體結構的破碎情况，判斷纖維的老化狀態，分析古籍原件紙張整體的老化程度。而且這些染色後的纖維顯微信息還可以跟前述紙面顯微信息互相參考和映證，以獲得更爲可靠的紙張工藝及加工方式的推測依據。

從十種藏文寫本古籍殘片的纖維顯微形態（如圖 21—30）可以看出，經過染色之後的樣本纖維全都呈現密集的横節紋、中段加寬、扁棒狀端部等非常明顯的瑞香科韌皮纖維特徵，表明這些紙樣的纖維原料都出自瑞香科植物的韌皮[1]。同時，通過這些纖維的粗細形態、中段加寬部位的比例以及細胞腔的形態，橫節紋的密集程度等信息，可以大致推斷十種樣本的原料植物都應出自瑞香屬、結香屬或蕘花屬。瑞香科造紙用植物主要包括結香屬、瑞香屬、蕘花屬和狼毒屬，其中結香屬、瑞香屬和蕘花屬的纖維較長，狼毒屬的纖維則較爲短細[2]。而蕘花屬因品種繁多，不同種的纖維形態也有較大差異。總體來看，江南一帶及國内最常用的菲律賓蕘花纖維一般都較細，而西南及藏區所産蕘花纖維則稍粗，纖維寬度跟瑞香屬接近，且細胞腔明顯，跟横節紋形成明顯的交織紋理。十種藏文寫本古籍殘片的纖維尺寸和纖維顯微形態信息跟結香屬、瑞香屬及高原類蕘花的纖維形態較爲接近。

在微觀形態上，結香屬的纖維跟瑞香屬的纖維尺寸非常接近，形態基本相似，同時由于瑞香屬的植物種類較多，纖維形態也存在一定的差異。總體而言，結香屬的纖維細胞較爲粗長，横節紋不如瑞香屬密集，中段加寬部分較結香屬更加明顯清晰，如圖 32 是結香纖維的顯微形態。而瑞香屬的纖維一般有更爲密集的横節紋，横節紋較結香類更加清晰，中段加寬的部分不如結香類明顯，周邊寬度略有增加，内部細胞腔則可見明顯的加寬狀態（如圖 31）。高原類蕘花的纖維寬度與瑞香屬接近，但横節紋更細密，細胞腔輪廓清晰，常呈兩條細綫，與横節紋呈交織狀（如圖 33）。由于瑞香屬、結香屬和蕘花屬的植物在親緣關係上都非常接近，韌皮纖維的顯微形態總體上特别相似，部分品種的纖維顯微形態可能會兼而有之，這給種類的鑒定也帶來一定的難度。本文也僅根據現有的研究結果對十種藏文寫本古籍殘片樣品的纖維成分進行嘗試性分析和鑒别，難免存在誤判，分析的結論僅供參考。

對比瑞香屬纖維（長瓣瑞香，如圖 31）、結香屬（滇結香，如圖 32）和高原類蕘花（瀾滄蕘花，如圖 33）纖維的顯微形態特徵，并結合瑞香屬、結香屬和高原類蕘花纖維在微觀特徵上的差異分析纖維原料的植物種類。十種藏文寫本古籍殘片樣本當中，樣品 1、樣品 2、樣品 3、樣品 4、樣品 6、樣品 7、樣品 10 的纖維較細長而平滑，横節紋清晰，中段加寬不明顯，與瑞香屬纖維的顯微形態較爲接近，據此判斷爲瑞香屬韌皮原料。樣品 5、樣品 9 纖維横節紋間距均勻，中段加寬較爲明顯，與結香屬纖維形態相近，爲結香屬韌皮原料。樣品 8 則可見較爲細密的横節紋，細胞腔輪廓清晰，有明顯的交織紋理，與高原類蕘花的纖維形態相近，應爲蕘花屬植物原料。

[1]　王菊華:《中國造紙原料纖維特性及顯微圖譜》，中國輕工業出版社 2007 年版，第 181 頁。

[2]　易曉輝:《我國古紙及傳統手工紙纖維原料分類方法研究》,《中國造紙》2015 年第 10 期。

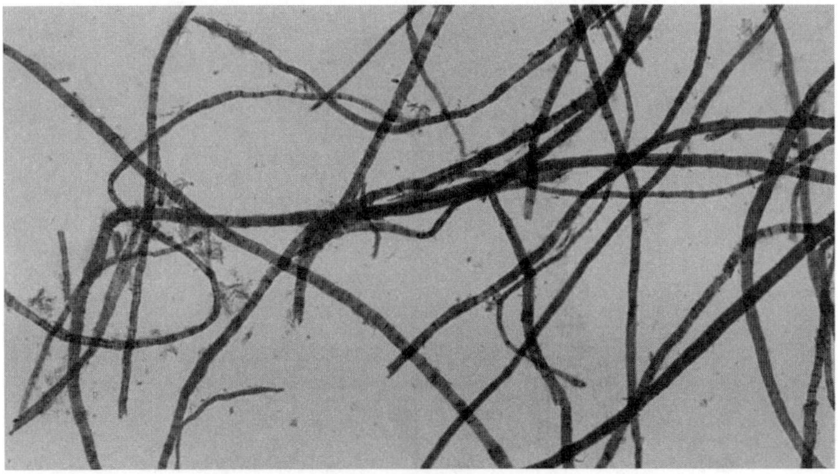

圖 21　古紙樣本 1 纖維顯微形態圖像，× 100

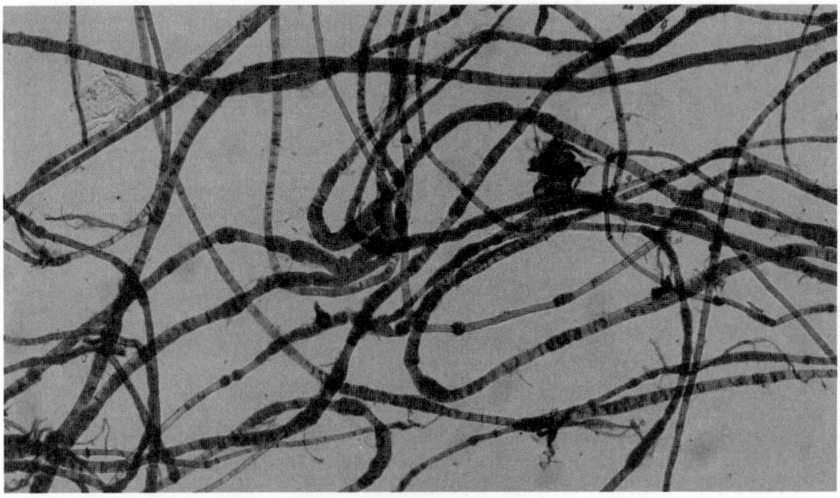

圖 22　古紙樣本 2 纖維顯微形態圖像，× 100

圖 23　古紙樣本 3 纖維顯微形態圖像，× 100

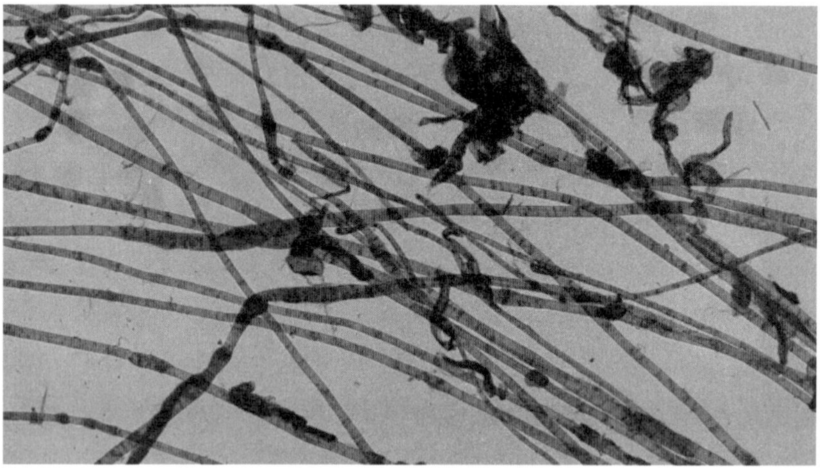

圖 24　古紙樣本 4 纖維顯微形態圖像，× 100

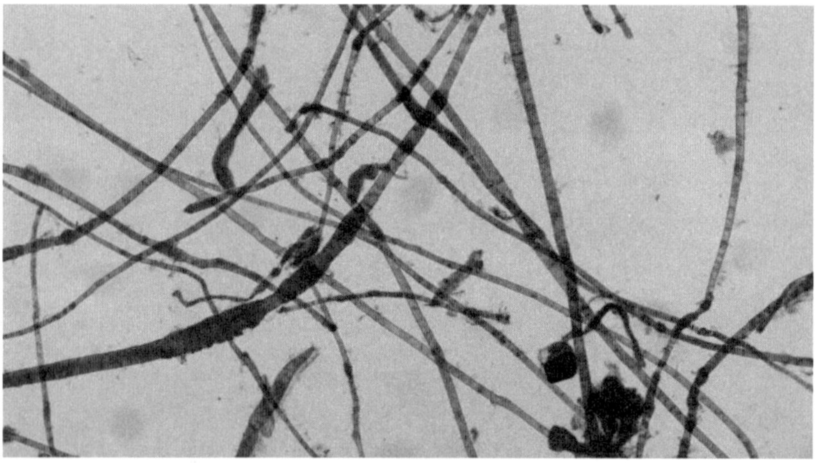

圖 25　古紙樣本 5 纖維顯微形態圖像，× 100

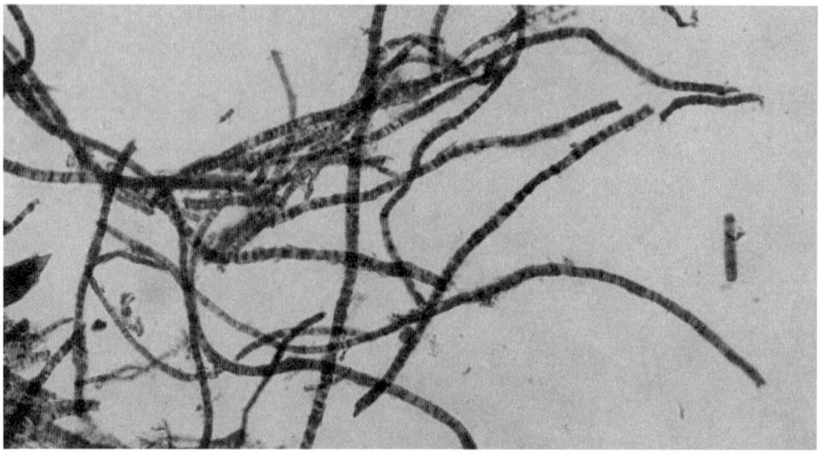

圖 26　古紙樣本 6 纖維顯微形態圖像，× 100

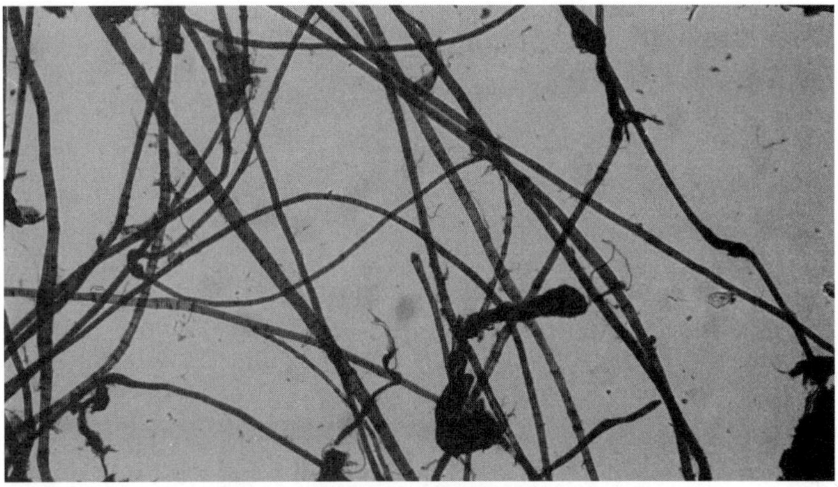

圖 27　古紙樣本 7 纖維顯微形態圖像，× 100

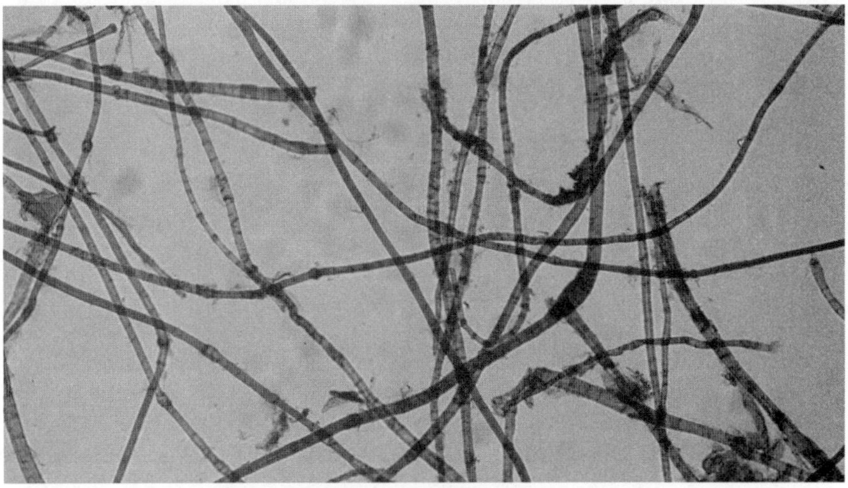

圖 28　古紙樣本 8 纖維顯微形態圖像，× 100

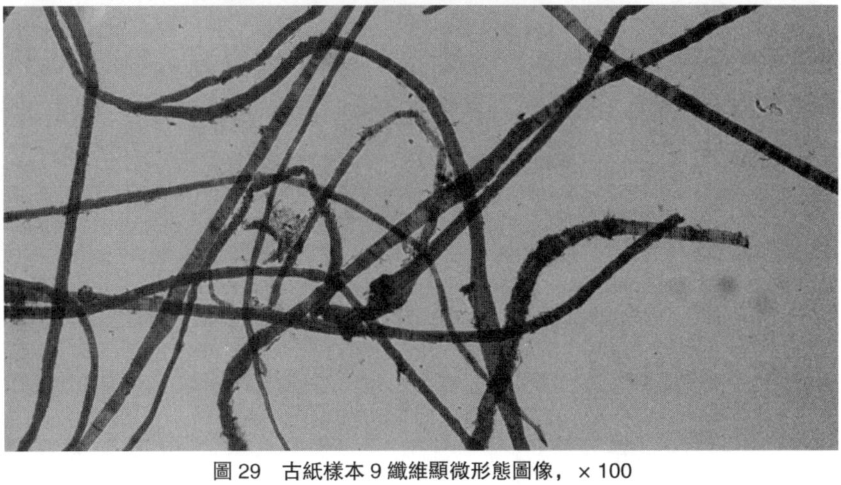

圖 29　古紙樣本 9 纖維顯微形態圖像，× 100

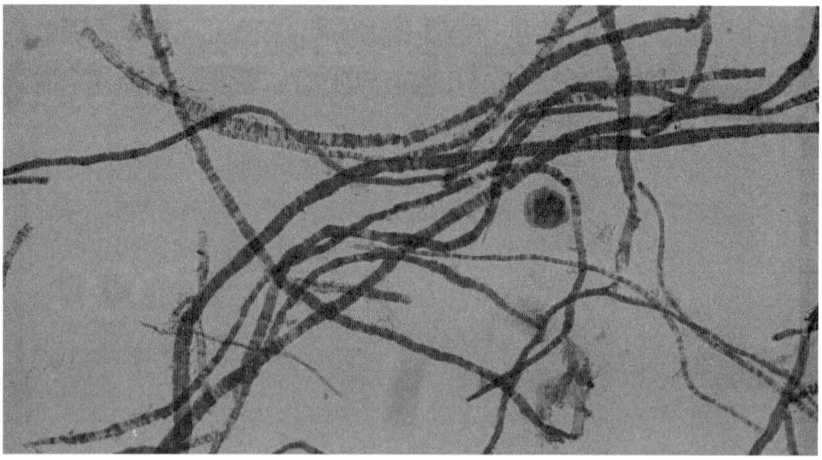

圖 30 古紙樣本 10 纖維顯微形態圖像，× 100

圖 31 長瓣瑞香纖維顯微形態圖像，× 100

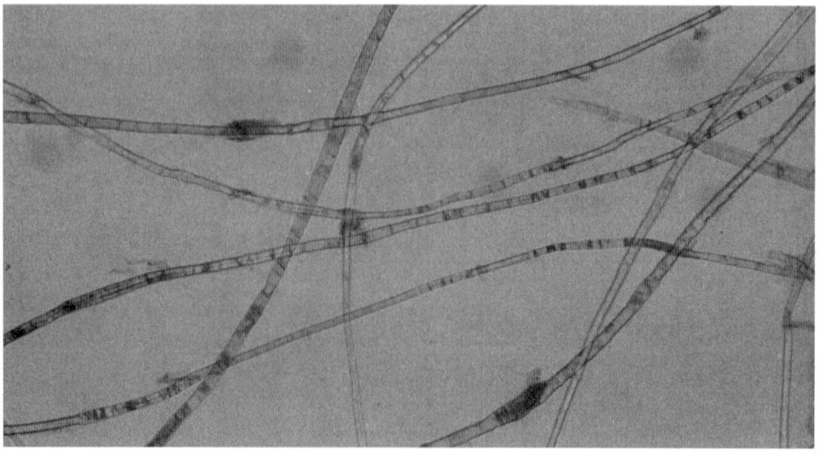

圖 32 滇結香纖維顯微形態圖像，× 100

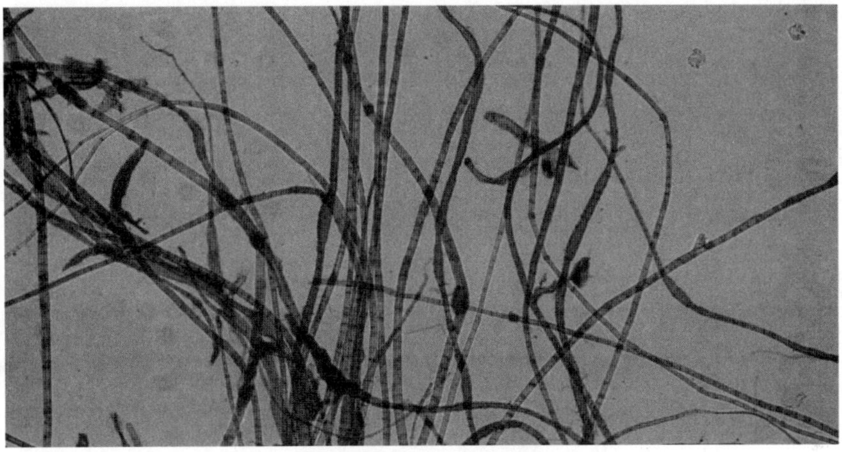

圖 33　瀾滄蕘花纖維顯微形態圖像，× 100

一般而言，采用纖維顯微分析技術鑒别紙張樣品的纖維成分，能將大多數纖維原料基本確定到屬，在同屬之内因纖維形態相似度太高，現有條件下很難再繼續明確到具體的種或品種。況且瑞香屬植物種類繁多，尤其在西南、藏區等地瑞香類植物資源非常豐富，大量瑞香屬植物至今仍未確定其學名[1]。加之瑞香科纖維原料在手工紙中因占比較小，除少數幾種常用原料有標準圖譜以外，絶大多數原料尚無標準圖譜可供比對和參考。因此本文對十種藏文寫本古籍殘片樣本纖維原料的分析只能初步判斷到屬，尚無法精確到具體的種或品種。從現有的文獻史料和調研結果來看，藏紙在過去曾使用過大量優質的瑞香科類原料，例如民國時期被用來製作藏幣的絲毛瑞香[2]，波密地區近年正着力恢復的長瓣瑞香，以及橙花瑞香、白瑞香，包括一些目前尚不清楚學名僅知其俗名的“矮樹”“燈檯樹”等纖維植物。豐富的原料來源使得藏紙樣品的纖維分析尚有許多問題待解，需要開展更加深入的研究，逐步揭示藏紙纖維原料的疑團。

由紙樣纖維成分的分析結果來看，十種藏文寫本古籍書頁所用紙張的原料都爲瑞香科植物的韌皮，涉及瑞香屬、結香屬和蕘花屬共三個屬，并未發現使用狼毒纖維所制的紙張。這一結果跟歷史上藏紙原料的應用情況相吻合，古代藏紙原料以瑞香科植物纖維爲主，纖維較長的結香屬、瑞香屬和蕘花屬纖維因成紙品質較好，在古籍、藏經及文書用紙中較爲多見。而狼毒因纖維細軟易團聚，成紙品質跟其他三屬有一定差異，在藏紙體系中并不突出，相關文獻及古籍用紙中的比例也不高。

[1]　張永增：《瑞香屬和蕘花屬的數量分類研究》，《廣西植物》2016 年第 1 期

[2]　索朗仁青、古格·其美多吉：《西藏傳統藏紙工藝調查》，《中國藏學》2009 年第 2 期。

在歷史上，藏區手工制紙的原料常常因地制宜，選用地方性的植物原料，因而藏紙的原料種類非常豐富。瑞香科植物因能適應高海拔的生長環境，在藏區分布廣泛，許多種類的瑞香科植物都被用來製作藏紙，尤其是各類瑞香屬、結香屬和蕘花屬的優質原料。但到近代以來，隨着工業造紙的衝擊，大量手工紙坊開始倒閉。這些優秀的藏紙原料也逐漸被人遺忘，僅有狼毒藏紙還傳承至今。因而當下大衆常常誤以爲藏紙原料只有狼毒草，殊不知還有大量瑞香科其他屬的原料也曾被用來製作品質更佳的手工藏紙。而且這些瑞香屬、結香屬和蕘花屬原料所造紙張在質感和性能上比狼毒藏紙更好更優異，這些優質的原料也是古代藏地先民對中國傳統造紙術的重要貢獻。

僅有十種藏文寫本古籍書頁的用紙情况或許并不能完全代表古代藏紙的原料和工藝特徵，但從這些早期藏經的樣品殘片依然可以一窺寫本時期藏紙豐富的製作原料，包括其生産過程和紙質特性，瞭解彼時藏地寫經紙張的特點，那時人們選紙用紙的標準。

（作者簡介：易曉輝，中國國家圖書館副研究館員；索朗仁青，西藏大學理學院教授）

藏文古籍寫本邁向刻本時——以元刻爲例

薩仁高娃

摘　要：在衆少數民族文字古籍中，藏文古籍藏量最多、分佈最廣、時間跨度大、内容豐富。但是，從寫本與刻本角度來講，藏文古籍的寫本時代比起漢文古籍延續更長，寫本時代下限更晚，遲遲到元代方進入較爲成熟的刻本時代。本文將從版面、字體、頁碼帙號、題記、扉頁畫像等方面闡述藏文古籍元刻特徵，以歸納藏文古籍寫本邁向刻本時仍保留的寫本特徵。

關鍵詞：藏文古籍；寫本；刻本；元刻本

學界一般認爲，漢文古籍寫本時代多以隋唐爲下限，至唐末五代時雕版印刷開始萌芽，目前所見最早雕版印刷品爲敦煌藏經洞所出唐咸通九年（868）刻本《金剛般若波羅蜜經》，而中國國家圖書館入藏五代後唐天成二年（927）刻《佛説彌勒上生經》，爲目前所知國内有紀年的最早雕版印刷，世界上第二早刻本。至宋代，雕版印刷普遍使用，漢文古籍邁入了刻本時代。然而，少數民族文字古籍的寫本時代延續更長，其下限比起漢文古籍晚很多。藏文古籍爲衆少數民族文字古籍中藏量最多，分佈最廣，内容最豐富，其存世數量僅次于漢文古籍。但是，藏文古籍的寫本時代與其他少數民族文字古籍一樣，其下限亦晚，以敦煌藏經洞出現衆多寫本爲典型，直至明初，仍以寫本爲主流。儘管西夏時期，有過《佛頂尊勝陀羅尼咒》等零星的藏文刻本，但未能普及，至元代，大都刊刻藏文文獻，爲之後的藏文古籍刊刻奠定了基礎。本文以藏文古籍元刻本爲例，淺談藏文古籍從寫本邁向刻本時所留下的寫本特徵。

一、藏文古籍寫本狀況

藏族早在7世紀時期，已經擁有了自己文字——藏文。藏文自創制之日起，被藏族賢士廣泛使用，留下了衆多古籍文獻。其中，明代以前古籍多以寫本形式流傳，所用材質有紙質、木質、金屬、石質、樹皮、獸皮皆存，可分古藏文文獻和 13—19 世紀藏文文獻。就紙本文獻而言，古藏文文獻爲敦煌藏經洞發現吐蕃時期文獻及西藏本地發現的吐蕃時期文獻，保留了古藏文文獻寫本最典型的特徵。

（一）古藏文寫本文獻典型特徵

裝幀方面，藏文早期寫本文獻以卷軸裝和梵夾裝爲多。

藏文古籍卷軸裝僅見于寫本古籍中，有縱向和橫向之分。目前所見藏文縱向卷軸文獻多出土于敦煌藏經洞，主要記録吐蕃贊普、大臣世系、歷史事件以及譯自漢文經典等，藏文行款從左向右、從上往下書寫，有欄格和無欄格者皆存。

圖 1　Pt.986 縱向卷軸裝《尚書》（摘自國際敦煌項目 IDP 網）

橫向卷軸在早期藏文古籍中較常見，多爲佛經，尤其存量最大的《大乘無量壽宗要經》均爲橫向卷軸裝，將一橫向長卷劃分爲若干欄，每一欄劃行格，藏文亦從左向右、從上往下書寫，寫滿一欄，再從下一欄上部繼續抄寫，以此類推，抄完内容爲止。

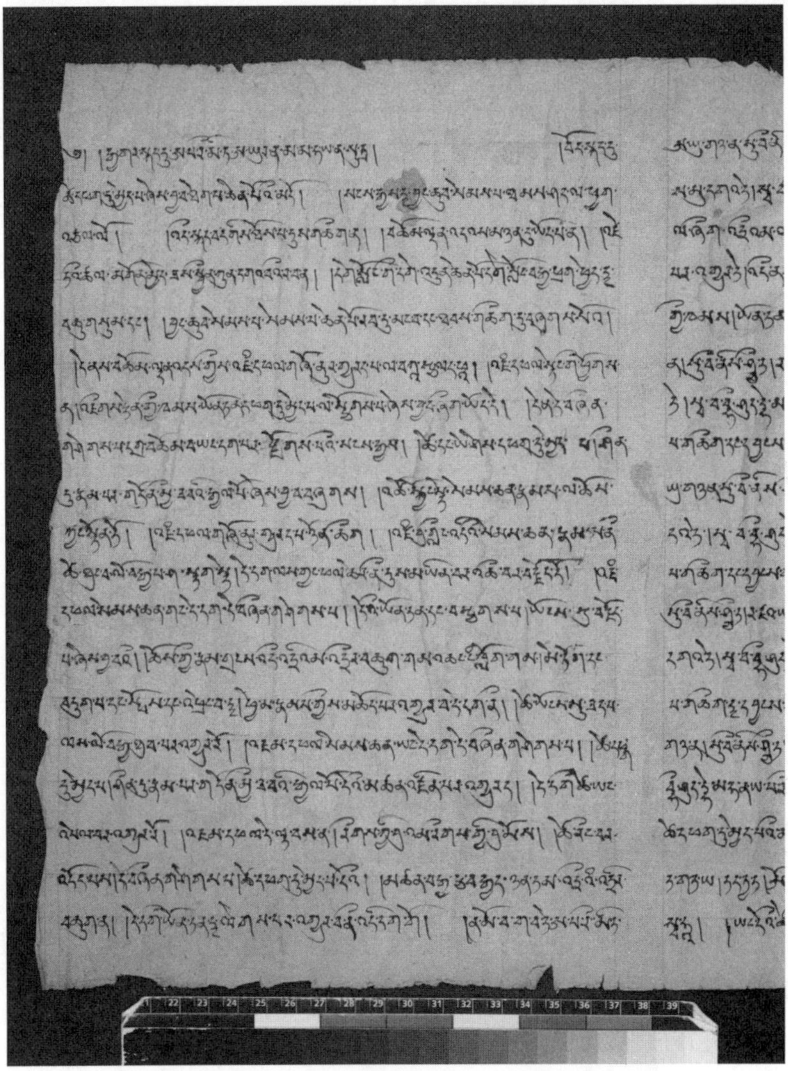

圖 2　橫向卷軸裝《大乘無量壽宗要經》（中國國家圖書館提供）

隨着雕版印刷的出現和發展，出于紙張上板刷印方便，紙張尺寸逐漸變小、規整，從而卷軸裝漸被少用，取而代之的多見梵夾裝、經折裝等。

梵夾裝是藏文古籍中常見的裝幀形式，各期藏文古籍均采用，借用自印度貝葉式裝幀方式，多用于抄寫、刊刻佛經，以便翻轉誦讀。梵夾裝一般以函爲單位，紙張左右二側劃竪格，竪格外多爲書寫頁碼，部頭大者則還寫本函編號，多以藏文基礎字母“ཀ་ཁ”等來排序；正文有無欄格均存，紙張尺寸小者中間留一個穿繩圈，尺寸大者則留有兩個穿繩圈，一部文獻抄畢則用上下夾板或穿繩成函。

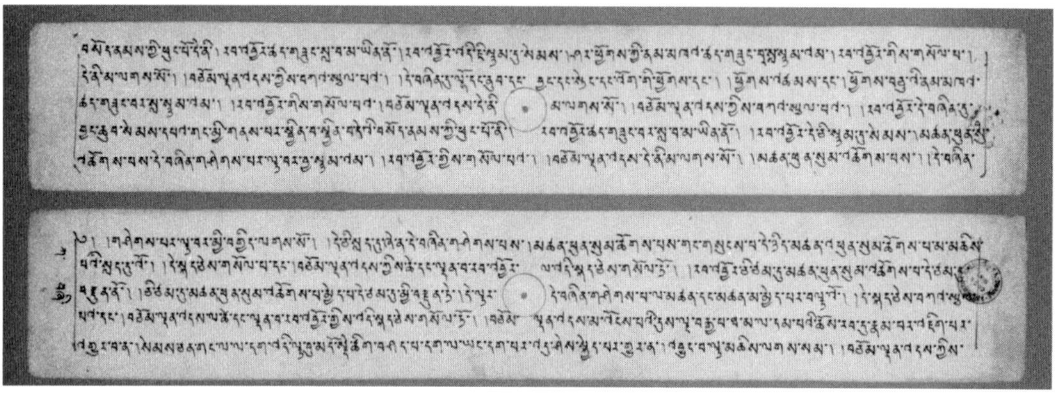

圖 3 Pt.0099 梵夾裝《金剛經》（摘自國際敦煌項目 IDP 網）

字體方面，藏文早期文獻字體均有古藏文特色，即，典型的“མ”帶下加字“ྱ”成“མྱ”，“ི”反寫“ྀ”等，此爲判斷古藏文文獻的最大特色。抄寫用顔料多爲墨汁，偶見朱墨相間、金銀汁抄寫。

此外，古藏文文獻，在頁碼的標識、特殊符號的使用等方面均有時代特色，在此不一一詳述。

（二）13—19 世紀藏文寫本文獻特徵

古藏文歷經三次厘定，其文字愈加接近現代藏文，所留下的寫本文獻特徵更加豐富多彩。

裝幀方面，卷軸裝文獻漸少，出于使用方便，除了部分檔案類文獻仍使用卷軸裝，以卷起密封保存外，更多爲梵夾裝，正背書寫，以便于翻轉閲讀，用包經布包緊、上下夾板捆夾，以妥善存放保管。古藏文寫本中常見的穿繩孔，因以上下夾板代替穿繩，故雖然延續傳統留有穿繩圈，但孔已不見，至後期，穿繩圈也逐漸消失。明以後藏文古籍中，尚有借自漢文古籍的經折裝、縫繢裝、綫裝等諸裝幀形式。

字體方面，古藏文典型的“མ”帶下加字“ྱ”成“མྱ”以及“ི”反寫“ྀ”等特徵漸被廢弃，形成規範的“མ”和“ི”。

此期藏文寫本，頁碼標識、抄寫符號的使用漸趨規範，而抄寫所用顔料也更加豐富，除常見的墨汁外，有朱砂、金銀汁、珊瑚汁乃至多寶抄寫，使藏文寫本文獻絢爛奪目。

二、藏文古籍元刻本的發現

藏文古籍自 7 世紀始至 13 世紀，經過漫長的寫本時代，形成了獨具特色的特徵，當最早的刻本文獻産生時，不免仍保留部分寫本特徵。目前發現藏文最早刻本文獻爲黑水城發現西夏時期藏文刻本，可稱作藏文刻本的雛形，而較成熟的早期藏文刻本文獻便是藏文元刻本。

2007年，中華古籍保護計畫啟動，西藏自治區古籍保護中心申報第一批《國家珍貴古籍名録》時，西藏圖書館申報一部《因明正解藏論》，因當時對藏文古籍早期刻本認識不足，鑒定其爲元寫本，後反復鑒定，才糾正爲元刻本。

圖4　西藏圖書館藏元刻《因明正解藏論》(西藏圖書館提供)

2011年，西藏自治區古籍保護中心申報第四批《國家珍貴古籍名録》時，西藏博物館申報一部《釋量論》，經專家反復鑒定後確定其爲元刻本。

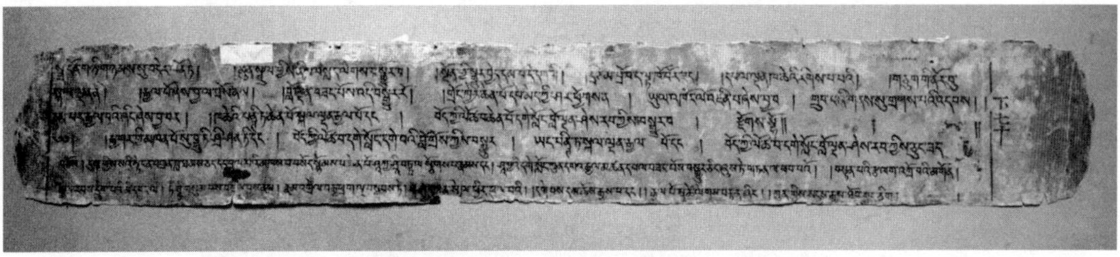

圖5　西藏博物館藏元刻《釋量論》(西藏博物館提供)

2012年初，西藏自治區古籍保護中心申報第五批《國家珍貴古籍名録》工作當中，欣聞拉薩市尼木縣切嘎曲德寺藏一批珍貴古籍。經普查發現内不乏有元刻，最終申報了七種。後專家們再次訪問該寺，對所藏古籍進行較爲全面的整理，最後確定該寺所藏珍貴文獻不下千種，所含元刻不止七種。于是，繼第一批《國家珍貴古籍名録》收録的西藏圖書館藏元刻本《因明正解藏論》和西藏博物館在第四批名録中申報的《釋量論》，第五批《國家珍貴古籍名録》中出現了更多元刻本。

切嘎曲德寺藏多種元刻版中，最爲明顯的爲分別以漢字“日”“月”“地”“中”“德”“元”排帙號的《量理寶藏》《阿毗達磨雜集論》《大乘莊嚴經論》《律藏》《阿毗達磨俱舍論》《三律儀軌》六種古籍，經與西藏自治區圖書館和西藏博物館藏元刻本各種特徵相比較，均爲典型的元刻版。

圖 6　《量理寶藏》（西藏圖書館提供）

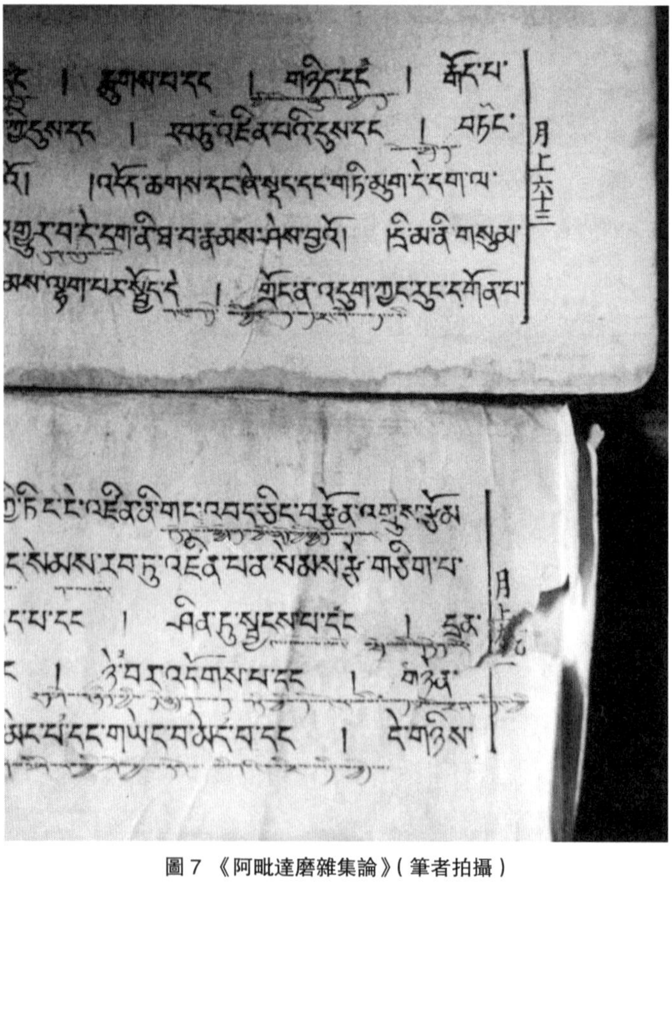

圖 7　《阿毗達磨雜集論》（筆者拍攝）

三、藏文古籍元刻特徵

藏文古籍脱離寫本時代，邁入刻本時代時，在其身上仍保留諸多寫本時期特徵。

（一）版面和紙張

常見的刻本一般的版面均有四周雙邊或單邊，而藏文元刻本依舊保持寫本特徵，版面上下無欄格，均爲左右界欄，尚未形成四周欄格，直至明永樂時期刊刻的藏文《甘珠爾》以及其他刻本亦爲左右界欄。裝幀爲梵夾裝，規格有：一肘長、一掌長、一箭杆長（長 64.5 cm，高 12.5 cm）等。藏文元刻本的規格大都是標準的箭杆長，説明此時的板片較爲固定。

關于刻本和寫本的用紙，無太多前人系統調查研究資料可供參考，很多紙張不知其名稱，而文獻中提到的紙張又難以與實物相聯繫，鑒定時所能根據的僅僅是紙質的粗細薄厚，顔色的黄、白或灰以及簾紋的寬窄而已。藏文元刻本則較爲特殊，紙質較爲匀净，有韌性；以棉紙爲貴，棉紙有厚薄之不同，紙質細潤，白棉紙印書成爲藏文元刻本特色。此現象與目前發現藏文元刻爲元大都刊印有關，即所用紙爲内地紙，而非藏文古籍常用的當地狼毒草紙。

圖 8　棉紙（筆者拍攝）

（二）字體

字體是决定版刻時代的主要依據。藏文烏金字體（楷書），隨着不同時代寫字用的筆和寫法的不同，以及刻工的操作方法與技術水準的差距，其表現形式也有所不同，于是在字體結構等方面形成時代特徵與差異。另外，刻本時代，藏文字體應爲規範體，古藏文特色基本不見。然而，此次發現的以漢字“上下”排頁碼的薩迦班智達袞噶堅贊《量理寶藏及注釋》刻本字體，與12—13世紀藏文寫本字體如出一轍。“མ”帶下加字“ྱ”成“མྱ”，“ྀ”反寫“ི”等的寫法完全爲吐蕃時期古藏文的重要標志。我們可以説，刻本越古舊，其字體越似寫本。

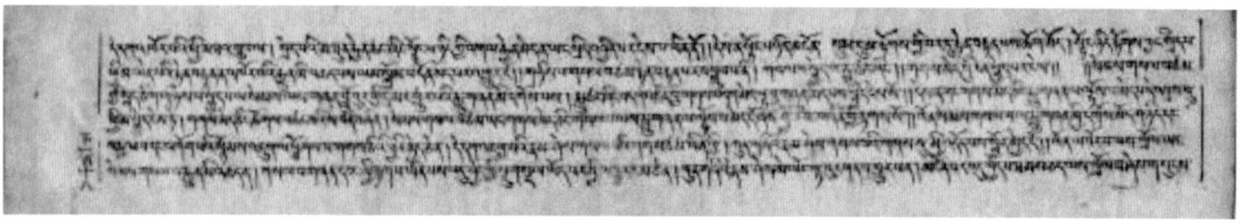

圖9　具有古藏文字體特徵的元刻（西藏自治區圖書館提供）

（三）頁碼和帙號

頁碼和帙號是藏文古籍中常見的元素，寫本時期亦使用得比較廣泛。元刻本中，其標法極爲特殊，每一部文獻皆帶有藏漢兩種文字頁碼標識。藏文頁碼標識按藏族傳統古籍頁碼標在書葉左側，而右側則刻有漢文頁碼標識。帙號按藏族傳統的藏文三十個字母排序外，還按漢文千字文或者“利、貞、元、亨”等其他排序法排帙號。如薩迦班智達袞噶堅贊《量理寶藏》尾葉藏文頁碼是“སུམ་བཅུ”，漢文頁碼爲“下三十”。藏文帙號“ཀ”，漢文帙號“日”。可見元代刻本是集結了藏漢文古籍傳統模式，大多由藏族寫經師繕寫，由漢地刻工刊刻而成。

（四）題記和尾跋

題記和題跋是藏文古籍寫本時代起保留下來的特徵，如敦煌藏經洞發現多數經卷末尾，均寫有譯者、抄寫者等信息。而刻本時代，題記題跋則反映刊刻年代、刊刻地等重要信息。至今發現的所有藏文古籍元刻版，均見有尾跋。歸納至今發現的藏文古籍元刻本内容及題跋，具有以下特點：

A 刊刻地：元朝歷代帝師的發願下，以“皇帝、皇后、皇妃、皇家成員”爲施主在元大都“青塔寺”繕寫“白塔寺”刊刻。

B 刊刻部數：元代刊刻的藏文古籍在題記中皆交代其刊刻的部數，如此次發現的《量理寶藏》刊刻200函，《因明滴論》刊刻500函。

C 内容：元代刊刻的藏文古籍大多涉及藏族傳統文化。如《因明學》《俱舍論》《律經根本論》《四部醫典》，進一步説明元代受薩迦派影響極大。

D 祈願文："皇帝、皇后、皇妃、皇家成員"皆長壽永固、幸福安康。

（五）扉頁畫像

關于扉頁畫像而言，不同時期的藏文古籍附有不同藝術風格的扉頁畫像。吐蕃時期藏文古籍的扉頁畫像多爲大日如來佛，并以吐蕃畫風爲主，宋代古籍扉頁畫像則多爲般若佛母及其他諸佛，繪法以古格藝術風格爲主。元代扉頁畫像則結合藏漢藝術風格。如薩迦班智達《量理寶藏及注釋》首葉左邊是文殊菩薩像、右邊是薩迦班智達像。從藝術流派分析，元代藏文古籍扉頁畫像藝術特徵主要爲藏漢風格。扉頁畫像主尊帶有藏尼（藏族、尼泊爾）風格，脅持菩薩及背景則多以漢地藝術風格爲主。

圖 10　具有藏尼風格的扉頁畫（筆者拍攝）

對切嘎曲德寺古籍進行普查登記，除了發現大量元刻版外，還從部分古籍上可見藏文古籍抄寫、刊刻過程中頁碼標識的逐步規範，藏文古籍寫本過渡到刻本時期字體與形制上的微妙變化，從而可判斷藏文古籍本地早期刻本的部分特徵，如刻本上出現穿繩圈等。總之，藏文古籍從寫本邁向刻本，與漢文古籍一樣，在版式、字體、符號應用等諸多方面仍保留形成已久的寫本時代特徵，隨着民族地區雕版印刷業的發達，刻本逐漸走向成熟，形成規模宏大、大小不等、内容豐富的刻本文獻，爲民族文化的弘揚、傳承提供了堅實的保障，而寫本文獻，以其固有的生命力，與刻本文獻并行發展，以形制多樣、字形豐富、藝術性强、不存複本爲特色，在古籍文獻版本史上以孤本爲高居，占據着不可替代的重要地位。

（作者簡介：薩仁高娃，女，蒙古族，中國國家圖書館古籍館研究館員）

嶽麓秦簡《尉郡卒令》初探*

周海鋒

摘　要："尉郡卒令"乃供郡尉、郡守兩府使用的令文汇编。本文對嶽麓秦簡中兩則歸屬明確的《尉郡卒令》條文裡的疑難字詞進行了考釋，認爲"鼎者勞盜〈盈〉"，當指爵位已到公乘，勞績盈滿；令文中的"勞論"當是按照功勞大小授予的爵位；所"賜"之物應包括除爵位之外的所有東西，也自然包括勞。此外，證實了秦爵一級值萬錢；秦令篇名和序號乃朝廷統一制定，不容隨意改動。

關鍵詞：嶽麓秦簡；尉郡卒令；居貲贖責；勞論；軍功爵

一、"尉郡卒令"篇名問題

"尉郡卒令"是新見於嶽麓秦簡的令篇，關於其性質，學界尚無專門系統的研討。"尉郡卒令"這一篇名在嶽麓秦簡中有兩種書寫方式，一種是隨記於令條結尾處，例如：

1878 贖。令七牒。　·尉郡卒令第乙七十六[1]

1163 □軍□爲令。奏。制曰：可。布以爲恒令。　●尉郡卒令乙[2]

另外一種是單獨書寫在一枚竹簡上，簡首塗一黑方塊，例如：

0619：■尉郡卒令　　·甲

0695：■尉郡卒令　　·乙

0731：■尉郡卒令　　·丙

---

*　本文係國家社科基金青年項目"秦律令及其所見制度新研"（項目號：17CZS056）階段性研究成果。

[1]　陳松長主編：《嶽麓書院藏秦簡（伍）》，上海辭書出版社 2017 年版，第 116 頁。

[2]　陳松長主編：《嶽麓書院藏秦簡（伍）》，第 118 頁。

0742：■尉郡卒令　　　　　·丁

0554：■尉郡卒令　　　　　·戊[1]

篇名序號隨記於簡尾，便於令條的復原，令篇名單獨書寫者，要找到由其統屬的令條，相對比較困難。同一種令，以天干標明順序，不同天干者大都無本質差異，按照制定時間先後編序而已。

“尉郡卒令”是以職官名稱來命名的，這一點當無疑問，然秦職官無稱“尉郡”者，“尉郡”當爲兩個職官名的簡稱。秦職官中含有“尉”“郡”二字者不少，含“尉”的常見職官名有“太尉”“郡尉”“縣尉”“廷尉”“都尉”等，含“郡”的有“郡守”“郡丞”“郡尉”“郡司馬”“郡司空”等。“尉郡”究竟是哪兩個職官的簡稱，衹能通過具體的條文來判斷。

已刊佈的嶽麓秦簡中有“尉卒律”，據律令轉化一般規則，律條一般由令條升格而成，故秦必有“尉卒令”。嶽麓秦簡中又數見“郡卒令”，據此判定“尉郡卒令”這一篇名爲“尉卒令”與“郡卒令”兩種令複合而成。此種複合令篇的出現，當與官府之間職權交叉相關。此外，稱“尉郡卒令”，而不稱“郡尉卒令”，是爲了避免歧義，因“郡尉”爲秦常見職官。

“郡卒令”統轄下的令文與郡守府職權行使相關：

1674 令曰：守以下行縣，縣以傳馬、吏乘給不足，毋賃黔首馬。犯令及乘者，貲二甲，廢。●郡卒令己十二[2]

1680 令曰：郡守有覆治及縣官事當案行及尉事不□者，□□□□□及給（？）。●郡卒令己十三[3]

1674 簡所載之“守”當爲“郡守”之省，郡守以下在郡内諸縣辦公，由官府提供馬匹車輛，當供給不足時，也不能租用百姓的馬匹，違令者罰二甲。此令顯然對郡内所有官吏都適用。

1680 簡“郡守有覆治及縣官事當案行及尉事（使）不□者”，其規範的對象爲“郡守”和“郡尉”。據以上兩則令文可初步判定“郡卒令”之“郡”指郡守府（太守府），那麽，“尉卒令”之“尉”當指郡尉府。里耶秦簡中多次出現“郡府”（太守府）、“尉府”：

[1] 陳松長主編:《嶽麓書院藏秦簡（柒）》，上海辭書出版社，待刊。

[2] 陳松長主編:《嶽麓書院藏秦簡（伍）》，第 113 頁。

[3] 陳松長主編:《嶽麓書院藏秦簡（伍）》，第 113 頁。

尉曹書二封，遷陵印，一封詣洞庭泰（太）守府，一封詣洞庭尉府。Ⅰ

九月辛丑水下二刻，走□以來。Ⅱ 8-1225[1]

一詣蒼梧尉府，一南鄭。●□□ 8-376[2]

獄東曹書一封，丞印，詣泰（太）守府。廿八年九月己亥水下四刻，隸臣申以來。8-1155[3]

又從嶽麓秦簡第五卷所刊佈二則《尉郡卒令》可知，其規範内容爲解除爵位以抵債、除罪以及軍需供應等，均與郡尉之執掌有關。《二年律令·置吏律》：

縣道官之計，各關屬所二千石官。其受恒秩氣（餼）稟（廩），及求財用委輸，郡關其守，中關内史。受（授）爵及除人關於尉。[4]

"受（授）爵及除人爵關於尉"，授予爵位、任用官吏事宜應向尉報告，尉當指出郡尉。

筆者之前認爲"尉卒律"中的"卒"通"萃"[5]，取聚集義，"尉郡卒令"之"卒"亦可如是解。"尉郡卒令"乃供郡尉、郡守兩府使用的令文彙編。

嶽麓秦簡所見令篇名，多含"共"或"卒"，前者有"廷内史郡二千石官共令""内史郡二千石官共令""内史官共令""安臺居室共令""四司空共令""食官共令"和"給共令"；後者有"卒令""廷卒""郡卒令""尉郡卒令""四司空卒令"和"安臺居室四司空卒令"。"卒令"與"共令"在功用上似無明顯差異，但其分類標準我們目前仍無法確知，但有一點可以肯定，"卒令"與"共令"并不以使用者是否爲單一官署爲主要區分標準。

二、《尉郡卒令》内容解析

鑒於嶽麓秦簡《尉郡卒令》究竟有幾則令文尚不清楚[6]，故本文祇針對已經刊佈的兩則令文略加探析。

秦漢簡關於"居貲贖債"方面的記載比較豐富，但對解爵以除貲贖方面的規定，以

---

[1] 陳偉主編：《里耶秦簡牘校釋（第一卷）》，武漢大學出版社2012年版，第295頁。

[2] 陳偉主編：《里耶秦簡牘校釋（第一卷）》，第140頁。

[3] 陳偉主編：《里耶秦簡牘校釋（第一卷）》，第285頁。

[4] 彭浩等主編：《二年律令與奏讞書》，上海古籍出版社2007年版，第174頁。

[5] 周海鋒：《嶽麓秦簡〈尉卒律〉研究》，《出土文獻研究》第14輯，中西書局2015年版，第79—80頁。

[6] 嶽麓秦簡第七卷將公佈5枚"尉郡卒令"篇名簡，其究竟統攝多少令文，尚待進一步研究。

嶽麓秦簡“尉郡卒令”最爲詳細：

1168+1192 令曰：吏及黔首有貲贖萬錢以下而謁解爵一級以除，【及】當爲疾死、死事者後，謁毋受爵以除貲贖，1140 皆許之。其所除貲贖【皆許之其所除貲贖】過萬錢而謁益【解】爵、【毋受爵者，亦許之。一級除貲贖毋過萬】C8-1-12+2130 錢，其皆謁以除親及它人及并自爲除，毋過三人。貲贖不盈萬錢以下，亦皆【許之。其年過卌五以上者，不得解】1692 爵、毋受爵，毋免以除它人。年睆老以上及罷瘁（癃）不事、從睆老事及有令終身不事、疇吏解爵而當復 1862 爵者，皆不得解爵以自除、除它人。鼎者勞盜〈盈〉及諸當捧（拜）爵而即其故爵如鼎及捧（拜）後爵者，皆不 1863 得解其故爵之當即者以除貲贖。爲人除貲贖者，內史及郡各得爲其畍（界）中人除，毋得爲它郡人除└。【中】縣、1789+1804 它郡人爲吏它郡者，得令所爲吏郡黔首爲除貲贖。屬邦與內史通相爲除。爲解爵者，獨得除貲 1878 贖。令七牒。●尉郡卒令第乙七十六[1]

以上令文缺字補釋及編連均有賴於另外一則與之內容相同而字體有異的令文，其末簡爲：

0476 除貲贖。令七牒。請之。　●三[2]

二者在內容上的差異極小，後者保留了更多的請令格式，例如“請之”，未見於前一則令文。大家知道秦奏讞文書、行政文書常在結尾處記録文書所用簡牘數目，但在嶽麓秦簡所見令條中，衹有 1878、0476 簡標明簡數，這應是鈔手個人選擇的結果。秦代下發給各級官府的律令原件，應該保留了應有的格式，如制定者、制定緣由、使用簡牘數、法令形式等，但鈔録者常常衹截取正文。嶽麓秦簡中保留的部分請令、制令和布令信息，爲深入了解秦代法律條文的産生過程提供了絶佳材料，筆者將有專文進行探討，此不贅述。

二者之間最大的差異在序號，一個爲“七十六”，一個爲“三”，序號變動絶非鈔手所爲，亦非讀者校改，而是朝廷對律令重新進行了編定。換句話説，在一個特定的時期，每一則令文衹對應一個序號，境内所有官府都須遵從。

回到令文正文，開頭即點明條文的規範對象爲官吏與黔首。秦漢時期，當一則律令

[1]　陳松長主編：《嶽麓書院藏秦簡（伍）》，第 113—116 頁。按：個別句讀有變動。
[2]　陳松長主編：《嶽麓書院藏秦簡（柒）》，待刊。

條文没有出現規範對象時，我們可以認爲其對所有人都適用（最高統治者除外）。秦代將臣民分爲吏、黔首、官徒隸和奴婢數種，嶽麓秦簡1112簡“謹布令，令黔首、吏、官徒隸、奴婢明智（知）之”[1]。筆者認爲，先秦四民中的“士”與秦代的“吏”相當，“農工商”與“黔首”相當。

“吏及黔首有貲贖萬錢以下而謁解爵一級以除，【及】當爲疾死、死事者後，謁毋受爵以除貲贖皆許之”，吏及黔首被貲罰、觸犯贖刑而無力繳納罰金時，可以用爵位抵償。然在出土材料中，常見到的是以“居作”的方式來償還罰金，如“居貲”“居贖”以及“居貲贖債”等。在官府居作一日可抵八錢（若扣除食宿費，可抵六錢）[2]，此并非當時勞力價值的真實體現，其更具懲罰的意味。

之所以兩次强調解爵抵罰金的數額須在萬錢以下，是因爲秦代爵位一級正好值萬錢：

> 1849 能捕以城邑反及智（知）而舍者一人，捧（拜）爵二級，賜錢五萬，詷吏，吏捕得之，購錢五萬。諸已反及與吏卒戰而
>
> 缺簡
>
> 1892 受爵者毋過大夫㇗，所□雖多□□□□□□□□□□□□□及不欲受爵，予購級萬錢，當賜者，有（又）行1684其賜。　●廷卒乙廿一[3]

漢初之制常承襲秦，《二年律令·爵律》規定“諸當賜受爵，而不當拜爵者，級予萬錢”[4]，此律亦可證秦一爵值萬錢。

僅從字面意思理解，“疾死死事者”指因疾病或其他事故而死亡者，關於疾病死亡者爵位承襲問題，《二年律令·置後律》有詳細規定：

> 疾死置後者，徹侯後子爲徹侯，其毋嫡子，以孺子□□□子。關内侯後子爲關内侯，卿後子爲公乘，五大夫後子爲公大夫，公乘後子爲官大夫，公大夫後子爲大夫，官大夫後子爲不更，大夫後子爲簪裹，不更後子爲上造，簪裹後子爲公士，其毋嫡子，以下妻子、偏妻子。[5]

---

[1] 陳松長主編：《嶽麓書院藏秦簡（伍）》，第48頁。
[2] 詳見《秦律十八種·司空律》、嶽麓秦簡《亡律》。
[3] 陳松長主編：《嶽麓書院藏秦簡（伍）》，第125—126頁。
[4] 彭浩等主編：《二年律令與奏讞書》，第241頁。
[5] 彭浩等主編：《二年律令與奏讞書》，第235頁。

從上引律文可知，徹侯、關内侯是原等承襲，從第十八等大庶長到第三等簪裹均是降等繼承。據此可推測上造、公士後子爲士伍。秦代爵位繼承制度究竟如何，尚無可靠文獻可參，但肯定存在原等或降等繼承問題。“當爲疾死、死事者後，謁毋受爵”中的“毋受爵”似應理解爲“毋受爵一級”，并非完全不承襲爵位，而是降一等承襲。

“其所除貲贖【皆許之其所除貲贖】過萬錢而謁益【解】爵、【毋受爵者，亦許之。一級除貲贖毋過萬】錢，其皆謁以除親及它人及并自爲除，毋過三人”，若罰金超過萬錢，允許解爵二級以上；解爵以替父母或它人償還罰金者，總人數不能超過三人。爵位一級值萬錢是固定的，而個人被貲罰的錢數并不確定，二者不對等時，可解爵多級或替它人償還罰金以達到平衡。

秦漢簡牘多見“小上造”、“小簪裹”之類，是對擁有爵位的未傅籍者的稱呼。看來授予爵位時，并未設定年齡下限。同時，也未見到因年齡太大而不允許接受爵位的記載。那麽，我們姑且可以判定，在其他條件均滿足時，秦代授爵并不考慮受爵者的年齡。然年齡大小卻影響爵位的利用效率，“年過卌五以上者，不得解爵、毋受爵，毋免以除它人”，年齡超過四十五歲，不能通過解除爵位和不接受爵位的方式來抵償罰金，也不能以此來免除它人徒隸身份或爲它人抵償罰金。

一般的吏、民，爵位不能超過第八等公乘[1]，擁有公乘爵位者若再立新功，不能再授予爵位，祇能賜予錢物。但是，如果某人知道自己將獲得爵位，趁機解除舊有爵位以免貲賥，如此爵位便低於公乘，可以順利接受新賜爵位。這樣一來，勢必造成爵位被私下買賣的現象，這顯然不利於統治。故統治者要采取措施，防止爵位濫用，從嶽麓簡秦令可見一斑。

首先得弄清“不得解其故爵之當即者以除貲贖”鍼對三種情形，之間用“及”來連接，分别爲“鼎者勞盜〈盈〉”、“諸當捧（拜）爵而即其故爵如鼎”和“捧（拜）後爵者”。“鼎者勞盜〈盈〉”，當指爵位已到公乘，勞績盈滿。“諸當捧（拜）爵而即其故爵如鼎”，舊有爵位加上新受爵位後達到公乘爵。“捧（拜）後爵者”，以“後子”身份承襲的爵位。考慮到“後子”本来拥有爵位，而後又有新的爵位可以承袭，此時不能够利用之前的爵位來免除貲贖。

“罷瘁（癃）不事”與“從睆老事”是兩種情況，中間當頓開。“罷瘁（癃）不事”指身體殘疾而不服役者，“從睆老事”當是一種優待，按照“睆老”的標準服役，睆老役事減半。“有令終身不事”，即終身被免除各種役使的人。世代從事某種職業者稱爲“疇

---

[1]《後漢書·百官志》引劉劭《爵制》：“吏民爵不得過公乘者，得貰與子自若同産。然則公乘者，軍吏爵最高者也，雖非臨戰，得（乘）公卒車，古曰公乘也。”

人”，《二年律令・傅律》：“疇官各從其父疇，有學師者學之。”[1]“疇吏解爵而當復爵者”，疇吏原本解除過爵位，後來又獲爵，此種情況，不能再解爵免除自己或它人的貲贖。

就除貲贖而言，不僅有年齡上的限制，在籍貫上也有規定。“爲人除貲贖者，内史及郡各得爲其畍（界）中人除，毋得爲它郡人除”，替人除貲贖者，雙方必須是同一郡，内史與郡分别言之，因二者地位有高下，然“毋得爲它郡人除”之“郡”顯然包括内史。如此看來，秦代内史本質上亦爲一郡，因國都所在而顯得特别。需要指出的是，秦簡中还常以“中縣”指代内史：

> 【中】縣、它郡人爲吏它郡者，得令所爲吏郡黔首爲除貲贖。屬邦與内史通相爲除。爲解爵者，獨得除貲贖。

黔首可以替本郡的官吏除貲贖，這一點是我們先前不能想象的。“屬邦”與“内史”可以互相除貲贖。據《漢書・百官公卿表》屬邦爲掌管歸義蠻夷的官署，其長官亦稱屬邦。里耶秦簡8-657號“琅邪叚（假）【守】□敢告内史、屬邦、郡守主”[2]，内史、屬邦與郡守并列，屬邦爲職官名稱無疑。上引令文中的“屬邦”當指屬邦管轄下的民衆。

“爲解爵者，獨得除貲贖”，此規定當適用於令文所提及吏、黔首以及屬邦，無論是爲自己還是它人，解除爵位衹可免除貲贖，這是對爵位功用的重新限制。據其他材料可知，秦爵之功用是多方面的，《秦律十八種・軍爵律》規定以爵位免除父母徒隸身份，此外，通過解除爵位可以減刑或免刑：

> 《奏讞書》令：吏盗，當刑者刑，毋得以爵減、免、贖，以引當恢。[3]
>
> 《二年律令・賊律》：賊殺傷父母，牧殺父母，歐詈父母，父母告子不孝，其妻子爲收者，皆錮，令毋得以爵償、免除及贖。[4]

收録在第五卷的另外一則《尉郡卒令》是關於官吏與士卒之間貿易問題的，爲便於討論，録其内容如下：

> 1880 令曰：吏從軍治粟將漕長輓者，自敦長以上到二千石吏，居軍治粟漕長輓所

[1] 彭浩等主編：《二年律令與奏讞書》，第234頁。

[2] 陳偉主編：《里耶秦簡牘校釋（第一卷）》，第193頁。

[3] 彭浩等主編：《二年律令與奏讞書》，第352頁。

[4] 彭浩等主編：《二年律令與奏讞書》，第105頁。

└，得賣（買）所歓（飲）食衣服物及所以歓（飲）1879 食、居處及給事器兵└，買此物而弗歓（飲）食衣服用給事者，皆爲私利。毋重車者，得買以給事，舍，毋過□ 1171 □□人。丞相、御史言：前軍軍吏治粟將漕長輓，吏或不給吏事而務爲私利，侵苦卒└。吏已請行其罰。爲 1906 牛車└若一軺車，數者皆爲私利。與卒、官屬同舍，同舍者菡（鹵）、所歓（飲）食物└、得與歓（飲）食之及得俥（使）爲所以給舍事 1769 者物└，非此物，皆爲私利。諸不在此令中而買爲之，及雖在令中買爲而□□，皆爲私【利】。□□□錢以上，皆毋 1669 行其勞論└、賜。其毋勞論而有賜及毋勞論、賜者，皆罰戍故徼四歲，有（又）毋行其賜而皆没入其所爲私利 1666 縣官。爲私利，私利者與同辠└。軍初到，車軍治粟曹（漕）長輓到官治粟，皆用此令└。軍罷去，車軍治粟曹（漕）長

缺簡

1163 □軍□爲令。奏。制曰：可。布以爲恒令。●尉郡卒令乙[1]

“從軍治粟將漕長輓”顯然是“吏”的限制語。同一則令文中與“從軍治粟將漕長輓”類似的表達尚有“軍吏治粟將漕長輓”“車軍治粟曹（漕）長輓”。“治粟將漕長輓”似乎是對吏所從事工作的描述，筆者認爲不妨將其分解爲“治粟”和“將漕長輓”兩個層次來理解，“治粟”即管理粟；“將漕長輓”即率領漕卒長輓者。“長輓”見於《戰國策・魏策四》：“秦自四境之内執法以下至於長輓者。”高誘注：“長輓者，長爲輓車之人。”嶽麓秦簡又見“長輓粟徒”：

0749　内史言：槃卒從破趙軍└，長輓粟徒壹夫身貧毋（無）糧，貣縣官者，死軍，爲長[2]

“長輓粟徒”當爲“長輓者”的異稱，即從事運輸工作的士卒，嶽麓秦簡令文中或稱“漕卒”：

1864　令曰：諸軍人、漕卒及黔首、司寇、隸臣妾有縣官事不幸死，死所令縣將吏劾〈刻〉其郡名楷及署送書，1790 可以毋誤失道回留。●卒令丙卅四[3]

[1] 陳松長主編：《嶽麓書院藏秦簡（伍）》，第 116—118 頁。按：個別句讀有變動。
[2] 陳松長主編：《嶽麓書院藏秦簡（肆）》，第 205 頁。
[3] 陳松長主編：《嶽麓書院藏秦簡（伍）》，第 111 頁。

當然，運輸之物不限於粟，此以粟代指一切轉輸之物。在令文中，“吏從軍治粟將漕長輓者”可以理解爲率領士卒從事軍資運輸的官吏。

“得賣所歠飲衣服物及所以歠（飲）食居處及給事器兵”，從事軍資運輸的官吏能够出售食物、衣物及服役時需要使用的器械，并且能够租售炊具、餐具及住所。“買此物而弗歠（飲）食衣服用給事者，皆爲私利”，所購之物若非食物、衣服或服役必需之器具，均視爲謀取私利。

秦代服兵役者所耗衣食器用等費用均需自己承擔，從事運輸工作的漕卒也不例外，故官吏與士卒之間會發生買賣關係。這種貿易行爲雖是私人所爲，但從令文可知其是被法令允許的，當然必須限制在一定範圍内。官吏盈利是否需要上交官府，或者按比率抽取，目前尚無更多的材料來證實。

“重車”，即運載輜重的車。嶽麓秦簡 1394 號“繇（徭）律曰：委輸傳送，重車負日行六十里，空車八十里，徒行百里”[1]。《二年律令·徭律》：“委輸傳送，重車、重負日行五十里，空車七十里，徒行八十里。”[2]《孫子·作戰》：“馳車千駟，革車千乘”，曹操注：“馳車，輕車也，駕駟馬；革車，重車也，言萬騎之重。”杜牧注：“輕車，乃戰車也。古者車戰，革車、輜車，重車也，載器械、財貨、衣裝也。”[3]“毋重車者，得買以給事”，據此可知服役的士卒還需自己準備運輸物資的“重車”。秦代徭役繁重，此爲最好注腳。

1171 簡“丞相、御史言”之前是一則舊令，它規定了軍吏可以向士卒出售一些必需品。由於舊令有不盡合理處，故丞相、御史大夫請求增補一些細則，對它進行糾改。新令文是基於“吏或不給吏事而務爲私利，侵苦卒”這一狀况而制定。新令對私利重新進行界定，并制定新的處罰措施。

整理小組將 1171 與 1906 繫連在一起，“爲牛車”衹能理解爲出售牛車，“爲牛車 ᒪ 若一軺車數者，皆爲私利”，多次向同一人出售牛車或軺車，視爲非法牟取私利。

嶽麓秦簡中釋爲“菌”的字又見於 2156 號“有菌（鹵）淳濕者，輒稍善治之”，細審圖版，二字均應釋爲“菌”。此字又見於睡虎地秦簡、張家山《二年律令》和里耶秦簡，然釋讀各異：

《封診式》36 簡“以書讂首曰：‘有失伍及菌（迟）不来者，遣来识戏次’。”[4]

《二年律令·金布律》：諸私爲菌〈菌（鹵）〉鹽，煮濟、漢[5]。

[1] 陳松長主編：《嶽麓書院藏秦簡（肆）》，第 150 頁。
[2] 彭浩等主編：《二年律令與奏讞書》，第 248 頁。
[3] 楊丙安：《十一家注孫子校理》，中華書局 1999 年版，第 36 頁。
[4] 睡虎地秦墓竹簡整理小組：《睡虎地秦墓竹簡》，文物出版社 1990 年版，第 153 頁。
[5] 彭浩等主編：《二年律令與奏讞書》，第 256 頁。

《里耶秦簡牘校釋》：二人求菌：受、款。BV8-1531[1]

《説文解字》在解釋“蓄”字時列出一個異體字，即“菌”，蓄的本義是一種可以用來纏束東西的草。而《説文》中另有“鹵”字，解釋爲“西方鹹地也”。《里耶秦簡》“二人求菌”之“菌”顯然是一種草。《封診式》“菌”字，《秦簡牘合集》改釋爲“菌”，讀爲鹵，通作“虜”[2]。佐證來自《史記·吴王濞列傳》：“燒宗廟，鹵御物。”集解引如淳曰：“鹵，抄掠也。”

由此可見，在秦及漢初，表示鹽鹵、俘虜、菌草等意思均寫作“菌”。然從菌到鹵似乎有一個分化演變的過程。筆者認爲“鹵”是後起字，應出現在漢代以後，專門表示鹽鹵。從“菌”到“菌”，當是字形訛變的結果。

令文中“同舍者菌”與“所歓（飲）食物”并列，當是食物無疑，故“菌”當取鹽鹵義。

“得使爲所以給舍事者物”，“給舍事”即負責住宿事宜，“得使爲所以給舍事者物”，可以使用、置辦與住宿有關的物品。

关於士卒“勞論”及“賜”的規定，又見於睡虎地秦簡：

從軍當以勞論及賜，未拜而死，有罪法耐署（遷）其後；及法耐署（遷）者，皆不得受其爵及賜。其已拜，賜未受而死及法耐署（遷）者，鼠（予）賜。軍爵律[3]

睡虎地秦墓竹簡整理者將“勞”解釋爲“勞績”，“論”解釋爲“論功授爵”，“賜”解釋爲“賞賜財物”[4]。高敏先生認爲以上律文應斷讀爲“從軍當以勞、論及賜”，“勞”指“擺功勞大小”；“論”指“評定、議論、論定功勞大小”；而“賜”指“賜爵、賜田宅財物等”，是賜爵的具體程式和具體做法。[5]朱紹侯先生采納了高敏先生的斷讀意見，并對律文重新標點如下：

從軍當以勞、論及賜。未拜而死，有辠（罪）法（廢），耐署（遷）其後，及法（廢），耐署（遷）者，皆不得受其爵及賜。

[1] 陳偉主編：《里耶秦簡牘校釋（第一卷）》，第351頁。
[2] 陳偉主編：《秦簡牘合集釋文注釋修訂本（壹）》，武漢大學出版社2016年版，第279頁。
[3] 睡虎地秦墓竹簡整理小組：《睡虎地秦墓竹簡》，第55頁。
[4] 睡虎地秦墓竹簡整理小組：《睡虎地秦墓竹簡》，第55頁。
[5] 高敏：《秦的賜爵制度試探》，收入氏著：《秦漢史論集》，中州書畫社1982年版，第14—15頁。

依據簡文的斷讀，朱先生進一步認爲："頒行軍功爵的三道手續，即勞、論、賜。勞，指從軍後所建立的功勞；論，即因功論賞或因罪論罰；賜，就是評議之後，國家根據功勞和罪過的大小而頒賜給不同的爵位、土地和財物，或給予一定的處罰。"[1] 柳春藩先生認爲勞即斬敵首多少的功勞；論，是評論、論定功勞的大小；賜，主要是賜爵，也包括其他内容，不然就不會"爵及賜"并提了。[2] 此外，徐富昌教授也認爲："軍功爵制的手續和程式牽涉到三個層面，其一是'勞'，其二是'論'，其三是'賜'。"并指出"論"在軍功爵制方面都作"論功行賞"解；"賜"就是賜爵。[3]

齊繼偉先生根據新刊佈的嶽麓秦簡材料推斷秦代軍爵頒賜的程式分"勞論"和"賜"兩個階段。"勞論"的評定由尉官執行，内容包括對有功者功勞大小的校驗及其對應之賞賜的論定。具體而言，在軍隊中，由校尉及以上將領校驗功勞，以"尺籍書下縣及郡"，縣尉、郡尉根據尺籍書上的功勞大小及有功者的身份、已有爵級等，論定賞賜。或賜爵，或購賞，或解爵贖親及所知者罪，或除貲贖，并最終論定結果，報與相關部門受理。[4]

筆者認爲以上説法均有值得商榷之處。首先，"勞論"與"賜"是互不包含的兩類事物，因令文的表述爲"毋行其勞論ㄴ、賜。其毋勞論而有賜及毋勞論、賜者"，"ㄴ"及"而"同時出現足以表明"勞論"與"賜"是兩個并列且有區别的事物。其次，"勞論"是"論勞"的結果，因爲功勞大小衹有經過相關部門評定纔能最終認定，而不是聽任本人申報。功勞評比一般包括予奪兩方面，此外，還要考慮以爵抵罪、免除徒隸的情况。一般而言，士卒的爵位衹能通過立軍功獲得，這在《商君書》《史記》中都有相關記載。令文中的"勞論"顯然是按照功勞大小授予的爵位。那麽，"賜"當包括除爵位之外的所有東西，也自然包括勞，賜勞在西北漢簡中很常見。需要指出的是，如果原來擁有的爵位被褫奪或被使用掉而現有的功勞達不到授爵的要求，自然會出現"毋勞論"的情况。"毋勞論"并非没有勞績可以評比，而是現有勞績過少，不足以得到爵位。最後，具體到令文中的"賜"，因爲整條令文是針對官吏和士卒的，"賜"的依據也應當是功勞，與史書中針對天下臣民的大賞賜不同。

（作者簡介：周海鋒，歷史學博士，湘潭大學文學與新聞學院教師）

---

[1] 參見朱紹侯：《軍功爵制考論》，商務印書館 2008 年版，第 53—64 頁。朱紹侯：《軍功爵制研究》（增訂版），商務印書館 2017 年版，第 57—58 頁。

[2] 柳春藩：《秦漢封國食邑賜爵制》，遼寧人民出版社 1984 年版，第 16 頁。

[3] 徐富昌：《睡虎地秦簡研究》，臺灣文史哲出版社 1993 年版，第 500—507 頁。

[4] 齊繼偉：《秦代"勞論及賜"探析》，西北師範大學歷史文化學院等編《簡牘學研究》（第八輯），甘肅人民出版社 2019 年版，第 38—50 頁。

北大漢簡《蒼頡篇》釋文商兑 *

張存良

摘　要：北大漢簡《蒼頡篇》保存1200餘字，保存狀況較好，是出土《蒼頡篇》文獻的又一重要發現，整理者在釋文和注釋等方面均傾注大量心血，并取得了一些綜合性與突破性的成果。在釋文方面，個别地方仍有待校補。我們結合已有出土文獻和傳世文獻，運用多重證據，對其中的“賨剿向尚”“馮奕青北”“貇鬻吉忌”“戲蘴書插”“悉起臣僕”“摻抪羭丮”“慁攖嫖娙”“獸屨幣袍”“秏稨麻荅”等九組釋文進行了校正，并對相關字形源流進行了梳理。

關鍵詞：北大漢簡；《蒼頡篇》；釋文；校正

北京大學藏西漢竹書《蒼頡篇》公佈之後[1]，學術界掀起了研讀熱潮。已有李亦安、林少平、秦樺林等人并華東師大中文系出土文獻研究工作室諸君發表了爲數甚夥的研讀性文章。北大漢簡《蒼頡篇》是洎今爲止收字最多、保存相對最爲完整的西漢早期鈔本，文獻價值自不待言。筆者對照圖版，逐字審視檢覈釋文，肄習之餘，竟有竹頭木屑之獲，現略加條理，分條陳述，以成獻芹之論[2]。此前已有jileijilei等人捷足先登，在網上發表高見[3]，在此一并討論。

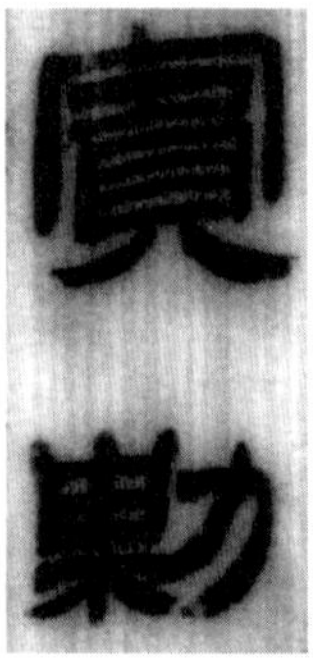

圖1　北大簡簡二

一、賨勦

簡二“賨勦”二字作（圖1）：

---

*　本文係國家社科基金項目“百年來出土漢簡《蒼頡篇》文獻整理與綜合研究”（項目號：20BTQ031）階段性研究成果。

[1]　北京大學出土文獻研究所編《北京大學藏西漢竹書》（壹），上海古籍出版社2015年9月。

[2]　本文曾以《〈蒼頡篇〉研讀獻芹》爲題分篇發表於武漢大學簡帛網（www.bsm.org.cn）2015年11月24日至2015年12月30日。

[3]　Jileijilei《北大漢簡〈蒼頡篇〉釋文商榷》，復旦大學出土文獻與古文字研究中心網站，2015年11月14日；http://www.gwz.fudan.edu.cn/forum/forum.php?mod=viewthread&tid=7733。此文共討論“奢”“掩”等20餘字，絶大多數意見都中肯可從。另有偉盈、lht、鄭公渡等人的跟帖。

賓字古文、小篆分別作：

隸定之後應分別作賔和賓，作賓應是訛寫所致。英藏柿片 2873 作（圖 2）：

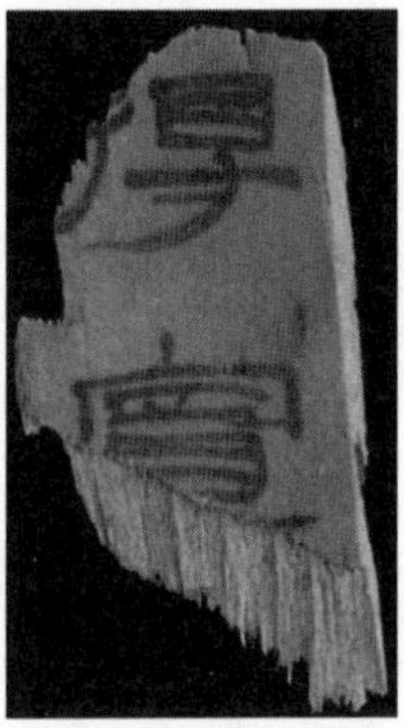

圖 2　英藏 2873

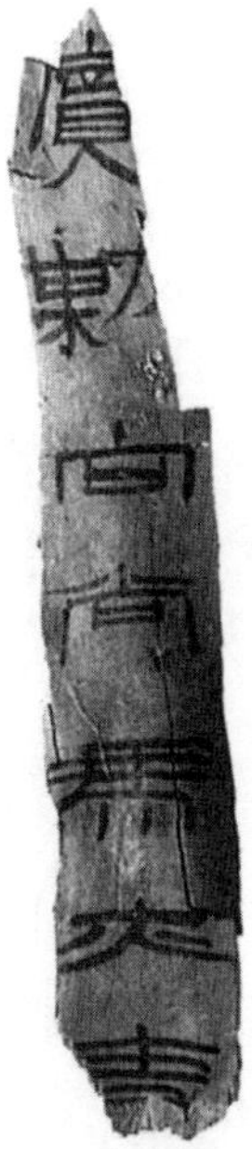

圖 3　英藏 3561

其中賓字正作賔形。此外，尚有 3561 的字形也可作參照（圖 3）[1]：

阜陽漢簡《蒼頡篇》C009“賓勦”釋作“賞勦”，應校正。由於阜簡圖版過於模糊，茲不再舉。

勦字小篆作勦，從力巢聲。巢從巛在木上，巛象鳥巢，今字作巢者乃隸變之訛。巢字所從之巛，在隸變時與甾（甾）的寫法相混。我們以表述之：

[1]《英國國家圖書館藏斯坦因所獲漢文未刊簡牘》，圖版編號爲 3561，釋文號爲 3562。今依圖版號。原釋文“賓”字作“賔”。

勦字的寫法	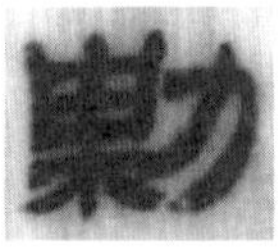			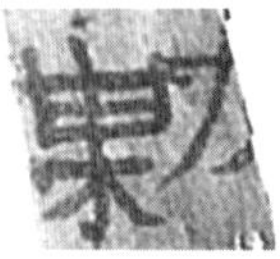	剿（圖版不清）	
出處	北大簡簡一	小篆	英藏 2874	英藏 3561	阜陽簡 C009	
甾旁的寫法	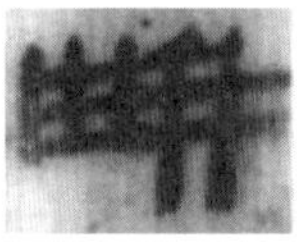		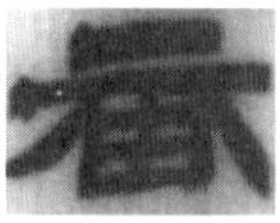	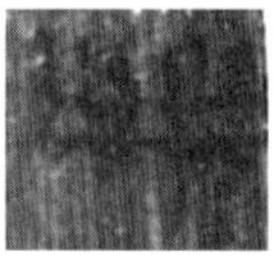	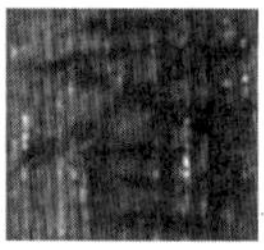	
出處	北大簡簡六三（畊，即畊字）	小篆 畊字	北大簡簡六三（畚，即畚字）	水泉子漢簡（畊，即畊字）	水泉子漢簡（畚，即畚字）	小篆 畚字

北大簡整理者采用的是比較嚴格的隸定方式。若依隸體轉寫，巢與甾的寫法實難別出二致，若上溯至小篆形體，則其形體判然有別矣。

英藏柿片 2874 上之“剿”字，其上部寫法正與“甾”近同，如下圖（圖 4）：

二、馮奕青北

簡二“馮奕青北”四字作（圖 5）：

馮、奕均有盛大之義，連用屬於同義復用，如道路、破毀、沼池等。奕字在他簡也作亦，北字也作背。如：

圖4　英藏2874

圖5　北大簡簡二

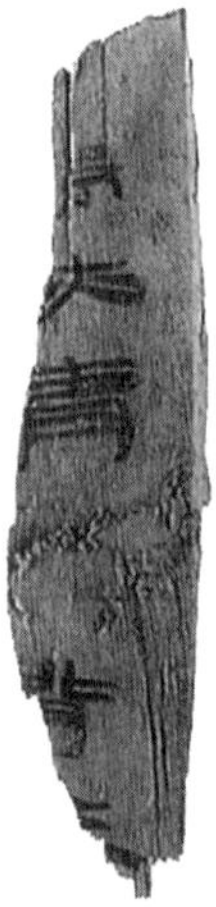

圖6　英藏2973

1. 英藏柿片 2973，釋文應爲：☑□亦青背□☑（圖 6）。

2. 英藏柿片 3271：☑背☑（圖 7）。

3. 英藏柿片 3340：☑青背☑（圖 8）。

4. 英藏柿片 3561：☑賓（賓）勳向尚馮亦青☑（圖 9）。[1]

5. 英藏柿片 3580：☑□亦青背係☑（圖 10）。

6. 英藏柿片 3696：☑馮亦青背☑（圖 11）。

圖 7　英藏 3271

圖 8　英藏 3340

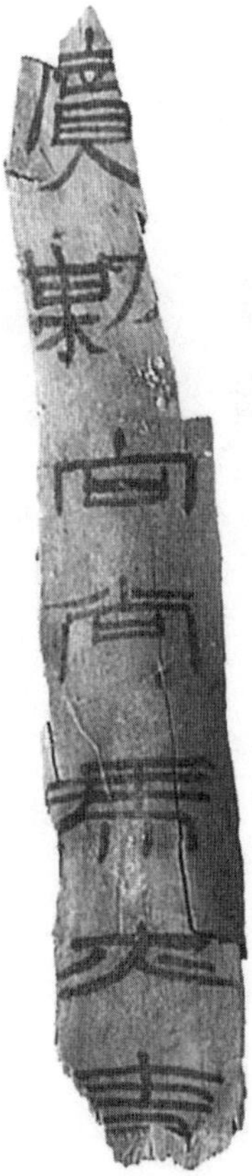

圖 9　英藏 3561

圖 10　英藏 3580

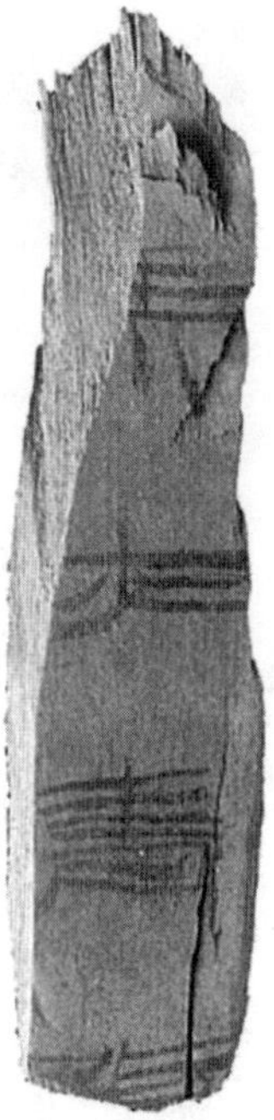

圖 11　英藏 3696

以上所舉 6 枚英藏柿片中，奕字均作亦，北字均作背，無一例外。竊疑“青”是“脊”之訛。脊字小篆作𦟝，從𠦬從肉。𠦬即脊之本字，《説文》：“𠦬，背吕也，象脅肋也。”《急就篇》：“尻髖脊膂腰背吕”，吕即脊骨。𦟝（脊）字在隸變時訛作青，就如

[1] 《英國國家圖書館藏斯坦因所獲未刊漢文簡牘》一書釋文號 3562，圖版號爲 3561。今依圖版號。原釋文爲：☑賓〈賓〉勳向尚馮亦青☑。

同坙字訛作垂、薴字訛作華，其理一也。

“青北”不可義訓，雖然整理者釋青爲東方之色，釋北爲方位之名，但是組合在一起仍然扞格不入，牴牾難通。釋爲“脊背”，則不僅義訓豁然明朗，而且也符合《蒼頡篇》“分別部聚”的編寫原則。

又北大簡《雨書》簡 4 有“蟄蟲青”三字，整理者認爲青當讀爲驚。已有學者指出青、驚聲紐遠隔，不能通借。此處之青當釋爲脊，通瘠。另有陳劍先生指出《節》篇中的“弇青”也應釋爲“弇脊”，這兩處誤釋正好可作爲《蒼頡篇》“青北”釋爲“脊背”的有力旁證。[1] 現羅列於次，以見其端：

簡影截圖	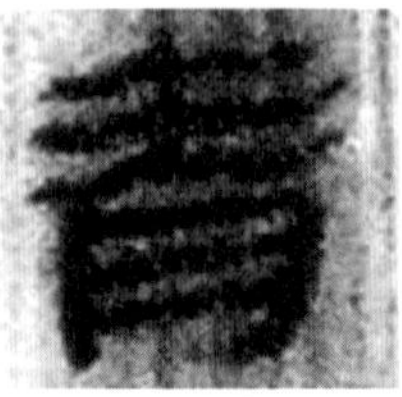		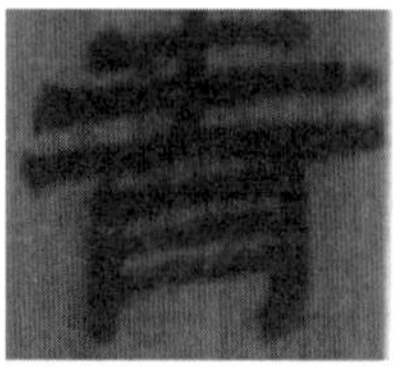	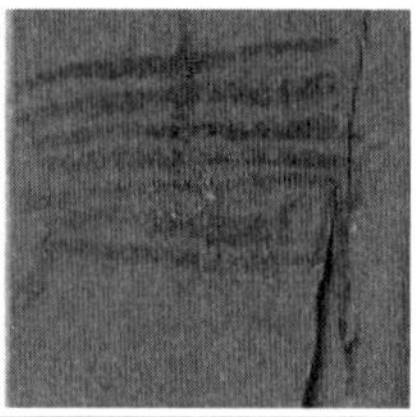
文獻出處	北大簡《雨書》簡 4“蟄蟲青”，青應爲“脊”。	北大簡《節》篇簡 2“伐枯弇青”，青應爲“脊”。	北大簡《蒼頡篇》簡 2“馮亦青北”，青北應爲“脊背”。	英藏柿片 3696“青背”，青應爲“脊”。

再從字源方面分析，北就是背的本字，朿是脊的本字。脊、背二字都是後起分化字。

根據班固的記載，《急就篇》《元尚篇》等字書，“皆《蒼頡》中正字”[2]，《急就篇》中正可見到脊、背二字，而且串編在一句之中，這從另一個方面也爲“脊背”連文提供了理據。

三、貇鬻

簡二“貇鬻”二字作（圖 12）：

[1] 筆者没有見到北大簡《雨書》的圖版，此蒙簡帛網審稿編輯告知，謹致謝。詳參補白《關於〈北京大學藏西漢竹書［伍］〉釋文注釋的幾點意見》及陳劍先生的跟帖，復旦大學出土文獻與古文字研究中心網站 2015 年 11 月 14 日，http://www.gwz.fudan.edu.cn/SrcShow.asp?Src_ID=2634，關於《北京大學藏西漢竹書［伍］》釋文注釋的幾點意見。

[2] 班固《漢書・藝文志》“小學類”小序。陳國慶《漢書藝文志注釋彙編》，中華書局 1983 年版，第 94 頁。

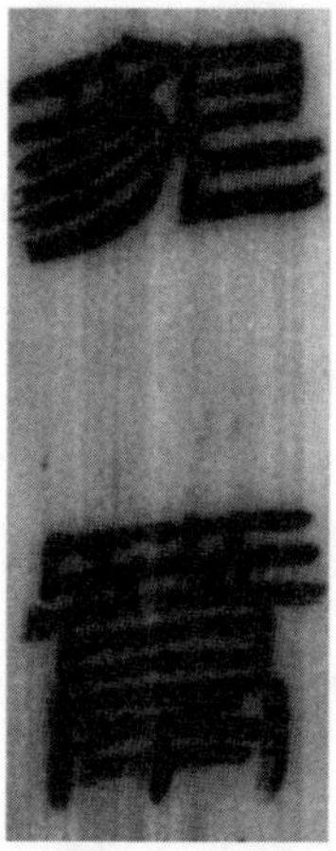
圖 12　北大簡簡二

圖 13　阜陽簡 C007

阜陽簡 C007 也有此二字，如圖 13。

北大簡整理者認爲䰍（鬵）通僭[1]，今音讀爲qín[2]。貇通懇，誠也。僭訓假，與懇相反。這個“䰍”字，在別處簡文中也有發現，徑作朁，與䰍在字形上更爲接近。試舉數例：

1. 英藏柿片 2235，雖然“貇朁”二字不是十分清晰，然朁字下部的曰旁卻很清楚（圖 14）。[3]

2. 英藏柿片 2532，朁字衹存下半部分（圖 15）[4]。

3. 英藏柿片 3176（圖 16），貇朁二字保存基本完整，其中朁字作朁[5]。

《集韻》：“朁，子念切，音譖。與僭同。假也。”譖、憯、僭等字應是朁的後起分化字。朁字從曰兓聲，從“曰”之字多與説話口氣有關，如曷、曶、朁、曹、智、者、書、魯等。

是故，北大簡、阜陽簡之䰍字，與朁爲同音借用關系，僭乃朁之後起分化字。

四、戲藂書插

簡六“戲藂書插”，其字形爲（圖 17）：

[1] 北京大學出土文獻研究所編：《北京大學藏西漢竹書》（壹），七二頁注釋 [九]。
[2] 北京大學出土文獻研究所編：《北京大學藏西漢竹書》（壹），一四八頁。
[3] 《英國國家圖書館藏斯坦因所獲未刊漢文簡牘》一書的釋文爲：⍁□豸冒吉忌瘜⍁。
[4] 《英國國家圖書館藏斯坦因所獲未刊漢文簡牘》一書的釋文爲：⍁冒吉忌疒⍁。
[5] 《英國國家圖書館藏斯坦因所獲未刊漢文簡牘》一書的釋文爲：⍁貇簪 (?) 吉忌扌瘁癰痤⍁。

圖 14　英藏 2235

圖 15　英藏 2532

圖 16　英藏 3176

此四字最早見於居延舊簡[1]，衹是由於木簡殘泐而筆迹難辨，加之没有其他參證資料，所以釋文歧出，難定一中。居延舊簡（9.1A）此四字之簡影爲（圖 18）：

圖 17　北大簡簡六

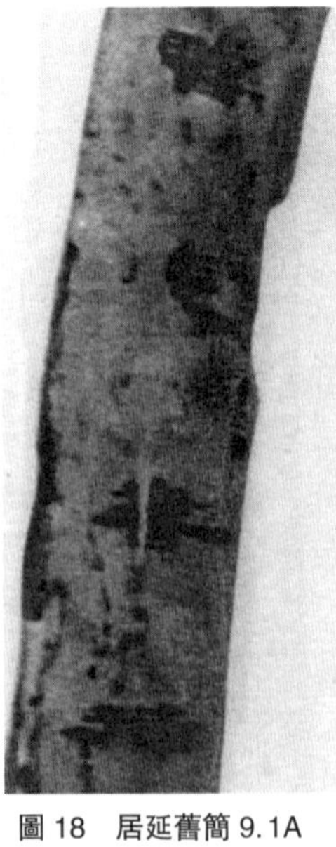

圖 18　居延舊簡 9.1A

[1] 如果從出土時間來考察，則英藏斯坦因所獲柿片出土於 1907 年前后，比居延舊簡的出土時間（1930 年前后）尚早 20 餘年。衹是英藏柿片一直未得到整理和刊佈，遲至 2007 年纔公諸學界，而且由於釋讀錯誤，與“箋表書插”有關的簡文也未能引起研究者的注意，詳下文。

《居延漢簡甲乙編》釋此四字爲：“戲表書插”[1]，阜陽漢簡整理組在引證時卻釋爲“琖（箋）表書插”[2]，而《居延漢簡釋文合校》又釋爲：“□戔表書插”[3]。“戲表”固屬不辭，難以爲訓。琖表則於文獻有徵，《説文》竹部：“箋表，識書也”[4]，猶今人之標注、眉批，於義有徵。箋與琖義訓相同，蓋書簡有竹質者，亦有玉質者。釋“箋表”者蓋受《説文》詁訓之啟發。今北大簡明做“戲蕞（叢）”，字形既明而釋義也頗有據[5]，此幾十年來之學術疑案，一朝得證，即豁然冰釋矣。

受北大簡之啟發，我們重檢英藏斯坦因所獲柿片，發現其中也保存有“戲叢”的一些蛛絲馬迹，衹是其中的“戲”字全部寫作䖾，此字也可轉寫爲虧。䖾、虧并不見於《説文》，蓋當時閭里書師之訛寫，師傳徒受，流佈既廣，遂習焉不察。典籍異文，存此備考。

英藏柿片中之戲（䖾、虧）字：

簡影			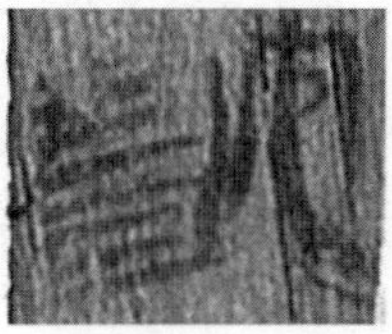	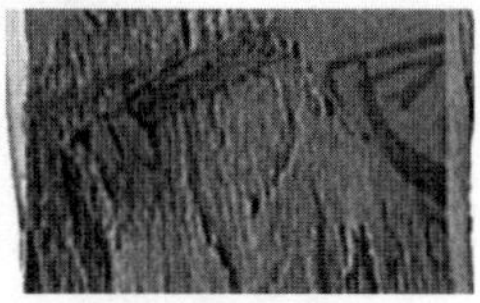
簡號	2449	3675	3254	3248

“書插”二字，自居延漢簡發現以來直至北大簡的整理者，全都釋讀錯了。此二字應釋爲“奢掩”，已有學者予以揭櫫，其説甚是[6]。今從義訓、形體和出土資料等方面增補例證，以申其説。

奢者，張也。掩者，斂也。奢、掩連文屬反義爲訓，如大小、高下、美丑、黑白、好惡，這是漢語構詞的一種主要方式。“奢掩”猶張合開閉、收放翕張，其義甚明。奢字小篆作奢，籀文作奓，前者爲形聲，後者爲會意，均與大有關。掩字小篆作掩，形聲字。

奢、掩二字構形中所含的“大”字，在隸變時往往發生訛變，與“土”無異，通行既久，以致積非成是，使用者當然也就習焉不察了。現代漢字中的赤、壹、壺、幸（niè）、亢（從大省）等字，其構形均與大字有關。

將“大”寫爲近似“土”形，在北大簡《蒼頡篇》中習見。現舉數例，作爲“本

[1] 中國社會科學院考古研究所編：《居延漢簡甲乙編》（下册），中華書局1980年版，第6页。

[2] 阜陽漢簡整理組：《阜陽漢簡蒼頡篇》，《文物》1983年第2期，第24頁。

[3] 謝桂華、李均明、朱國炤：《居延漢簡釋文合校》，文物出版社1987年版，第14頁。

[4] 《説文》竹部：“箋，表識書也”，箋表應連讀，表字不應屬下句。此《説文》釋義體例之一，今正。

[5] 戲猶麾，大將之旗，用以招聚軍旅。蕞即叢，艸叢生之貌，引早爲物聚。戲叢者，軍旗招聚也。參《北京大學藏西漢竹書》（壹）七六頁注釋［二六］。

[6] Jileijilei 先生：《北大漢簡〈蒼頡篇〉釋文商榷》，復旦大學出土文獻與古文字研究中心網站2015年11月14日。

證”以見其概：

字例	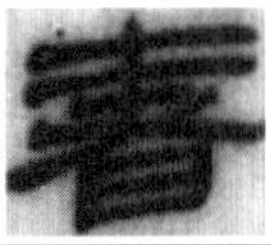	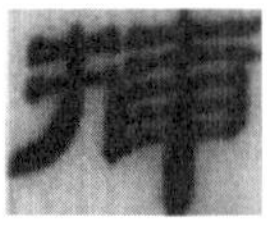		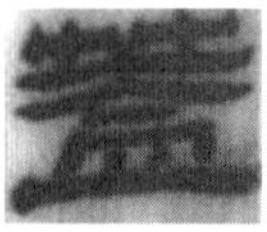	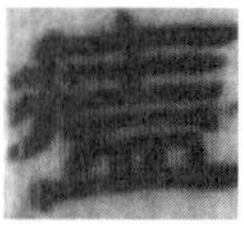	
出處	簡六：奢	簡六：掩	簡三四：掩	簡四九：蓋	簡六九：瘟	簡七一：圉

掩字得聲之奄，從大從申。插字從手從臿，而臿字又從臼。在俗寫中奄與臿極易淆混，大概主要區别就是“臿”的上、下是否出頭了。現在我們再重新審視居延簡中的奢、掩二字，當初釋爲“書插”，的確與字形不合。

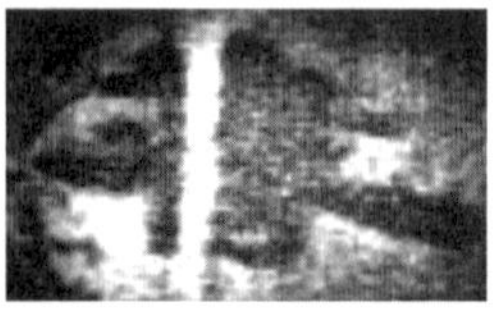

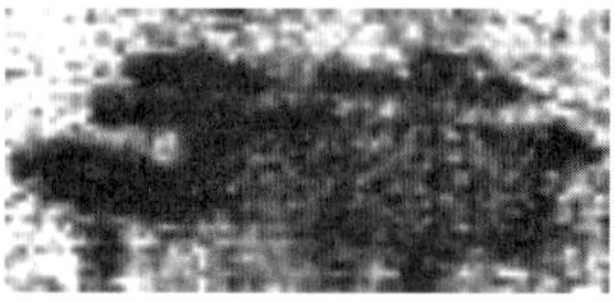

不僅如此，現在我們在英藏斯坦因所獲柿片中也能找到相關例證，衹是此前一直被學界忽略，未能引起重視。

例 1：英藏柿片 3097（圖 19）。

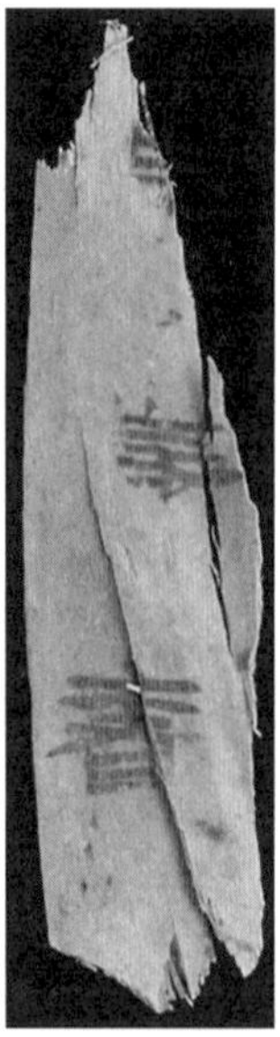

圖 19　英藏 3097

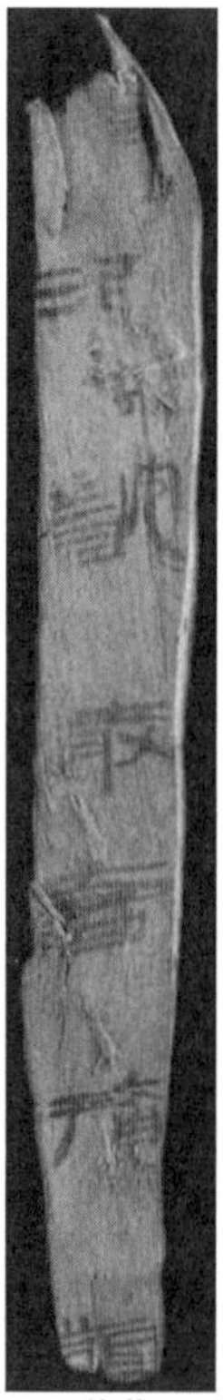

圖 20　英藏 3254

《英國國家圖書館藏斯坦因所獲未刊漢文簡牘》一書將此簡釋作：▨□□春（？）□▨（3097）[1]，明顯與字形不合，正確的釋文應爲“▨□叢奢▨”纔對。簡首爲戲字的殘存筆畫，中間爲叢字，基本完整，第三字爲奢字，非常清楚，而且奢字的上部正做“大”形，不做“土”。

例 2：英藏柿片 3254（圖 20）。

此簡整理者原釋文爲：▨□沽(?)𧯶□攴(?)害(?)掩□▨（3254）[2]，祇有掩字釋讀正確。現在我們經過異文比勘，其釋文應爲：▨□䛐䖴（䖴）叢奢掩顛▨，與北大簡《蒼頡篇》“嬛萶焆黑，娩娒款餌。（簡五）戲叢奢掩，顛顯重該。（簡六）”的中間部分正相吻合。奢、掩二字中所含“大”字，都明晰可辨。祇是“叢”字的寫法過於簡率，如果没有異文參證，即便尋她千百度，也很難釋讀。

通過北大簡，我們勘正了由“箋表”到“戲叢”這樣一個存疑了幾十年的學術懸案，由此我們又利用本證、旁證的方法，資鑒他山之石，證明北大簡中的所謂“書插”，實即“奢掩”，不僅義訓可據，而且字形辨析尤爲確鑿，誠快慰人心之事。在此，我們不得不感謝數量既夥而又精金美玉般的出土文獻！

五、悉起臣僕

簡六“悉起”二字作（圖 21）：

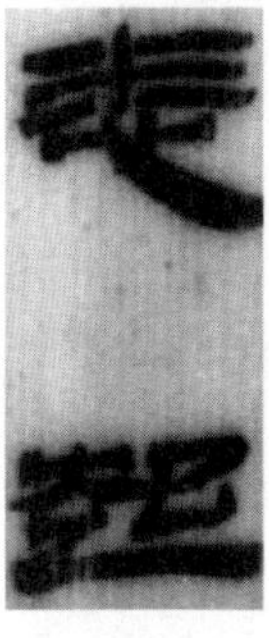

圖 21　北大簡六

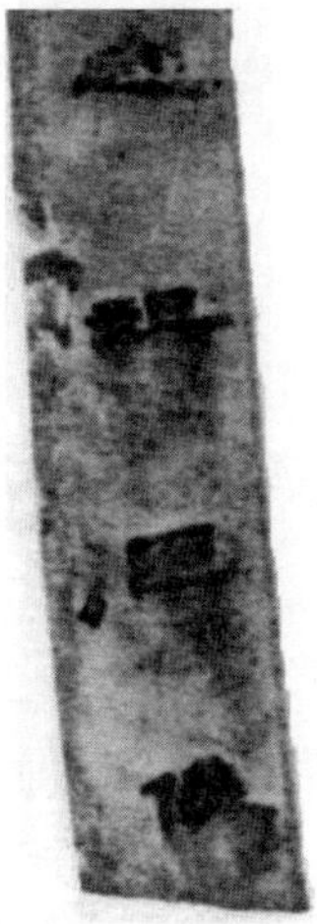

圖 22　居延舊簡 9.1A

[1] 汪濤、胡平生、吴芳思主編：《英國國家圖書館藏斯坦因所獲未刊漢文簡牘》，上海辭書出版社 2007 年版，第 35 頁。
[2] 汪濤、胡平生、吴芳思主編：《英國國家圖書館藏斯坦因所獲未刊漢文簡牘》，第 39 頁。

筆迹清晰，釋讀無誤。悉者，盡也，皆也。起者，發步之謂也，此處蓋指征發。“悉起”即盡皆征發。整理者的釋讀是可信的。然而整理者又説，“悉起”二字在阜陽簡和居延舊簡中均作“已起”，已訓畢，義近於悉[1]。此説則未必可信，試爲辯證如下。

居延舊簡 9.1A“已起臣僕”四字之簡影爲（圖 22）：

《居延漢簡甲乙編》釋此四字爲“巨起臣俟”[2]，《居延漢簡釋文合校》改釋爲“已起臣僕”[3]，“已起”仍然不確。雖然原圖極爲模糊難辨，但是字形與“悉”爲近而與“已”不侔。如下圖所示：

阜陽簡 C001 此四字也釋爲“已起臣僕”，其字形爲（圖 23）：

首二字已磨泐不辨，但是第一字的下部仍能看出“心”的部分筆畫，釋爲“悉”應該可信。

英藏柿片 3028 簡殘存之字恰好也有“悉起”二字，正可做爲旁證參照（圖 24）。

此簡釋文應爲：☑該悉起臣☑，“悉”字雖殘，仍可辨識。又英藏柿片 1861 也有相關簡文：☑悉 起臣僕發傳☑，首二字殘闕太半，但是也能分辨出其筆畫當爲“悉起”之殘存，而不是“已起”（圖 25）。

圖 23　阜陽簡 C001

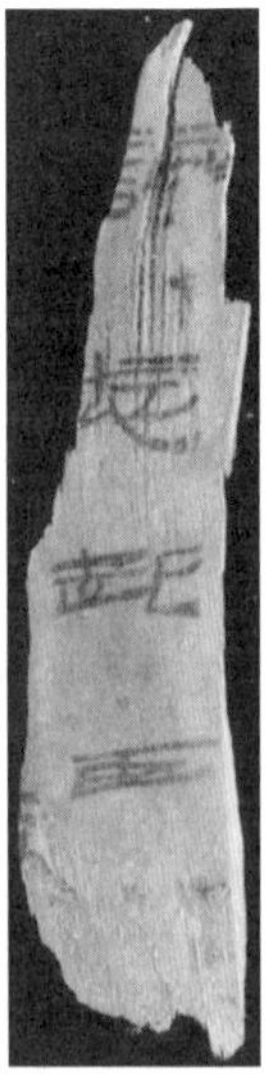

圖 24　英藏 3028

圖 25　英藏 1861

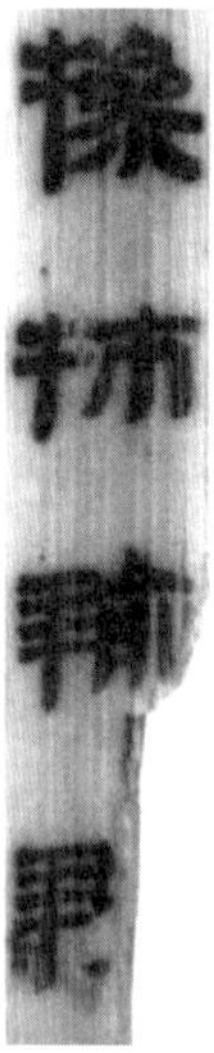

圖 26　北大簡簡二〇

[1] 北京大學出土文獻研究所編：《北京大學藏西漢竹書》（壹），第 76 頁注釋［二八］。

[2] 中國社會科學院考古研究所編：《居延漢簡甲乙編》（下册），中華書局 1980 年版，第 6 页。

[3] 謝桂華、李均明、朱國炤：《居延漢簡釋文合校》，文物出版社 1987 年版，第 14 頁。

所以，“悉起臣僕”應是《蒼頡篇》原本之舊，現在可以考知的各種版本中，并無作“已起”者。

六、“摻抪羭𧙕”及“恩擾嫖娙”

北大簡簡二〇有釋作“摻抪羭𧙕”四字者，簡影爲（圖 26）：

按，“摻抪”二字釋讀錯誤，應爲“犙𤘽”。犙爲三歲牛，𤘽爲二歲牛。犙、𤘽連文，不衹是義訓相屬，而且字形也是以類相聚的，完全符合《蒼頡篇》的編寫特徵。《急就篇》卷三：“犙𤘽特犗羔犢駒”[1]，與此正可參證。

北大簡《蒼頡篇》中的“手”旁與“牛”旁書寫非常相近，以致産生誤讀。現將這批簡中的手部字和牛部字一并揀出，做一比較：

手部字	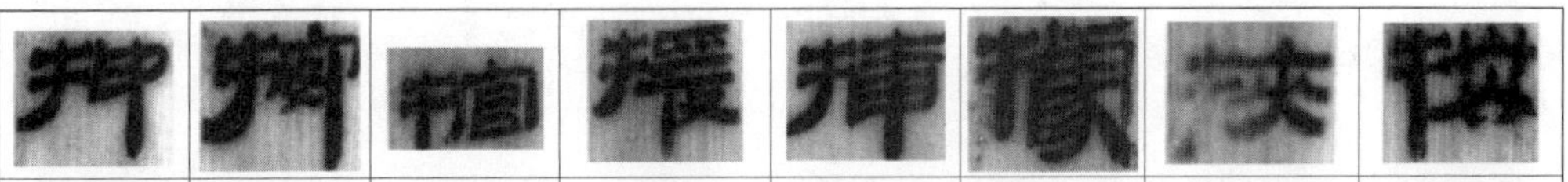							
	簡三	簡三	簡三	簡三	簡六	簡一二	簡一四	簡二二

	簡二七	簡三二	簡三三	簡三六	簡五二	簡六一	簡六九	簡一六
牛部字	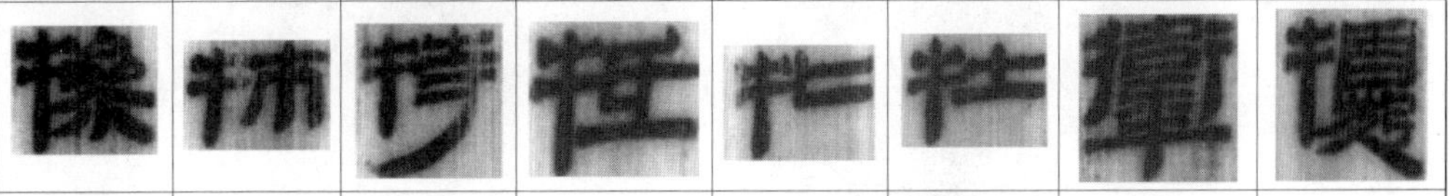							
	簡二〇	簡二〇	簡三一	簡四八	簡六八	簡六八	簡六七	簡七二

“犙𤘽羭𧙕”四字最後一字殘，有學者指出其殘存字形與“羝”字密合[2]，恐不確。殘存字形爲：

竊以爲此字釋爲羖或羯，與殘存字形可能更爲“密合”。《急就篇》卷三：“牂羖羯羠䍬羝羭。”[3]

[1] 史游：《急就篇》，顔師古注，王應麟補注，曾仲珊校點，嶽麓書社 1989 年版，第 250 頁。

[2] Jileijilei：《北大漢簡〈蒼頡篇〉釋文商榷》，復旦大學出土文獻與古文字研究中心網站 2015 年 11 月 14 日；http://www.gwz.fudan.edu.cn/forum/forum.php?mod=viewthread&tid=7733。

[3] 史游：《急就篇》，第 246 頁。

又，簡七二“愿擾嫖娙”四字中的“擾”字釋讀也不正確，應是犪字（簡影參照上表）。整理者釋爲擾，在注釋中引清人朱駿聲、孫詒讓之説，認爲擾是犪的假借。[1] 現在看來，犪、擾由於偏旁寫法相近而混淆，不是假借的關系。

《説文》牛部：“犪，牛柔謹也。從牛夒聲。”段注：“《玉篇》曰：《尚書》‘犪而毅’字如此。按，凡馴擾字當作此。隸作犪。《廣雅》：犪，柔也、善也。”《周禮·天官·大宰》：“以擾萬民。”孫詒讓以爲擾通犪。《史記·夏本紀》“擾而毅”，斐駰《集解》引孔安國之説曰：“擾，順也。”《漢書·高帝紀贊》：“其後有劉累，學擾龍。”顏師古注引應劭曰：“擾，馴也。”今按，這幾處典籍中的“擾”，其實都是“犪”的訛寫，本無所謂假借的問題，衹是由於時代遠隔，後人難於辨識而已。

北大簡《蒼頡篇》“擾”（簡一六）、“犪”（簡七二）二字的辯識，正可作爲出土文獻訂正傳世文獻的典型例證。

七、[illegible]屨帑袍

北大簡簡一七此四字作（圖 27、28）：

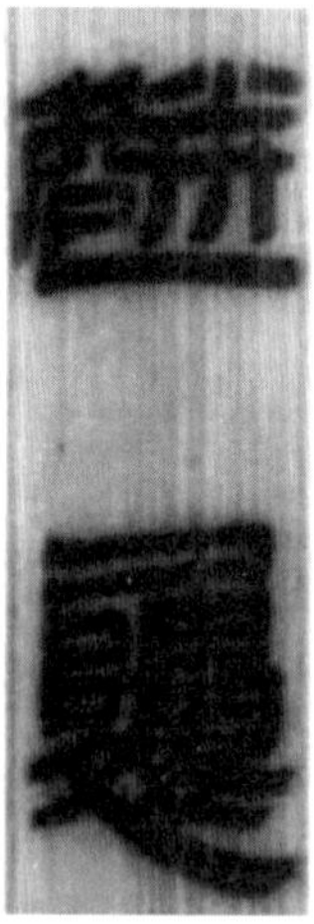

圖27　北大簡簡一七

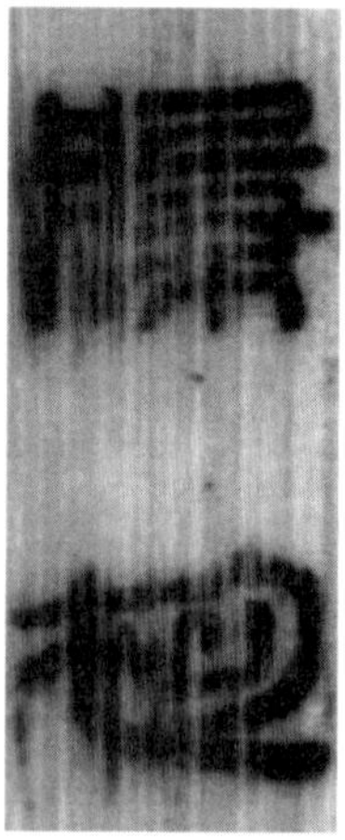

圖28　北大簡簡一七

整理者釋“[illegible]屨”二字爲“齺屨”，其中屨字的寫法或許受到“履（[illegible]）”的連類影響，增加了“夂（[illegible]）”旁。屨者，履也。段玉裁《説文解字注》於“屨”字下注引晉人蔡謨曰：“今時所謂履者，自漢以前皆名屨。”又於履下注曰：“古曰屨，今曰履。古

[1] 北京大學出土文獻研究所編：《北京大學藏西漢竹書》（壹），上海古籍出版社 2015 年版，第九〇頁注釋［五］。

曰屨，今曰鞻。名之隨時不同者也。”屨，今通作履。

𤿭字是《説文》𤿭的隸定寫法，後世字書通作𤿭，其實是一個積非成是而習用莫辨的錯字，在構形上没有理據。𤿭字本從㼱弁聲，《説文》收在㼱部，而㼱字從皮夐省聲，義爲鞣韋，鞣韋即治皮，讀若耎。㼱字篆文作，因其下部之“皮（）”的寫法與“耳（）”近似，隸變時遂訛作㼱，别作㼱或㼱、㼱，其形源都是㼱字。

孫星衍《蒼頡篇》輯本[1]卷上有㼱字，字形作㼱，并引漢鄭衆注《周禮·考工記》之説，謂《蒼頡篇》中有“鞄㼱篇”，“篇”當爲“章”，因爲秦本《蒼頡篇》20章，每章以開首二字爲章名，現已有迹可察，而漢本55章，每章衹以次序爲紀，不復别有專名，此亦有出土材料可證。王國維《蒼頡篇》輯本[2]中也有“鞄㼱”二字，鞄字廁於卷上革部，㼱字歸在卷上皮部，隸作㼱。可見原本《蒼頡篇》中不衹有“𤿭屨”，還有“鞄㼱”，鞄謂柔皮之工，即制革工人，《周禮·考工記》：“柔皮之工鮑氏。”鮑同鞄。

𤿭字行而𤿭字廢，其構形、義訓和音讀也隨之隱晦難辨。實用書寫是推動漢字形體（包括字體和書體）演變的核心因素，皮旁訛作瓦旁，猶如肉旁、舟旁訛作月旁，約定俗成，逐步走向符號化。

正因爲𤿭字本從㼱取義，故《説文》釋𤿭爲“羽獵韋絝”，義訓與字形之間的關系有迹可察。韋絝也作韋褲，即毛皮套褲。《後漢書·祭遵傳》：“遵爲人廉約小心，克己奉公，賞賜輒盡與士卒，家無私財，身衣韋絝，布被，夫人裳不加緣，帝以是重焉。”𤿭字又作䙎，從衣朕聲，通作褎。《尚書·堯典》：“鳥獸褎毛”，今本作“氄毛”，蔡沈《集傳》云：“鳥獸生耎毳毛以自温也。”氄，《説文》作毴，“毛盛也，从毛隼聲。《虞書》曰：鳥獸毴毛。”《虞書》應作《堯典》爲是。

今按，𤿭、褎二字俱從朕得聲，與氄（毴）字并音而隴切，今音爲rǒng。《説文》另有鞲（鞾）、茸等字。鞲：鞌毳飾也，从革茸聲，而隴切。茸：艸茸茸皃，从艸耳聲，而容切。𤿭、褎、氄、毴、鞲、茸等字音讀近同，義源也相近，都指毛茸初生、纖細柔軟之貌。這應是一組同源字。

是故，𤿭字當解爲毳毛皮褲，屨字當訓爲單皮之履，二字均與皮革相關。《説文》履部：“屨，履也。一曰鞮也。”又革部：“鞮，屨也。”二字互訓。《周禮·天官·屨人》：“掌爲舄屨。”鄭注云：“複下曰舄，禪下曰屨。古人言屨以通於複，今世言屨以通於禪。”《急就篇》卷二：“靸鞮卬角褐韤巾。”顔師古注：“鞮，薄革小履也。”王應麟補注引揚雄《方言》曰：“禪者謂之鞮，粗者謂之屨。”[3]揚説與鄭注正合。

[1] 孫星衍輯：《倉頡篇》，叢書集成初編本，中華書局據岱南閣叢書本影印，1985年。
[2] 《王國維遺書》第七册，上海古籍書店1983年版。
[3] 史游：《急就篇》，第149頁。

阜陽漢簡《蒼頡篇》C039 也保存有“鬵屨帑袍”四字，簡影爲（圖 29）：

圖 29　阜陽簡 C039

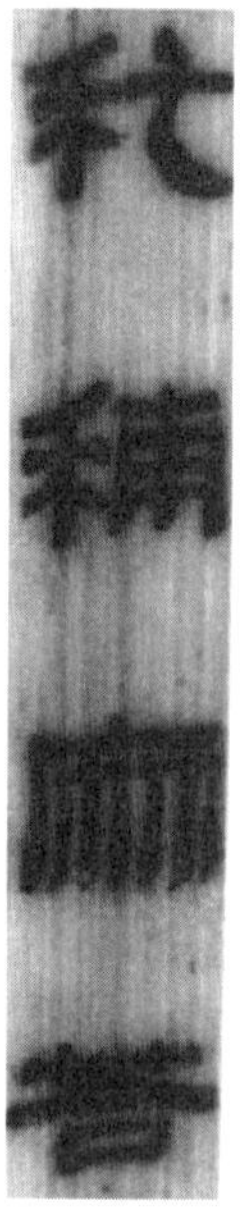

圖 30　北大簡簡一五

整理者釋爲“鬳 屨□殳 袍”，并注曰“鬳，音冗（róng）”[1]，釋讀完全可信。鬳 字與簡文正合，就是鬵的訛寫。而北大簡釋鬵作鬳，轉寫似有不確，且注其音讀爲 jùn[2]，則似乎更爲不當，允當再思。

八、秅稓麻苔

北大簡《蒼頡篇》簡一五有如下四字（圖 30）：

整理者釋爲“秅稓麻苔”，稓字釋讀錯誤，應爲秭，已有學者發帖揭櫫，其説甚是[3]。這批竹書中涉及“甫”旁與“市”旁之字還有其他例證，其中仍不乏釋讀錯誤者，現將其逐一揀出，以便對比分析。

[1] 阜陽漢簡整理組：《阜陽漢簡〈蒼頡篇〉》，《文物》1983 年第 2 期，第 30 頁。

[2] 北京大學出土文獻研究所編：《北京大學藏西漢竹書》（壹），第 148 頁。

[3] Jileijilei 先生：《北大漢簡〈蒼頡篇〉釋文商榷》，復旦大學出土文獻與古文字研究中心網站，2015 年 11 月 14 日。

例字		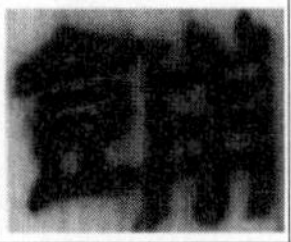	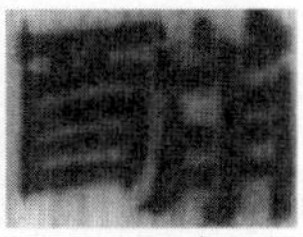			
出處	簡七：逋	簡二六：餔	簡三二：酺	簡五二：捕	簡六四：蒲	小篆甫字
例字	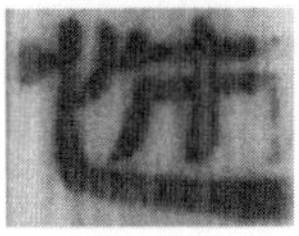		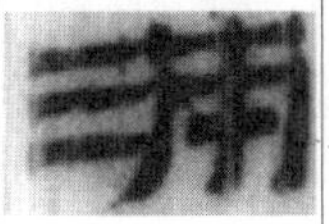	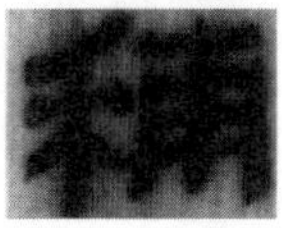		
出處	簡四二，原釋文爲怖	小篆朩字	簡五七，原釋文爲沛	簡一五，原釋文爲秿，應爲秭	簡四〇，原釋文爲娗，應爲姊	小篆𠂔字

甫（）之形體固不同於𠂔（）、朩（），然俗寫簡率，“三豕涉河”之誤[1]、“魯魚帝虎”[2]之訛，也在所不免。上舉簡五二之捕字、簡六四之蒲字，其甫字之形體就與簡一五之秭字和簡四〇之姊字中的𠂔字寫法幾近相同，所以出土文獻的釋讀，依據字形辨析、考證固然是第一要義，但仍需義訓、文例、書證等諸多方面的相互參酌。

朩爲《說文》部首字，“朩，艸木盛朩朩然。象形，八聲。讀若輩。”八、輩平入對轉。古無輕脣音，讀若輩（bèi）；今則有輕脣、重脣之分，故讀若沛（pèi）。朩朩，枝葉茂盛因風舒散之貌。《詩經·小雅·小弁》：“有漼者淵，萑葦淠淠。”毛《傳》：“淠淠，衆貌。”馬瑞辰《傳箋通釋》引《爾雅》：“淠淠，茂也。”淠淠實朩朩之假借。又《詩經·小雅·出車》：“彼旟旐斯，胡不旆旆？”毛《傳》：“旆旆，旒垂皃。”旆旆亦朩朩之假借。

朩部所收㚃、孛、索、𠂔、南等字，隸定時其字形所含之“朩（）”都作巿，與“市”近同，幾無例外。唯隸寫爲朩，可能是爲了與“市”字相區別。按，市音弗，篆文作，韍之本字。韐（韐）字從市取義，韎韐，士服也。芾字從市得聲，樹葉初生微密之貌。

《說文》另有從朩得聲之字，如牬[3]、昁[4]、肺、柿、旆、駍[5]、沛、霈、犻、鯆、抪、邡，這些字形中的“朩”，隸楷中皆作“市”，無一例外。是知朩（）、市（）二字在隸變之後有字形合一而淆訛不辨之勢，是故芾字有兩讀而義訓各别，一從市得聲，讀若弗，《詩經·小雅·斯干》：“朱芾斯黄，室家君王。”芾即市。朱芾者，朱韍也。袚、紼俱從市（）得聲，而其義訓又與紱同。紱，《説文》作市，同芾（音弗），其字又别

[1] 《吕氏春秋·察傳》：“有讀史記者曰：晉師三豕涉河。子夏曰：非也，是己亥也。夫己与三相近，豕与亥相似。”

[2] 葛洪《抱樸子》：“谚云：书三写，鱼成鲁，帝成虎。”

[3] 《爾雅·釋畜》：“體長牬。”牬即犻。郝懿行《義疏》：“體長言吕脊長也。《釋文》：博蓋反。按，牬，《說文》作犻。”段玉裁《說文解字注》於犻字注曰：“犕字從貳，當爲二歲牛。”犻當爲牛體長也。

[4] 昁，《說文》作𥇖，即昲，目不明也。

[5] 駍，《說文》未見。《集韻》泰韻：駍，普蓋切，音霈。馬壯貌。

作祓、黻，實一字之孳乳浸多者。

芾字又從𣎵得聲，讀若沛。《詩經·召南·甘棠》："蔽芾甘棠，勿剪勿伐，召伯所茇。"毛《傳》釋蔽芾爲小貌，恐非是。蔽芾當訓爲枝繁葉茂，惟其甘棠之樹枝葉茂盛而有蔭蔽，召公纔可休憩聽訟於其下。從𣎵得聲之字若⿰牛市、芾、肺、柿、旆、⿰馬市、沛、霈、⿰犭市、⿰扌市、⿰酉市諸字，都有繁茂、密多、充盈、豐沛之意，應是一組同源字。

從𣎵得聲之字篆文舉隅（以《説文》部首爲序）：

楷體	⿰牛市	芾	⿺走市[1]	⿰目市	肺	柿	𣎵	旆
篆文		《説文》未收		《説文》同昔				
楷體	⿰犭市	⿰忄市	沛	霈[2]	⿰角市	⿰扌市	⿰市阝[3]	⿰酉市
篆文								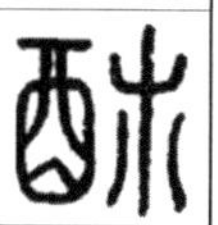

𣎳字從𣎵從一，會意。《説文》𣎵部："𣎳，止也。从𣎵盛而一横止之也。"因爲𣎵（）、𣎳（）二字的篆文形體相近，故俗寫中經常混同不辨。從𣎵之字常寫作從𣎳，如下表所示：

正體	𣎵	⿰牛𣎵	⿺走𣎵		⿰目𣎵		⿰肉𣎵		⿰木𣎵	⿸㫃𣎵	⿰香𣎵		
通行	市	⿰牛市	⿺走市	⿰市攴[4]	⿰目市	⿰羊市[5]	肺	⿰角市[6]	柿	旆	⿰香市[7]	⿰臼市[8]	⿰彳市[9]
俗寫		⿰牛𣎳[10]	⿺走𣎳			⿰羊𣎳	胏[11]	⿰角𣎳	柹	⿸㫃𣎳			

[1] ⿺走市，同迊、⿰足市。

[2] 霈，《説文》作沛。

[3] ⿰市阝，《説文》邑部："⿰市阝，沛郡。从邑市聲。"博蓋切，音貝。

[4] 《集韻》：博蓋切，音貝。物衮舛也。

[5] ⿰羊市，《廣雅》：羯也。《集韻》：牯羊也。《廣韻》《集韻》并普活切，音𨆢。又《集韻》北末切，音撥。又《玉篇》芳末切。人姓也。

[6] ⿰角市，同𧥄。《説文》角部："𧥄，弋射收繁具也。从角發聲。"方肺切。𧥄，俗作⿰角癹。

[7] ⿰香市，《玉篇》：小香。或作⿰香𣎵。《集韻》：或作⿰香朮、⿰香令、馛。

[8] ⿰臼市，《廣韻》：舂米。《韻會》：舂也。《廣韻》《集韻》《韻會》并房越切，音伐。又《集韻》芳廢切，音肺。又房廢切，音吠。義并同。

[9] ⿰彳市，《字彙補》：博蓋切，音拜。《六書略》：行貌。

[10] 《爾雅·釋畜》："體長⿰牛𣎳。"

[11] 《説文》肉部："⿱仕肉，食所遺也，從肉仕聲。《易》曰：噬乾⿱仕肉。楊雄説，⿱仕肉從𣎳。"《玉篇》："胏，脯有骨也。"如是，則⿱仕肉（胏）、肺判然兩字，然俗寫中肺常作胏。

續表

正體					犻		沭		鮇	抹			
通行	師	伂[1]	袚	駜	犻	怫	沛	霈	魳	抪	紼	郝	酢
俗寫					犹								酴

此表中的敊、魳、眎、師、袚、駜諸字，本身就是後起之字，故無所謂正體、俗寫之別。

在實用俗寫中，從𣎳之字也每常寫作從朮（市）之形，如下表所示：

正體	𣎳	茦[2]	迷[3]	殐[4]	屎[5]	刺[6]	笫
篆文							
俗寫	市					制	笫[7]
正體	秭	痱	覞	沛	姊	鉥	
篆文							
俗寫	秭	疿	覞		姊		

此表中的茦、迷、殐、屎、刺諸字，也是相對後起之字，故無篆文。

是故甫字與市、朮、𣎳諸字寫法固異，易於辨析。然市、朮、𣎳三字之寫法，又經常混訛，衍爲錯謬，積久成習。今條分而縷析之，或爲考古者問津之一梁耳。

北大簡簡一五“秅稍麻荅”四字的正解應爲“秅秭麻荅”，這不僅在字形分析上有迹可循，而且在傳世文獻中也有據可徵。《周禮·秋官·司寇》“掌客”條：“掌客掌四方賓客之牢禮餼獻，飲食之等數與其政治。……，諸侯之禮，上公五積。……，牽四牢，……車禾眡死牢，牢十車，車三秅，芻薪倍禾，皆陳。”[8] 鄭玄注曰：“秅讀爲‘秅秭

[1] 伂，今顯沛之本字，《廣韻》《集韻》《韻會》并博蓋切，音貝。

[2] 茦，《集韻》：茦與莘同。《説文》艸部：“莘，羹菜也。从艸宰聲。”阻史切。

[3] 迷，古文遂字。

[4] 殐，《玉篇》：慈詈切，音自。今作骴。

[5] 《玉篇》：屎屒，盜視也，與覰同。《集韻》引《蒼頡篇》：此也。或从資。《廣韻》：取私切。《集韻》：千咨切。并音雌。

[6] 刺，《篇海》：“初已切，音齒。割物也。”

[7] 笫，竹名，出南方荒中，長百丈，圍三丈。《神異經》：“笫竹子美，煑而食之，亡創厲。”《集韻》：“笫，士止切，音市。”非是，笫當爲第之别體，阻史切，音𣎳。

[8] 阮元校刻：《十三經注疏·周禮注疏》卷第三八，上海古籍出版社 1997 年版，第 900 頁中欄。

麻荅’之秏。”[1] 賈公彦疏云：“秏讀爲‘秏秭麻荅’之秏者，時有‘秏秭麻荅’之言，故讀從之。秏是束之揔名，如《詩》云‘尤億及秭’，秭亦數之揔號。荅是鋪名，刈麻者數把共爲一鋪。言此者見秏爲數之揔號之意也。”[2] 秏、秭連文，用以泛指禾黍之數量。《説文》禾部：“二秭爲秏”，又“五稯爲秭”，然究其所實，則又衆説紛歧，難有確數。《儀禮·聘禮》：“唯大聘有几筵。十斗曰斛，十六斗曰籔，十薮曰秉，二百四十斗，四秉曰筥，十筥曰稯，十稯曰秏，四百秉为一秏。”[3] 與《説文》異。《爾雅·釋詁》：“厤秭，筭數也。”郭璞注：“厤厤，數也。今以十億爲秭。”則與前説又異。

賈《疏》釋荅爲鋪名，恐非是。麻、荅連文，應指桑麻菽麥之類。睡虎地秦簡《秦律十八種·倉律》：“種：稻、麻畝用二斗大半斗，禾麥畝一斗，黍、荅畝大半斗。”[4] 又《晉書·律曆志·嘉量》：“《九章商功法》：程粟一斛，積二千七百寸；米一斛，積一千六百二十七寸；菽荅麻麥一斛，積二千四百三十寸。”皆其證也。麻與𣏟（音派）同，從广從林，治之者謂之麻，未治者謂之枲。荅者，小菽也。

段玉裁《説文解字注》於禾部“秭”字注引《周禮》“秏秭麻荅”之文，然未言此乃《蒼頡篇》之本文，蓋因文獻不足徵信之故。清代學者孫星衍、任大椿、馬國翰諸家及王國維氏所輯《蒼頡篇》中，均未收録“秏秭麻荅”四字，可能也是出於謹慎的考慮。[5]

乾隆五十年（1785），著名學者畢沅在爲孫星衍所輯《倉頡篇》作序時説：“鄭司農注《周禮》有‘秏秭麻荅’之言，四字當即《倉頡篇》，則《説文》以荅爲小尗之義明。”[6] 此真目光如炬之見，兩百餘年後的今天，被北大簡證明其説不誣，同時也足見北大簡《蒼頡篇》學術價值之一斑。

今按，畢氏《序》中説“秏秭麻荅”四字乃鄭司農注《周記》中語，應屬誤判。鄭玄在注“牽四牢”時引鄭衆之説曰：“鄭司農説‘牽’云：牲可牽行者也。故《春秋傳》曰：‘餼牽竭矣。’”下文緊接“秏讀爲‘秏秭麻荅’之秏”之語，根據文例，“説牽”云云者，乃鄭衆之説，而“秏讀”云云者，當爲鄭玄之注解，非前鄭之説也。[7]

（作者簡介：張存良，歷史學博士，西華師範大學文學院副研究員）

---

[1] 阮元校刻：《十三經注疏·周禮注疏》卷第三八，第 901 頁上欄。

[2] 阮元校刻：《十三經注疏·周禮注疏》卷第三八，第 902 頁上欄。

[3] 阮元校刻：《十三經注疏·儀禮注疏·聘禮第八》卷第二十四，第 1067 頁上欄。

[4] 睡虎地秦墓竹簡整理小組：《睡虎地秦墓竹簡》，文物出版社 1990 年版，第 29 頁。

[5]《急就篇》卷二：“稻黍秫稷粟麻秔”，有麻字。王國維《蒼頡篇》輯本“以史游所録、揚雄、杜林所訓之字爲上卷”，此所謂“史游所録”者，就是《急就篇》。然而王輯本中終未見“麻”字，蓋仍有所疏漏也。《急就篇》參曾仲珊校點本，嶽麓書社 1989 年，第 130 頁；王國維：《重輯蒼頡篇》，《王國維遺書》第 7 册，上海古籍書店 1983 年版。

[6] 畢沅：《孫氏〈倉頡篇〉序》，孫星衍輯《蒼頡篇》，叢書集成初編本據孫氏岱南閣叢書本影印，中華書局 1985 年版。

[7] 詳參阮元校刻：《十三經注疏·周禮注疏》卷第三八，第 901 頁。

《搜神記》所載周幽王生年補證 *

邱　奎

摘　要：《法苑珠林》引干寶《搜神記》載周幽王生於周宣王三十三年（前 795），經與《汲冢瑣語》《開元占經》等文獻對比分析，可知此説出自古本《竹書紀年》，且與《史記・周本紀》所載幽王嬖愛褒姒的年代并不矛盾，也能較好地解釋周平王居位長久這一歷史現象，故此説具有一定的合理性和可能性。基於這條史料，可對西周滅亡之故新增一點推論，即在宣王後期積弊之餘，幽王以少年暗主當國，更不利於化解危機，加速了西周顛隕。

關鍵詞：《搜神記》；《竹書紀年》；兩周之際；周幽王

《法苑珠林》卷 32《變化篇・感應緣》引干寶《搜神記》曰："周宣王三十三年，幽王生，是歲有馬化爲狐。"[1] 而《開元占經》卷118 引《竹書紀年》曰："周宣王三十三年，有馬化爲狐。"[2] 唯少五字，其餘悉同。陳夢家、方詩銘等早已指出此條《搜神記》文源出古本《竹書紀年》。[3] 但獨見於《搜神記》中的"幽王生"三字，雖爲周幽王生年提供了確切的歷史年代信息，卻以其出於志怪小説而少獲重視，直至晚近，方有程平山等用以考論兩周之際的史迹。[4] 今承上述諸家餘緒，補證《搜神記》中幽王生於宣王三十三年（前 795）之説係引《竹書紀年》固有之文，洵有相當的信度，以期這一史料能在對西周末期王朝政局的探討中發揮更爲積極的作用。

---

*　本文係國家社會科學基金年度項目"西周衰世'詩史'考論"（項目號：19BZW054）階段性研究成果。

[1]　釋道世著，周叔迦等校注：《法苑珠林校注》卷 32，中華書局 2003 年版，第 1008—1009 頁。

[2]　瞿曇悉達：《開元占經》卷 118，影印文淵閣《四庫全書》本，上海古籍出版社 2002 年版，第 1021 頁。

[3]　詳參陳夢家：《西周年代考六國紀年》，中華書局 2005 年版，第 183 頁；方詩銘、王修齡：《古本竹書紀年輯證》，上海古籍出版社 2005 年版，第 61 頁。

[4]　詳參程平山：《兩周之際"二王并立"歷史再解讀》，《歷史研究》2015 年第 6 期。

一、《搜神記》中的周幽王生年記録源出古本《竹書紀年》

檢《搜神記》引汲冢竹書之文，除前舉“周宣王三十三年幽王生”云云一條外，尚有另外五條：其一，《三國志·魏書·文帝紀》裴松之注引《搜神記》曰“宋大夫邢史子臣明于天道”云云，[1]事又見《藝文類聚》卷 87、《太平御覽》卷 978，兩書均注明事出《古文瑣語》。知裴注所引《搜神記》之文實采自《瑣語》。其二，《法苑珠林·變化篇·感應緣》引《搜神記》曰“晉獻公二年周惠王居於鄭”云云[2]，事又見《太平御覽》卷 950 所引《書紀年》。其三，《法苑珠林·園果篇·感應緣》引《搜神記》曰“周隱王二年四月齊地暴長”云云[3]，事又見《太平御覽》卷880 所引《紀年》。其四、其五，《法苑珠林·受報篇·感應緣》引《搜神記》曰“周哀王之八年鄭有人一生四十子”“周烈王之六年林碧陽君之御人産二龍”云云[4]，事又見《開元占經》卷113“人生龍蛇蟲魚”條、“女化爲男”條所引《紀年》。

將上述五條《搜神記》之文與《瑣語》《竹書紀年》相較，皆大體類同，唯略有細節之異，知其確係援引汲冢竹書。至其徑引其事而不舉原書之名者，這正符合《搜神記》引書的通例，蓋該書引述前代典籍時，多不標明采自何書，需從記事條文與其他文獻的相似程度，來推其所本。因此，據《搜神記》之“周宣王三十三年，幽王生，是歲有馬化爲狐”與《開元占經》所引《竹書紀年》之類同，判斷這條《搜神記》記載出於《紀年》，殆無疑義。唯是“幽王生”三字作爲此條史料的關鍵，卻不見於《開元占經》所引《紀年》，這究竟是《竹書紀年》原有的記載，還是干寶的杜撰，又或者是《法苑珠林》引文的錯訛，則尚需進一步探討。

按，干寶以博學才器稱於當世，因曾領著作郎，得見秘府藏籍，聞睹汲冢竹書并采入《搜神記》中，乃理之自然。[5]《開元占經》成於盛唐，距《竹書紀年》出土之時已遠。唐初，孔穎達等論及竹書，已謂“其書今復闕落，又轉寫益誤”[6]，至開元時，其脱訛或更甚。而干寶則距晉太康世爲近，當時竹書原簡或繕寫本的保存情況應優於唐代。因

---

[1]　詳參趙幼文：《三國志校箋》卷 2，巴蜀書社 2001 年版，第 86 頁。

[2]　詳參：《法苑珠林校注》卷 32，第 1009 頁。

[3]　詳參：《法苑珠林校注》卷 63，第 1901 頁。

[4]　詳參：《法苑珠林校注》卷 70，第 2086 頁。

[5]　干寶任著作郎歷時十年，其間除撰《晉紀》，也搜集撰寫《搜神記》的資料。詳參李劍國：《干寶考》，《文學遺産》2001 年第 2 期。

[6]　杜預注，孔穎達等疏：《春秋左傳正義》卷 60，影印清嘉慶二十年南昌府學刊阮校《十三經注疏》本，臺灣藝文印書館 2008 年版，第 1064 頁。

此，可能干寶所見的《竹書紀年》尚有“幽王生”三字，而《開元占經》撰者所見之本，此文已經漶壞。

二、源出《竹書紀年》的幽王生年記録能與《瑣語》相佐

《太平御覽》卷八五引與《竹書紀年》同出汲冢的《瑣語》，也有關於幽王生世的傳説，且透露出其生年不在宣王早期：“宣王之元妃獻后，生子，不恒期月而生。后弗敢舉。天子召問群王之元史，史皆答曰：‘若男子也，身體有不全，諸骨節有不備者，則可。身體全，骨節備，不利於天子也，將必喪邦。’天子曰：‘若而，不利余一人。’命棄之。仲山父曰：‘天子年長矣，而未有子，或者天將以是棄周，雖棄之何益。’天子弗棄之。”[1]所謂“不恒期月而生”者，《大雅・生民》六章“恒之秬秠”毛傳訓“恒”爲徧，《釋文》出或本“恒”作“亘”。[2]“恒”與“亘”通，義爲竟，徧，滿。“期月”者，《論語・子路》曰：“苟有用我者，期月而已可也。”皇疏：“期月，謂年一周也。”[3]“期”通“稘”，訓爲周匝。[4]“期月”義爲周滿月份的一周期，即一年周而復始。生子而言“不恒期月”，意爲懷胎未滿孕期。

又，《太平御覽》卷135亦引《瑣語》此事，而文略異，彼作“元妃獻后生子，不恒其月而生”云云[5]，蓋“期”又作“朞”，二者與“其”形近，寫刻之時極易承上而訛。

文意如上，而所生之子究竟爲誰，《瑣語》卻無明言。從其所述，則可揆知實指幽王。蓋文中記史官論此子“將必喪邦”，仲山父也言“天將棄周”，這已暗中點出，宣王元妃所生的早産兒，正是後來導致西周覆滅的幽王。宣王後期，周政已漸衰頹，在後世的追述中，每以妖祥傳言附於宣王時期，實則曲折表露了當時周之將亡的趨勢。如《太平御覽》卷907引《書紀年》曰“宣王三十年有兔舞鎬”[6]等，便屬此類。由是觀之，《瑣語》所載宣王元妃所生之子，應即是周幽王。

既知此條《瑣語》乃述幽王生世，再進而仔細推敲，尚可窺出其中也已暗含幽王的大致生年。引文中仲山父曰“天子年長矣而未有子，或者天將以是棄周，雖棄之何益”云云，“以是”之“是”代前文，即宣王年長而未有子之事，“棄之”之“之”指幽王。

---

[1] 李昉等編：《太平御覽》卷85，縮印商務印書館影宋本，中華書局1960年版，第403頁。

[2] 毛公等注，孔穎達等疏：《毛詩正義》卷17，影印清嘉慶二十年南昌府學刊阮校《十三經注疏》本，臺灣藝文印書館2008年版，第594頁。

[3] 皇侃著，高尚榘校點：《論語義疏》卷7，中華書局2013年版，第333頁。

[4] 段玉裁：《説文解字注》卷13，影印經韻樓原刻本，上海古籍出版社1988年版，第314頁。

[5] 李昉等編：《太平御覽》卷135，第658頁。

[6] 李昉等編：《太平御覽》卷907，第4023頁。

語意謂宣王已經年長，卻尚無子嗣，這或許是上天將要用此棄我周邦，縱使拋棄幽王不養，也不能補裨國運。所以言此，乃因宣王年長無子，或將再難生育，後繼無人。今元妃有孕，而史官言若生子健全，則將成喪邦之子，是與無子繼位同一結局。史官又言若生子身體有闕則可，然有惡疾者未能繼位，如《左傳·僖公二十六年》夔子曰："我先王熊摯有疾，鬼神弗赦，而自竄於夔。"杜注："傳言熊摯有疾，是以失楚，明是嫡子有疾不得嗣位。"[1]此例可參。故若宣王生子殘疾，於周也非無虞。均之，元妃之子生與不生，皆不免天將棄周的厄運。如此理解仲山父語，則宣王之"年長"，應類似《左傳·襄公三十年》所言"絳縣人或年長矣，無子"[2]，"年長"非指成年，而當指年衰，否則便不必據一子之生，慮及後嗣之有無或善否。

《瑣語》雖被目爲"卜夢妖怪相書"[3]，但并非純屬志怪之作，而是具有一定史料性質。如唐劉知幾《史通·六家》篇曰其"有《晉春秋》，記獻公十七年事"，《疑古》篇引其"舜放堯於平陽"事，《惑經》篇言其"載魯國閔公時事言之甚詳"[4]等，皆是《瑣語》亦曾記録史事之例。至於其中所載幽王生世，頗涉奇異，難免有傳聞增益成分，但其中所透露的幽王生於宣王晚年，則未必純屬虛構。正所謂"輾轉傳會，成此物語"，"據此物語，乃可補其闕遺"。[5]這一信息，可與《搜神記》所引《竹書紀年》的幽王生於宣王三十三年說相參。

三、幽王生於宣王三十三年説可與周末史事相參

若此説可信，則幽王繼宣王即位之時，不過十四五歲。對此，以幽王嬖愛褒姒而廢太子宜臼的相關年代信息核之，亦無扞格。《史記·周本紀》曰："三年，幽王嬖愛褒姒。褒姒生子伯服，幽王欲廢太子。太子母申侯女，而爲后。後幽王得褒姒，愛之，欲廢申后，并去太子宜臼，以褒姒爲后，以伯服爲太子。……當幽王三年，王之後宮，見而愛之，生子伯服。竟廢申后及太子，以褒姒爲后，伯服爲太子。"[6]文中"三年"爲確數。據《搜神記》引《竹書紀年》所出的周幽王生年推算，則在幽王三年（前779）時，王年十六七歲，就常人生理而言，自可嬖愛褒姒而生伯服，亦容在此前娶申后而生宜臼。

---

[1] 杜預注，孔穎達等疏：《春秋左傳正義》卷16，第265頁。
[2] 杜預注，孔穎達等疏：《春秋左傳正義》卷40，第680頁。
[3] 房玄齡等：《晉書》卷51，中華書局1974年版，第1433頁。
[4] 劉知幾著，浦起龍通釋，王煦華整理：《史通通釋》卷1、13、14，上海古籍出版社2009年版，第7、357、380頁。
[5] 陳寅恪：《柳如是別傳》，生活·讀書·新知三聯書店2015年版，第77頁。
[6] 《史記》卷4，中華書局1959年版，第147頁。

然而，因《國語・鄭語》載褒姒“當宣王時而生”[1]，清人焦循《褒姒辨》便認其謂褒姒生於宣王初年，乃詰“由宣王初至此，褒姒宜生五十餘歲，褒人何獻此老婦以脱罪而王且寵之”[2]，今人仍有繼之者，棄《史記》所載的幽王嬖愛褒姒具體年代，而據宣王在位長久，意推幽王“早在宣王之世即已娶褒姒并生子伯服”，且“娶褒姒可能是宣王二十年左右的事情”。[3]其實，《國語・鄭語》所述的褒姒身世，乃糅合龍漦、箕服和棄嬰等傳聞以成，頭緒荒唐舛錯，難以從中確推其生年。而《史記》的幽王嬖褒姒年代雖不知所據，但畢竟是史料上明載的年代。脱離文獻而推測幽王與褒姒俱生於宣王前期，雖有一定道理，但尚乏有力實證，恐不足以否定《搜神記》引《紀年》的幽王生年説。

又，幽王之子平王宜臼卒於春秋魯隱公三年（前720），舊説向以其年長於伯服。而據《周本紀》，伯服當生於周幽王三年（前779）嬖愛褒姒之後，故可假設平王生於幽王元年（前781）前後，時幽王十四五歲，可以有子，而平王卒於魯隱公三年（前720），以此計算平王年壽，不過六十餘歲，合乎常人壽數，且不必在《史記》明載的相關年代外別倡異議，應爲較妥。若僅因宣王在位長久，便想其生幽王當在早年，捨棄《搜神記》所引《紀年》的幽王生年信息，便需要增添更多證據，方能坐實平王至少壽逾七八十歲的高齡假設。

四、結論

如上所考，《搜神記》所載周幽王生於宣王三十三年（前795）之文，應是從古本《竹書紀年》録出。此説能與汲冢竹書《瑣語》表露的幽王生世信息相佐，將其置諸《史記》所載的幽王嬖愛褒姒年代，以及《左傳》所載的平王在位時間，都覺頗合常理，互不乖違。或許此條《竹書紀年》叙事雖廁有異聞，卻又的確具有繫年紀實的成分，保存着春秋戰國時期晉魏史官的相傳舊説。當然，依本文的推斷，宣王生幽王時已居位數十年，而史料中從無宣王在此前另有其他王子的記録，如是則宣王生育年齡甚晚，大異常情，於斯則姑且存疑。

據《搜神記》引《竹書紀年》之文推計幽王生年，非欲持雜説爲逸史，摭虚詞作實録，乃因幽王當政之時的年齡大小，并非一般枝節問題，而關乎對西周蕩亂顛覆之史迹及其原因的鈎尋辨求。若此説可信，庶幾可認爲，在歷史的宏觀態勢或深刻規律之外，

[1] 上海師範大學古籍整理研究所校點：《國語》卷16，上海古籍出版社1998年版，第519頁。

[2] 焦循：《雕菰集》卷8，《叢書集成初編》本，中華書局1985年版，第119頁。

[3] 晁福林：《論平王東遷》，《歷史研究》1991年第6期。

西周末期的亂政尚有一微觀具體的原因，即宣王晚政不善，已現衰徵，而幽王繼嗣之時其年尚少，極可能既乏治國經略，更兼主少國疑，大臣不附，故而在種種危機交織之下加速了西周的滅亡。

（作者簡介：邱奎，文學博士，西華師範大學文學院副教授）

雜史類清抄本十種叙録

沈　蕙

摘　要： 雜史類著作具有重要的文獻價值。本文選取甘肅省圖書館和西北師範大學圖書館藏雜史類清抄本十種，對其題名卷數、内容主旨、版本及流傳等情況進行簡單梳理，有助於揭示雜史類抄本的文獻特徵。

關鍵詞： 雜史類著作；清抄本；叙録

雜史類著作是十分重要的史料，它與語神怪，供詼嘲，里巷瑣言，稗官所述的“雜家”“小説家”是不一樣的。《四庫全書總目》認爲：“大抵取其事系廟堂，語關軍國，或但具一事之始末，非一代之全編；或但述一時之見聞，只一家之私記，要期遺文舊事，足以存掌故，資考證，備讀史者之參稽云爾。”對雜史進行了很好的界定。筆者近年整理西北師範大學圖書館和甘肅省圖書館館藏抄本，對清人“雜史類”抄本重點進行了翻檢閱讀，撰成叙録，希望循此以見雜史與抄本的關係，並探討抄本的獨特價值。今選十種予以刊佈，求教于學界方家。

一、路振《九國志》

西北師範大學圖書館藏清抄本《九國志》十二卷，實存七卷，一函四册；開本28.5cm×17.8cm，正文半頁九行，行二十一字，無板框，無界欄；行文避“弘”“玄”字，均缺末筆；楷書抄録，筆力勁健。

是書記五代時吴、南唐、吴越、前蜀、後蜀、東漢（即北漢）、南漢、閩、楚九國史事。紀傳體，分世家、列傳兩目。原書四十九卷，後北宋張唐英補撰北楚事二卷，增爲五十一卷，記載十國史事而仍沿《九國志》舊名。原本久佚，清乾隆間四庫館臣邵晉涵從《永樂大典》輯出，由周夢棠重編爲今本十二卷，含吴臣傳三卷、餘九國臣傳各一卷，凡一百三十六篇，并補世家目於卷首，略注始末，以便翻檢。列傳諸篇所記與現存其他文獻有異同，而與碑志資料頗合[1]，可補十國史事之闕。現存刻本爲《海山仙館叢書》本。

二、《弔伐録》

甘肅省圖書館藏清抄本《弔伐録》兩卷，一函二册；開本 27.0cm × 17.9cm；正文半頁十二行，行二十字，小字雙行同，無板框，無界欄；正文首卷卷端鈐陽文方印“國立蘭州圖書館珍藏”；楷書抄録，墨色較淡。

是書又名《大金弔伐録》，系金宋關係文書資料彙編，自金太祖天輔七年（1123）金宋交割燕雲及天會三年再舉伐宋，迄金太宗天會五年（1127）立劉豫、宋高宗南渡。據稱該書原無刊本流傳，是從《永樂大典》輯録而得。現常見清張海鵬《墨海金壺》本和錢熙祚《守山閣叢書》本兩種刻本，二者精劣相去甚遠。張氏《墨海金壺》本僅兩卷，據常熟吴氏超然堂藏本校刻，錯訛脱漏，難以就讀。錢氏《守山閣叢書》本四卷，較善，乃據《四庫全書》文瀾閣本校刻，而文瀾閣本正是輯自《永樂大典》。

甘肅省圖書館藏《弔伐録》卷末有傅增湘民國二十一年朱筆題跋曰：“此書四庫著録爲大典所輯本，以意分四卷。是帙爲國初寫本，只分上下卷，乃元明以來相傳舊本，勝於大典輯本多矣。余藏有述古堂錢氏精鈔本二帙，其行款叙次大都視此不異，頗疑此册即從述古堂傳録而出也，述古本余曾以守山閣本對校，文字殊有異處，然則此雖傳録之本，而其源遠在大典本前，殊可珍也。壬申東坡生日藏園居士記。”

三、辛棄疾《南渡録》《竊憤録》《竊憤續録》

西北師範大學圖書館藏清抄本（黑格本）《南渡録》一卷、《竊憤録》一卷、《竊憤續録》一卷，後附《阿計替傳》，一函四册；開本 24.2cm × 15.7cm，版框 19.8cm × 13.3cm，正文半頁七行，行十六字，四周雙邊，單黑魚尾；行文避“寧”字，“絃”字缺末筆；正文首卷卷端鈐陽文方印“穉蕵過眼”“守中讀書”；楷書抄録，雋朗舒展。

是書記靖康之變徽欽二帝被俘北上蒙難金國事。起自靖康元年（1126），迄於紹興二十六年（1156），間述金兵攻陷汴京後兵連禍結、民不聊生的悲慘景象。是書的内容真實性久存質疑，如《四庫全書總目提要》稱其“核以正史，無一不謬且妄”，並推測“此必南北宋間亂臣賊子不得志於君父者，造此以泄其憤怨，斷斷乎非實録也”[2]。余嘉錫以其當屬

[1] 吴楓主編：《簡明中國古籍辭典》，吉林文史出版社 1987 年版，第 15 頁。
[2] （清）紀昀總纂：《四庫全書總目提要》，河北人民出版社 2000 年版，第 1434 頁。

宋元之作，但所載並非事實。魯迅謂此書體裁"近講史而非口談，似小説而無捏合"[1]。《南渡録》有清光緒三十二年（1906）傳是樓抄本，《國粹叢書》據之排印。另有民國元年（1911）廣益書局石印本、民國三十六年（1947）上海神州國光社《中國内亂外禍歷史叢書》排印本等。

西北師範大學圖書館藏《南渡録》前有朱太岩題識曰："《南渡録》一卷、《竊憤録》一卷、《竊憤續録》一卷、《阿計替傳》附，黑格舊鈔本，題宋辛棄疾著。《南渡録》前有大略，不著撰人。《竊憤續録》後附無名氏撰《阿計替傳》，有'泰州劉麓樵購於揚州癸丑兵火之後'一印，按《四庫存目》有《南渡録》二卷、《竊憤録》一卷，無《竊憤續録》及《阿計替傳》，此本《南渡録》只一卷，或别一本歟？"又曰："本册第卅九頁第一行'者'字下，自'三月半及……'開始，即爲《南燼紀聞録》下，然與傳是樓抄本核對，稍有出入，是否抄自絳雲樓本，待考。朱太岩。"朱太岩（1917—1991），原名朱令炎，甘肅蘭州人。1935—1937年肄業於北平師範大學，在古籍整理、版本學、目録學等領域均有建樹，1989年任《中國西北地方文獻叢書》副主編兼《西北稀見方志文獻》主編，主要論著有《〈北堂書抄〉小考》《建國四十年來版本學成果述要》等。

四、劉一清《錢塘遺事》

西北師範大學圖書館藏清抄本（紅格本）《錢塘遺事》十卷，一函二册；開本28.3cm×17.2cm，版框20.8cm×13.9cm，正文半頁八行，行二十一字，白口，四周雙邊；行文避"寧"字，正文首卷卷端鈐陽文方印"嘉蔭簃藏書印"，印主爲清代著名藏書家、刻書家、金石學家劉喜海，又鈐圓形陽文印"乾隆御覽之寶"；楷書抄録，字迹端莊。

是書以"錢塘"爲名，記南宋軼聞遺事，爲抒發故國情思之作。内容涉及政治、軍事、田賦、文教乃至賢奸進退等。於南宋高宗、孝宗、光宗、寧宗四朝之事較簡略，於理宗、度宗之後則頗詳盡。是書體例類筆記小説，系摘録采輯宋人説部筆記而成，可供宋史研究查闕補正。有《四庫全書》本、《武林掌故叢編》本。收入《四庫全書》前，是書以抄本流傳，有汪啟淑、鮑廷博二家抄本，《四庫全書》底本即汪啟淑家藏舊抄本，其卷端有"高宗不都建康而都於杭，士大夫湖山歌舞，視天下事於度外，卒至納土賣國"之句，而西北師範大學圖書館藏清抄本亦有此句。

著者劉一清，四庫館臣稱其爲"臨安人，始末無可考"，《武林掌故叢編》本於《錢塘遺事》每卷卷端均題著者"武陵劉一清"。乾隆帝《再題劉一清錢塘遺事》詩注中考

[1] 魯迅：《中國小説史略》，廣西人民出版社2017年版，第132頁。

曰："其人始末，史傳無書，…… 蓋似宋時曾任職官，故能諳習掌故如此。…… 又似石隱者流，置身於局外，爲庶人之議者。考其蹤迹，在仕隱間雲。"[1]《四庫全書簡明目録》推測著者爲南宋遺民，書爲宋亡入元後所作。

五、《中興禦侮録》

甘肅省圖書館藏清沈氏抱經樓抄本（黑格本）《中興禦侮録》二卷，一函一册；開本 27.1cm × 17.7cm，版框 19.5cm × 13.5cm，正文半頁九行，行二十一字；白口，四周單邊，單黑魚尾；版心下方鐫"沈氏抱經樓鈔藏"，正文首卷卷端鈐長方形陽文"亞東沈氏抱經樓鑒賞圖書印"；楷書抄録，字體長方。

是書記宋室南渡後宋金和戰事，分上下兩卷。上卷記海陵王南侵，兼及南宋朝廷應對舉措；下卷記張浚北伐，兼及"隆興和議"諸事，對朝廷人事調整、官職任免亦有涉及。四庫館臣認爲，"書中於金人初起事迹記載頗略，至於紹興三十二年，金海陵王南侵及孝宗初年張浚出兵撓敗始末，則節目具詳。自乾道元年魏杞使回，和議既成以後則不復具載，前後皆系日編次，於朝廷拜罷禮祀諸大事亦間及焉"[2]。此書記事內容由日曆、國史諸書節采而成，多有依據，與宋代其他史籍記載多有契合，對研究南宋中興、宋金關係等具有重要學術價值。清華大學圖書館、北京大學圖書館均藏有清抄本，《叢書集成初編》與《四庫全書存目叢書》即據北京大學圖書館藏本影印[3]。

著者爲宋人，姓名不詳。《宋史 · 藝文志》稱："《中興禦侮録》一卷，不知作者。今觀其書，稱高宗曰'太上皇帝'，則孝宗時人作也。"

六、劉若愚《酌中志》

西北師範大學圖書館藏清抄本《酌中志》六卷、《志餘》二卷，一函八册；開本 28.6cm × 18.2cm；正文半頁八行，行二十二字，無板框，無界欄；前有《酌中志自序》，行文避"曆""寧"，"弘"字缺末筆；楷書抄録，筆致秀逸。

是書記述明萬曆朝至崇禎初年宮闈之事。前有自序，述成書緣由始末。原書二十四卷，每卷各有主題，獨立成篇。所録翔實，可補正史之闕。如萬曆年間妖書案，《明史》《明實録》俱無妖書原文及緝捕審訊經過，是書則有詳細載述。據《四庫全書總目》，乾

---

[1]　王瑞來：《"鏡古孰非殷監呈"——〈錢塘遺事〉考述》，四川師範大學學報（社會科學版）2013 年第 4 期。

[2]　（清）紀昀總纂：《四庫全書總目提要》，河北人民出版社 2000 年版，第 1434 頁。

[3]　趙耀文：《國家圖書館藏〈中興禦侮録〉的版本與價值探試》，《圖書館理論與實踐》2017 年第 6 期。

隆帝甚重此書，“特命繕録斯編，登諸册府，著有前代亂亡之所自，以昭示無窮”[1]。但因書稱女真爲“虜”，稱努爾哈赤爲“奴酋”，亦入禁毁書目。書有明清抄本多種，卷數各不相同，文字亦有出入，爲輾轉傳抄所致，且傳抄過程中或割裂原文，或改易書名。故宫博物院圖書館藏清康熙内府抄本《酌中志略》二十二卷；上海圖書館藏清戴光曾抄本《酌中志略》二十三卷；南京圖書館藏清抄本《酌中志略》四卷、志餘不分卷；山東圖書館藏清初抄本《酌中志略》二十四卷；北京圖書館藏清抄本《酌中志》四卷，國家圖書館藏清初抄本《酌中志》六卷。另有中共中央黨校圖書館藏《酌中志略》清抄本；浙江圖書館藏《酌中志》清任邱、金象豫抄本、清别有軒抄本；杭州圖書館藏《酌中志略》清抄本。

著者劉若愚（1584—？），原名劉時敏，南直定遠（今安徽定遠）人。萬曆二十九年被選入官，擅書能文，先後選入司禮監、内直房專事文書。受清除魏忠賢鬥爭之牽連，蒙冤入獄。於獄中寫成是書，述宫中見聞，申冤自明，終獲開釋。

七、陸世儀《復社紀略》

甘肅省圖書館藏清抄本《復社紀略》四卷，一函二册；開本 28.5cm × 17.3cm，正文半頁九行，行二十六字，無板框，無界欄；正文首卷卷端鈐陽文方印“涵翠樓”、陽文竪長方“歙萬樓藏書印”；楷書抄録，文字較密。

是書記天啟元年（1621）至崇禎九年（1636）復社事。著者陸世儀與陸隴其並稱“二陸”，與顧炎武交，曾爲復社中人。此書出於親歷其事的名宿之手，所述社局中人利用士流干涉朝政，周之夔、陸文聲之傾覆社局，及閣臣於社事之奏疏等，多爲他書不載，史料價值較高。書成於清初，僅抄本流傳，是以罕見。有廣東順德鄧實校抄本、繆荃孫二卷抄本、黄裳藏三卷抄本，民國年間始有神州國光社排印本。

甘肅省圖書館藏清抄本《復社紀略》卷末有唐文治民國二十四年所作題跋曰：“紀略竊意先生本無此書，後人輾轉僞託而引用者，亦未及審别也。高君來書亦頗質疑，爰書所見以質之，惟此書亦可備明季史乘之參考，不必以所著之人爲輕重也。乙亥九月太倉唐文治謹跋。”另有唐文治手書：“此本楮墨甚舊，斷爲百年以前所抄。”查甘肅省圖書館藏該抄本書影，卷端著者及著作方式記爲“太倉陸世儀輯”，而非“撰”或“著”，唐文治題跋似於此有回應。

[1]（清）紀昀總纂：《四庫全書總目提要（1—4 册）》，河北人民出版社 2000 年版，第 2145 頁。

八、《甲申傳信録》

甘肅省圖書館藏清抄本《甲申傳信録》十卷，一函二册；開本 26.6cm × 16.5cm，正文半頁行數不等，每行字數不等，無板框，無界欄；楷書抄録，字迹端莊，墨色如漆。

是書記叙甲申事變。内容涉及崇禎末朝廷政事及李自成起義、進京及建立大順政權始末，吴三桂引清兵入關始末，北都僞太子始末，南都左懋第出使清廷、殉節始末。著者崇禎十七年（甲申年，1644）三月入京，適遇李自成攻佔北京。順治三年（1646），見記述甲申事之著作《國變録》《甲申紀變》等十餘家，皆道聽途説，言無所據，猥繁不倫，異端叢出。次年乃搜集甲申見聞及有關著述，拜訪與難諸人，正訛溯源，查遺補漏，於順治十年（1653）著成《甲申傳信録》十卷。按日排比史事，間附史論。雖對義軍多詆毀之辭，然記述詳盡，爲研究明末農民戰爭的重要史籍。該書乾隆間遭禁毁，有清抄本傳世。另有道光二十年（1840）《盛朝遺事》刻本、光緒《國粹叢書》本、民國上海神州國光社鉛印本。海鹽朱希祖藏愛新覺羅仲謙注本，考證翔實，此本據天津圖書館藏清抄本影印。[1]

著者錢士馨，生卒不詳。一名𢦏，字稚拙，又字稚農，明貢生，浙江平湖人。平生研究經史，撰述豐厚，有《甲申傳信録》《周禮説》《周禮答疑》《儀禮説》《禮記申惑》《周令説》《續越絶書》等。

九、徐世溥《江變紀畧》

西北師範大學圖書館藏清抄本《江變紀畧》二卷，一函一册；開本 26cm × 15.8cm，正文半頁八行，行十八字，無板框，無界欄；行文避“曆”“寧”字，正文首卷卷端鈐方形陽文“嘉蔭簃藏書印”；楷書抄録，字體雅正。

是書記晚明金聲桓、王得仁降清、反清事，詳述清軍攻破南昌時縱兵劫掠之暴行，諸事紛繁複雜，然文筆簡明有序，不乏生動之處。因著者對金、王反清之舉持否定態度，多致明遺民的批駁。如全祖望《再跋江變紀略》曰：“儒者據正誼以立言，責備賢者非不當，然終非局内，不知事勢之難於自由也。”[2] 尚屬微詞隱衷。而彭士望《與魏冰叔》則顯斥之曰：“取炫世目，不慮傷品。其文縱工，未免攜琬琰易羊皮，終必爲明者所唾棄。而巨源更顛倒是非，羅織口語，快其私怨。”[3] 但因書中流露對明室的依戀，且用南明隆

[1] 續修四庫全書總目提要編纂委員會編：《續修四庫全書總目提要 · 史部》，上海古籍出版社 2015 年版，第 126 頁。
[2] 王德保等：《贛文化通典 · 古文卷》，江西人民出版社 2012 年版，第 291 頁。
[3] 譚國清主編：《傳世文選 · 歷代名人書劄》，西苑出版社 2009 年版，第 42 頁。

武、永曆年號，乃於乾隆間遭禁毀，但在民間，自有清抄本流傳，《海甸野史》《甲申野史記抄》及《荊駝逸史》《明季史料》等叢書亦收録，後收入陶福履《豫章叢書》。

著者徐世溥（1608—1657），明末文學家，善古文辭，名噪三吴，與侯方域共負文譽，與熊人霖、萬茂先、陳士業並稱“江右四公子”。世溥生前著述甚豐，臨終盡取其作焚之，今存者除《江變紀畧》外，唯有《榆墩集》《榆溪逸詩》等。

西北師大圖書館藏清抄《江變紀畧》正文首卷卷端署著者爲“華複蠡”，實誤。華複蠡爲無錫人，明崇禎間官廣東臨高知縣，後罷官留粤，所著爲《兩廣記略》，又名《粤中偶記》，記其居粤所見唐、桂變亂事，《荊駝逸史》亦收此書。疑因二書皆記晚明事，同有抄本，且均入清廷禁毀書目，故手抄者誤記。

十、夏完淳《續幸存録》

西北師範大學圖書館藏清抄本《續幸存録》二卷，一函一册；開本 26.7cm × 17.4cm，正文半頁十行，行十九字，無板框，無界欄；行文避“弘”字，缺末筆；楷書抄録，有行書筆意。

是書記南明政事及黨禍始末，夏完淳撰。蓋完淳父夏允彝作《幸存録》記晚明事，至崇禎死社稷而絕筆，完淳繼父志作續録，以載南都興廢、義師盛衰。書述弘光朝馬士英、阮大鋮劣行而多怨語和回護之辭，以致時人多有批評；又因書中議論多於記述，被後人譏爲“書生談朝事”。據《續幸存録自序》所列目録，原本有《南部大略》一卷、《南都雜誌》二卷、《義師大略》一卷、《義師雜誌》二卷、《先忠惠行狀》一卷、《死節考》一卷，凡八卷。今本經後人删節竄改，傳抄異變，僅存兩卷，爲《南都大略》六則和《南都雜誌》二十八則，餘皆亡佚。夏完淳書爲清廷不容，直至嘉慶間，乃有王昶、莊師洛等輯其詩賦詞曲雜文等成《夏節湣全集》，稍稍見於世，後中華書局據之出版斷句排印《夏完淳集》，並收《續幸存録》。是書另有《明季稗史彙編》本、《明末十家集》本、《中國歷史研究資料叢書本》等[1]。

結語

雜史類著作多出私家著述，因其有聞即録，所遇輒抄，較少忌諱，較官修史書更易展示一家之見。此類文獻的抄本，也往往特色鮮明，風格獨具。在刻本占主導地位的時代，抄本雖系“小眾”，但往往能“保留著作家的心情、情感與生命體驗，字體、筆劃，

---

[1]（清）翁方綱纂：《翁方綱纂四庫提要稿》，上海科學技術文獻出版社 2005 年版，第 212 頁。

甚至筆迹濃淡都具有闡釋解讀的空間”[1]。反觀刻本，流布雖更便利，卻難免規範刻板，不易再現撰述傳抄者的書法風神和筆意。當前，因傳統史學和文獻學觀念的雙重影響，尤因寫本學在國內方興未艾，職是之故，關注雜史類著作和抄本文獻的整理和研究，揭示其文獻特徵，應當是十分迫切和必要的。

（作者簡介：沈蕙，西北師範大學圖書館副研究館員）

[1] 伏俊璉：《通過寫本學解碼中國早期文獻》，《光明日報》2019 年 10 月 12 日。

清代南部縣衙檔案俗字考證*

唐樹梅

摘　要： 清代南部縣衙檔案出現的俗字，對南部檔案的解讀與研究以及《漢語大字典》《中文大辭典》等大型字典辭書的編撰和修訂都有所裨益。

關鍵詞： 南部檔案；俗字；考證

清代南部縣衙門檔案（以下簡稱《南部檔案》）有近兩萬卷，八萬多件，現存於四川省南充市檔案館。保存了清代順治十三年（1656）到宣統三年（1911）255年間的縣級基層政權檔案。南部檔案口語性强，真實反映清代語言文字的情况。檔案絶大多數爲手寫本，使用了不少俗字。對這些俗字進行分析，對解讀和整理南部檔案很有意義。

俗字是一種與正字相對的淺俗文字，受到毛筆書寫影響較大。俗字具有時代特徵和地方特色。本文擬對清代南部縣衙檔案中的俗字進行考證，希望能夠對《漢語大字典》《中文大辭典》等大型字典辭書的編纂修訂有所幫助，所言并非達詁，還望方家斧正。

减（減）

《爲備造衙門額設快皂壯丁及鋪司各數事呈保寧府》："案内裁減皂隸三名，撥充（充）仵作工食，實在衙役三十名。"（《南部檔案》2-6-1，乾隆二十七年十月廿三日）

按："减"是"減"的俗字。該俗字起源較早。南朝梁顧野王《玉篇·冫部》："减，俗減字。"唐代顔元孫《干禄字書·上聲》："减，減，上俗下正。"元李文仲《字鑒》、元周伯琦《六書正譌》、明梅膺祚《字彙》、明焦竑《俗書刊誤》、明郭一經《字學三正》等書均指出該俗寫法，并加以批評。

事實上，在書寫時，"冫"與"氵"形近，毛筆書寫十分容易混淆，由此可見，俗字

* 本文係國家社科基金重大項目"清代南部縣衙檔案的整理與研究"（項目號：11&ZD093）和國家社科後期資助項目"清代手寫文獻之俗字研究"（項目號：14HFF022）階段性研究成果。

受到漢字毛筆書寫的較大影響。

夣（夢）

《宣統元年七月初七日原差李和等爲稟提到葉大炎等事稟》："提到被呈民人葉大炎、郭夣程、郭夣後。"（《龍泉檔案》10898：5，宣統元年七月七日）[1]

按："夣"是"夢"的俗字。東漢許慎《説文·夕部》："夢，不明也。從夕，瞢省聲。"秦公《碑别字新編》引《唐畫贊碑陰》作"夣"。明梅膺祚《字彙·夕部》："夢，蒙弄切，音孟。神交爲夢。……，夣，同上。"明張自烈《正字通·夕部》："夣，俗夢字。"《康熙字典·夕部》《中文大辭典·夕部》《漢語大字典·夕部》均指出："夣，俗夢字。"方孝坤《徽州文書俗字研究》也加以收録，指出清代徽州文書有該俗字[2]。

"夢"字本是"艹"頭，作"云"是俗寫。不過這兩個偏旁毫無相似處，訛變的可能不大，我們認爲"云"旁是一個代替符號而已，敦煌文獻中有不少用例。

克（充）

《爲備造衙門額設快皂壯丁及鋪司各數事呈保寧府》："案内裁減減皂隸三名，撥**克**（充）仵作工食，實在衙役三十名。"（《南部檔案》2-6-1，乾隆二十七年十月卄三日）

按："**克**"是"充"的俗字，"**克**"與"亢"形近，"上"與"亠"形近，一豎與一點在書寫時形近，往往混用。"亢"也爲"充"的俗字。東漢許慎《説文·兒部》篆體寫作"㐬"。隸變後寫作"克"，再寫成"充"。明梅膺祚《字彙·兒部》、明張自烈《正字通·兒部》皆謂"亢"爲"充"之俗字，均説"俗充字"。後世字書多承之。

仇（仇）

《爲陶天佑跌岩拌傷身死事》："并無**仇**隙。"（《南部檔案》6-162-5，同治十三年四月二十八日）

按："**仇**"是"仇"的俗字，多寫一點，屬於增繁。這種寫法可能是受到"凡"字書寫的影響，該字很容易誤讀爲"凡"字的加旁俗字。俗字的産生很多與毛筆書寫有關，尤其是連筆和點畫的粘連的影響很大，并非是與"仇"字進行區别。遼釋行均《龍龕手鏡·人部》："仇，俗。仇，正。音求，讎也，又姓。"秦公《碑别字新編》收録"仇"，引《魏崔懃造象》。清羅振玉《偏類碑别字·人部》也收録，引《唐王孝瑜并夫

[1]　包偉民：《龍泉司法檔案選編》第1輯《晚清時期》，中華書局2012年版，第325頁。

[2]　方孝坤：《徽州文書俗字研究》，人民出版社2012年版，第249頁。

人孫氏墓誌》。方孝坤《徽州文書俗字研究》收録，指出清代徽州文書有該俗字。

（染）

《爲具稟經書許三升欺霸吞抗懇辭免禍事》："乘書染病。"（《南部檔案》14-1-1，光緒二十四年六月十八日）

按："染"是"染"的俗字，多寫一點，"九"字變成"丸"字，這種寫法碑帖、書法多見，與上文"仇"字多寫一點如出一轍。"染"字，清邢澍《金石文字辨異·炎韻》收録，引《唐竇憲碑》。"染"字這種俗寫，《祖堂集》中也有，參張美蘭《祖堂集校注》附《祖堂集俗字》[1]。又寫"染"，"九"字也多寫一點變成"丸"字，但左上角少寫一點，"氵"變成"冫"。秦公《碑别字新編》收録，例證引《魏陸紹墓誌》。冷玉龍、韋一心主編《中華字海·木部》也收録，判斷爲"染"的訛誤字，解釋説："'染'的訛字。字見魏《陸紹墓誌》。"清李肇亨:《夢餘集》"可使片塵不染。""染"就寫作"染"[2]。清代手寫文獻多見，例如《爲具訴謝大海素行不法藉搕唆誣事》："小的們與謝大海并無粘染（染）。"（《南部檔案》14-56-1，光緒二十四年九月七日）"九"字不加點也有，但左上角少寫一點，"氵"變成"冫"，這點與上文"減"字少寫一點一樣。羅振玉《偏類碑别字·木部》收録，例證引《隋明雲騰墓誌》。冷玉龍、韋一心主編《中華字海·木部》收録，解釋説："同'染'。字見隋《明雲騰墓誌》。"

（無）

《爲蒙學堂皇一體購習大清會典便蒙述略一書事飭南部縣》："該縣小學堂教習杜煥章編輯《大清會典便蒙述略》一書，俱用韻語，略附注釋，卷帙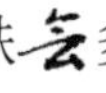多而大綱已備，以教初學尚爲適宜，應准通飭各府廳州發各蒙學堂，以資誦習。"（《南部檔案》16-911-1，光緒三十年十月十三日）

按：""字費解，據語境，當是"無"字的俗字。查閱字典辭書，又未見這種寫法。"無"字草書可作""（见晋代王羲之《一朝帖》）、""（见明代宋克《进学解》）、""（明代宋克《唐人歌》），""字爲草書字形的楷化。南部檔案中，"撫"字的俗字寫""，與之類似。又寫作"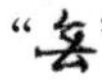"，與之形近。

《爲速將光緒二十三年分正佐各衙門現設官役姓名年歲籍貫變更頂補造册申報事飭南部縣》："速將二十三年分正佐各衙門現設官役姓名年歲籍貫有事故更換頂補。"（《南

[1] 張美蘭:《祖堂集校注》，商務印書館2009年版，第539頁。

[2] 北京師範大學圖書館編:《北京師範大學圖書館藏稀見清人别集叢刊》第1册，廣西師範大學出版社2008年版，第6頁。

部檔案》14-28-1，光緒二十四年二月）

又寫作“無”。該俗字至遲魏晉南北朝已經出現。趙春蘭《應縣木塔遼代秘藏妙法蓮花經俗字研究》説：“無，《遼藏・妙法蓮花經》：‘無所希望。’在碑隸中，爲刊刻方便，常把‘𠂉’寫成‘亠’。《字様》：‘無無，二同。’同書跋云：‘又體殊淺俗，於義無依者，并從删剪。’《隸辨》北海相景君銘：‘莫不流光口無窮。’”[1]

允（允）、乆（久）

（1）《爲奏川北道整治吏治等事飭南部縣》：“發端自允。”（《南部檔案》18-10-1，光緒三十三年八月十七日）

（2）《爲向題軒具告楊初林勒掯不買鹽井事》：“小的請中，向求我買不允。”（《南部檔案》23—255-1，宣統元年十一月二十一日）

按：“允”是“允”的俗字，字形有所變化，少寫一點，而且下方“兒”字的一撇也出頭。《中國書法大字典・兒部》引《玉真公主受道記》《刁遵墓誌》等允字作“允”，皆厶與兒連筆所致。明焦竑《俗書刊誤》卷二説：“允，俗作允，非。”當代潘重規《敦煌俗字譜・兒部》“允”亦作“允”。

“允”與“乆”形近，容易誤判爲該字的訛誤字。“乆”爲“久”的俗字，筆劃有所變化。首筆和次筆合并成一筆，就是撇折，雖然改變了筆劃，但是書寫因此變得快捷。《爲具告王天發等謀勒霸買毁林拆房事》：“乆耕發富老約抗援。”（《南部檔案》14-76-1，光緒二十四年十月十五日）

按：久，《説文・久部》作“夂”，唐玄度《新加九經字樣》、元李文仲《字鑒》、明梅膺祚《字彙》將“乆”判斷爲“久”的俗字，方孝坤《徽州文書俗字研究》收録，明清徽州文書均有該俗字[2]。南朝梁顧野王《玉篇》，宋丁度等《集韻》，金韓孝彦《四聲篇海》等，均收録“乆”字。“乆”是由“久”字筆勢訛誤而成，可以稱爲訛誤俗字，或者訛誤字，明張自烈《正字通》謂“乆”爲“久字之訛”。

寃寃（冤）

《爲具訴李朝賢勒掯誣抵氏子搕伐事》：“寃遭訟累。”（《南部檔案》14-75-3，光緒二十四年十月二十九日）

按：“寃”是“冤”的俗字，上面多寫一點，下面少寫一點。唐顔元孫《干禄字書》

[1] 趙春蘭：《應縣木塔遼代秘藏妙法蓮花經俗字研究》，上海師範大學2006年碩士學位論文，第17頁。

[2] 方孝坤：《徽州文書俗字研究》，第181頁。

將“寃”判斷爲正字，宋婁機《漢隸字源・元韻》收録“寃”，引《溧陽長潘幹校官碑》，遼釋行均《龍龕手鏡・宀部》等書將“寃”都作“寃”。清顧藹吉《隸辨・元韻》收録，例證引《校官碑》《夏承碑》。

又寫作“冤”，如《爲張潤之具控夫頭敬洪順私吞夫價事》：“纔角口喊冤（冤）的。”（《南部檔案》23-9-3，宣統元年十二月十七日）

壮（壯）

《爲備造衙門額設快皂壯丁及鋪司各數事呈保寧府》：“案内額設壮丁二十名。”（《南部檔案》2-6-1，乾隆二十七年十月廿三日）

按：“壮”即“壯”的俗字。見明郭一經《字學三正・體制上・古文異體》。“壮”字左邊簡寫、右邊俗寫作“土”演變而來。元李文仲《字鑒》卷四《去聲》四十一《漾》，元周伯琦《六書正譌》去聲二十三《漾宕韻》均説俗寫“從土，非”。

我們認爲“壮”字多寫一點屬於增繁，是受到書法末筆連帶的影響，并不是與“壯”字進行區别。

（作者簡介：唐樹梅，文學學士，西華師範大學外國語學院教師）

姚華碑帖觀探析
——以《弗堂類稿·序跋》爲視角的解讀*

鄭海濤　趙　欣

摘　要：近代著名書家姚華於碑帖學方面有諸多獨到認識，其理論文字多見於《弗堂類稿·序跋》。然今人論姚華書法觀，對這些重要篇章往往有所忽略。文章對《弗堂類稿·序跋》中論碑帖學文字進行細緻辨析，體認出姚華之碑帖理論大致有三：一是在碑學與帖學關係認識方面，反對將碑帖之學强分爲南北的武斷做法；二是善於從具體字形結構變化的角度尋繹不同書體之間的關聯；三是於碑帖研究對象主要以碑刻爲主。除了對碑刻自身特徵、風格、價值等進行探討外，姚華還力圖將碑刻書學與其他文藝相融合，彰顯了這位通才式大家博采衆長、融會貫通的治學高度。

關鍵詞：姚華；碑帖觀；《弗堂類稿》

姚華（1876—1930），字重光、一鄂，號茫父，别號蓮花庵主。貴州貴築（今貴陽）人，近代著名書家，書法作品存世者甚衆[1]。他不但勤於書法創作，也積極探討書法理論。今人論姚華書法，所據資料多出於二：一是鄧見寬《姚茫父畫論》（貴州人民出版社1996年版）；二是貴州省貴陽市文史資料研究委員會編《貴陽文史資料選輯第十八輯：姚華評介》（1986年版）。然前者以畫論爲主，不過間或涉及書論而已，且多專論穎拓（如《題穎拓趙德麟》《穎拓山谷〈松風閣詩帖〉》等），論及書法者可謂寥若晨星。而《姚華評介》所輯録者又多爲他人對姚華書法之評價，雖多要言不煩之論，然畢竟與姚華本人書學思想關聯不大，故讀來亦始終給人隔靴搔癢之感。其實，姚華本人關於書法觀

* 本文係貴州省2017年度哲學社會科學規劃國學單列課題（項目號：17GZGX12）階段性研究成果。

[1] 關於姚華書法作品整理，計有《姚茫父書畫集》（姚茫父書畫集編輯委員會編，貴州美術出版社1986年版）、《茫父楷書貼》（鄧見寬編，貴州民族出版社1998年版）、《蓮花庵寫銅》（鄧見寬編，貴州民族出版社2004年版）、《姚茫父書法集》（鄧見寬編，榮寶齋出版社2006年版）、《茫父穎拓》（鄧見寬編，貴州人民出版社2008年版）、《姚華書畫作品集》（王紅光主編，廣西師範大學出版社2014年版）等著述。可參見拙文《姚華著述考》（《中國書法》2016年第8期）。

念的理論文字大多見於《弗堂類稿·序跋》。其中專門論書法者87篇[1]，多涉碑學、帖學之重要觀念，是研究考察姚華書法思想的第一手資料，也是觀照晚清民國時期書學思想的重要文字[2]。然因《弗堂類稿》自1975年臺灣文海出版社截取部分出版後，迄今無再版之舉，故這些論書文字尚未見專人整理，亦甚少專文述及。故筆者不揣淺陋，對《弗堂類稿·序跋》中所彰顯的碑帖觀以及其他書學思想進行辨析，不當之處，尚望方家賜正。

一

姚華學書經歷頗爲曲折，他曾在《弗堂類稿·序跋丁》中《題三監本〈皇甫君碑〉》回憶早年學書之過程與體會時云："余初學書即從《皇甫碑》入手，一無所得，後改學《醴泉銘》，品益高，問津益難。再改學顏；久之，又學趙。少見姿勢。通籍後乃縱覽諸家，所見實多，所學益雜。四十以來，一是斥棄，自寫胸臆，手腕漸能運用，更複熔鑄諸家，頗覺中唐以降，皆易收納，初盛終不可及。無怪童年之一無所得也。"《皇甫碑》《醴泉銘》均爲唐人歐陽詢之代表作，其字體風格是剛勁婉潤，隸意明顯。姚華初學時不得要領，故云"品益高，問津益難"。而自學顏體後方對書學之道有所領悟，此後又由趙體漸窺書法門徑，大量接觸其他書體。自是所謂"所見實多，所學益雜"者。而四十歲後遂對各體書法融會貫通，達到"一是斥棄，自寫胸臆"之境界。因此姚華對顏體推崇備至："顏書是學人中樞，學顏則四通八達，皆可適也。"（同上）觀姚華現存書法作品，主要以篆書、隸書、楷書、行書爲主，絶少草書。這一書寫取尚正是與他早年學書經歷分不開的。

二

細審《弗堂類稿·序跋》論書文字，其所體現出姚華於書法碑帖實踐及理論技巧方面的探索主要有如下幾個方面：

首先於碑學與帖學關係認識問題上，姚華反對將二者强分爲南北的武斷做法。他在

---

[1] 其中《序跋甲》12篇，專論書法者2篇（《染倉室印集序》《二家書論序》）；《序跋乙》27篇，除《〈蠶種芻論〉後序》《書〈國音檢字〉序後》《爲汪心渠寫〈道德經〉書後》《陳翼牟小傳書後》《題兄兵一》《題兄兵二》《題兄兵三》《題兄兵四》《〈果嚴龕榜書〉跋》《〈菊部群英〉跋尾》十篇之外，其他十七篇悉爲論書之作；《序跋丙上》18篇、《序跋丙下》15篇、《序跋丁》36篇，除《〈簪筆樓詩稿〉跋》外，其他均爲論書者，五卷專論書法者合計87篇。

[2] 如關於姚華穎拓之技的認識，究竟何爲穎拓，今人亦多衆説紛紜，莫衷於是，《弗堂類稿·序跋》中即有姚華多篇專論穎拓的篇章，如《題穎拓漢〈滿君頌〉并〈任恭碑〉》《穎拓群臣上酬刻石，題爲湯覺頓母蔡壽》等文，直接陳述了姚華本人對穎拓技法的理解與觀點，亦是研究穎拓技法的最直觀文獻。

《弗堂類稿・序跋乙》中《題北齊〈孫荣造像碑〉》一文裏旗幟鮮明地指出："前人强分南帖、北碑，意謂非是，當别説之。"姚華認爲前人以地域界限作爲區分碑學、帖學之分野這一做法是不當的。又如他在《弗堂類稿・序跋丙下》中《跋〈朱君山墓志銘〉》中亦云："前人往往强分南北，意謂非是。觀蕭梁諸闕，何嘗不用嚴重之筆？與北人一致。此由碑刻莊雅，不能以風致爲之。"《朱君山墓志銘》亦名《朱岱林墓志銘》，明末出土於山東壽光，其字形爲方筆文體，兼受南朝楷書影響，字體趨於圓轉俊秀，從中尤可見楷書之流變軌迹，爲北魏書法精品。姚華由該碑同兼剛勁與圓轉書風之特徵出發，進一步指出"蕭梁諸闕"同樣"用嚴重之筆"的事實，即南朝碑刻同樣具有方正剛勁特徵這一有力證據，駁斥了由地域出發區分碑帖的錯誤觀念。關於碑、帖之由來，姚華的認識是："漢隸生草，别啟元常，而産右軍，遂爲簡牘一體，世所謂帖也。然隸由漢而魏晉六朝，遞相變化，猶作莊書金石之作，莫不由之。所謂碑體，今所謂楷，實隸之變也。"（《弗堂類稿・序跋乙・題〈石門頌〉》）姚華從書體演變史的角度區分碑與帖，在概念界定上雖然不是特别清晰，但他將"帖""碑"的書寫載體歸納爲"簡牘"與"金石"，這就抓住了二者之間最根本的區别。此外，姚華雖然没有明言他對碑帖二者高下的品評態度，但從一些具體文字中，我們可以清晰地感知到他的書法立場是碑學、帖學二者各有高下，無所謂孰優孰劣的。這一認識較之於晚清時期普遍尊奉碑學而否定帖學的書壇主流風尚而言，無疑顯得襟懷通達坦蕩得多。如他在《弗堂類稿・序跋丁》中《題〈陸先妃碑〉》篇述及初盛唐之際書學大興的演變史時云："初盛之交，潛移默轉，常兼數家之長於一篇，或見顔始，或開柳先。柳固導源四家，顔亦資法三帝（太宗、高宗、玄宗）。四家以碑爲師，三帝以帖爲本。碑帖合流，盛於此矣。"前文提及姚華最推崇之書體爲顔體，他將顔體褒揚爲"學人中樞"，其評價不可謂不高。而在他看來，顔體之所以能够取得如此成就，其根由在於"顔書晚年酷似《夏承》（《顔家廟碑》），而其他外擴中空，亦取材漢碑而成，此所謂千流同出一源，能會到圓融處，直無法可説"（同上）。即顔體的長處是并非偏執某一書體，而是能够將其他多種書體融會貫通，方才達到"圓融"的書法境界。

在對各種書體之間承傳關係的認識問題上，姚華善於從具體字形結構變化的角度尋繹不同書體之間的關聯，這一做法較之於籠統從風格論出發辨析書體變化的書學慣用思維無疑更爲切實可信。如他在《弗堂類稿・序跋丙上》中《題〈曹全碑〉》分析該碑字形時云："'祖母''繼母''騷擾''荊楊''合楊'諸字轉處并用小折，遂開代北諸刻之端矣。"《曹全碑》爲東漢隸書代表作，其字形飄逸多姿，圓潤秀麗。該碑在中國書法史上地位極其重要，爲歷來書家所重。清人方朔曾評之云："上接《石鼓》，旁通章草，下開魏、齊、周、隋及歐、褚家楷法，實爲千古書家一大關鍵。”[1] 姚華得出該碑“開代北諸刻之端”這一結論并不新鮮，但他立足於具體字形的變化去探究《曹全碑》對其後碑刻的影響及意義，而不是從傳統的風格論出發。竊以爲這是書法研究的一種實學路數，值得後世書家關注。書學中的風格批評畢竟是一種主觀印象式的評價，往往會受到論者自身因素的支配而可能滑離研究對象的本質。而書體字形是客觀存在的事物，這種立足於客觀對象的研究範式較之於主觀式批評而言無疑是一種更爲科學的研究路徑。

從姚華所存論書文字觀照，他研究的對象主要以碑刻爲主。除了對碑刻自身特徵、風格、價值等進行探討外，姚華還力圖將碑刻書學與其他文藝相融合，并由此彰顯出其通才式大家博採衆長、融會貫通的治學高度。如他在《題〈北齊孫荣造像碑〉》中由該碑部分字形的特殊性指出其與傳統繪畫的關聯：“‘醜娘’之‘醜’，‘魏郡’之‘魏’，猶見漢勢。‘龍驤將軍’四字，則分篆章草一壚矣。可味也，陰面象猶辨面目，工於漢而樸於唐，可證畫法源流變遷之迹。碑畫之益如此。”中國傳統文化具有多元并存的特徵，各門文藝之間正是在互相影響、互相借鑒中取長補短，最終取得令人矚目的成就。前人多從帖學角度去研究書學與畫學的關係，而關於碑學與畫學之間的關聯則甚少涉及。姚華能够敏感地指出碑學與古典繪畫筆法之間的淵源聯繫，發他人之所未發，其間彰顯的正是他獨特敏銳的治學眼光與研究立場。又如他在《弗堂類稿·序跋乙》中《題〈郙閣頌〉》一文中云：“讀漢刻，於文章書法均有所益，不僅如前人以資考證已也。”同時還以《郙閣頌》爲例具體分析漢刻與文章章法之間的相通之處：“賞鑒之家，且僅於書法求之。隘矣！《郙閣頌》前叙後詩，只如一筆劃分之爲三段，此章法之可味者也。”該文作於友人葛德三將所藏《郙閣頌》拓本送來觀摩之後，姚華否定一般賞鑒者只單純注重從書法角度觀照《郙閣頌》的偏狹做法，指出《郙閣頌》在筆法上與文章章法上的互通特徵。最後他得出結論云：“讀漢文，須以讀宋人金碧樓臺、青緑山水之法求之，即於書法息息相通矣。”自唐人王維在文藝創作中力圖貫徹“詩中有畫，畫中有詩”的理念後，藝術與文學的關係便成爲歷代論者津津樂道的話題。而關於兩者關係的探討多局限於詩詞與書畫之間的範疇，對散文與書畫的關聯則甚少涉及。姚華能够獨立拈出文章與書法的關聯這一話題并進行探討，其研究角度之獨特性於此可見一斑。正是敢於發掘他人甚少關注的文獻材料，敢於切入他人甚少涉足的立論角度，方才成就了姚華博大深邃的書學思想。姚華在《弗堂類稿·序跋丁》中《自題山水册尾與羡涔生》中自述自己於詩書畫的創作喜好是：“予豈能畫？詩而已，書而已。然性喜弄筆。凡筆之所事，莫不

[1] 方朔：《枕經堂金石書畫題跋》卷 3，林榮華校編：《石刻史料新編》第 2 輯，臺灣新文豐出版公司 1979 年版，第 14270 頁下。

爲之，亦既爲詩矣，爲書矣。畫亦筆之一事，何不可爲之有？故予爲畫，非能畫也。予所爲畫，以博其詩與書之趣，而非欲與畫史爭一時之名，競千秋之藝也。”如其所言，姚華創作繪畫的目的并非是在畫史上爭一時之名，而是博詩書之趣。即通過書法、繪畫、詩詞三者的融匯努力尋繹藝術的況味，并以此爲自娱的人生態度。聯繫姚華的文藝創作實際，我們可以清晰地看到他是在時時貫徹自己的這一文藝思想的[1]。又如他在《弗堂類稿·序跋乙》中《題邵伯絅藏張鞠如人物十六卷事後》云：“一藝之成，必博通專精也。”姚華一生縱横馳騁於詩詞文賦、書畫穎拓、金石小學等諸多文藝領域，被稱爲“舊京師的一代通人”，其文藝素養之深厚，時人無人能出其右，他在每一類文藝領域上取得的成就都是建立在“博通專精”這一基點之上的。由“博通”而致“專精”，這也是姚華治學路徑給後人帶來的啟迪。

《弗堂類稿·序跋》中所記涉及姚華書學實踐活動的内容還可見其人勤於書學理論探討的治學態度。姚華於光緒三十二年（1907）自日本學成歸國後，一直寄寓於北京城南蓮華寺。先後任職於郵傳部郵政司、京張鐵路接待處、郵政部統計處。1902年當選爲臨時參議院貴州參議員。然而正如其友人周大烈所云：“然所抱持者，蓋無一不與人相忤，所謂議會政治，竟未嘗參與焉。乃憤然竟棄所學，仍居破寺中，理其舊業，更恣意作書畫。”[2]政治上的失意使得姚華於仕途之道心灰意冷，遂將全付心力投注於藝事之中，醉心於書畫技藝的研習。隱居破寺的生活也爲姚華探索藝事提供了充分的閒暇。從《弗堂類稿·序跋》可以看出，姚華所居之蓮華寺是20世紀二三十年代北京城金石學者交流切磋的重要場所。姚華對自己所藏各種碑帖墨蹟反復摩挲，細心專研。他在每次摩挲專研後均以文字記録下自己的感受與體會，故這些文字也爲我們解讀姚華書學觀點提供了最直接的文獻材料。以《弗堂類稿·序跋丁》中首篇《題釋迦本〈龍藏寺碑〉》爲例，由該篇每段段末所記“甲寅臘八”“乙卯上元前二日”“同日又書”“小玄海夜窗”“乙卯祀灶第二日菉猗室早窗”“十二月五日菉猗室記”“丁巳十二月十有四日”“十月二十日記”“戊午十月”等語，一方面可見姚華於《龍藏寺碑》的喜愛程度；另一方面亦能從一側面反映出姚華勤於研思藝術理論的探索精神。書學之研究與其他學術研究具有共通性，其對某一研究對象的深入認識往往不是靈感乍來的奇思妙想，而是研究者反復揣摩、用心體味後又不斷修正研究結論的經歷。因此，這類點滴積累的文字也最能够折射出研究者認識水準不斷提升的過程。如姚華在“同日又書”中評價釋迦本《龍藏

[1] 譬如以姚華詞曲創作爲例，姚華存詞292首，其中題畫詞120首；存散曲54首（套），其中題畫曲36首（套）。見拙文《姚華詞曲觀芻議》，《文學評論叢刊》第15卷。

[2] 周大烈：《貴陽姚茫父墓志銘》，中國人民政治協商會議貴州省貴陽市委員會文史資料研究委員會編：《貴陽文史資料》第18輯，第200頁。

寺碑》中云："此本極尋常，惟數經校注，遂爲幾案常供，不可或離。"而在他將釋迦本與《龍藏寺碑》其他拓本莊炎本、袁伯華本、吴靄辰本、梁文樓本等諸本對校後，得出結論雲："前後所見，以莊炎本爲冠。袁伯華、吴靄辰本均堪第二，梁文樓本第三，山齋所得張本，則梁本之儔也。"這一精闢識見的得出正是建立在他對《龍藏寺碑》各拓本細緻校勘、反復斟酌的基礎之上，因此顯得鑿鑿可信。然而對莊炎本姚華也并非一味肯定，而是以其爲例，闡述了書畫鑒賞不能盲從他人的觀點："今人講《龍藏寺碑》，動稱張公禮本，豔之，甚且相驚。以宋拓往往居奇，至懸格千四百鈑，豈不奇異？即近見莊炎一本，號曰宋拓，然'具諸佛智證'之'證'且不完足，已在《金石萃編》所據本後，蘭泉藏本大要不過明清之間拓者，'證'字尚全，可以知其審矣。六朝隨碑前人多不好此，以姿態尚妍，得有早拓。明本且不足信，何論於宋世？"時古玩商賈將莊炎本標榜爲"宋拓"，以抬高市值。而姚華卻一針見血地指出該碑明拓本尚缺乏令人信服的證據，宋拓就更值得懷疑了。姚華是晚清民國北京城資深的文物鑒賞專家，所學與所見皆極博洽，故他對《龍藏寺碑》諸本的評價也具有重要的參考價值。其他如《弗堂類稿·序跋丙上》中《題〈乙瑛碑〉》各段末所記"辛酉十月望菉猗室對燭漫記""辛酉七月晦""庚申慶節菉猗室漫筆"，《題〈衡方碑〉將字本》篇末所記"庚申十一月二十又八日也""辛酉十二月十有三日"，《跋巴子籍本〈白石神君碑〉》篇末所記"壬戌小寒""戊辰小寒""同日又書"等語均是如此。一方面爲後人編訂姚華年譜提供了準確時間，另一方面從中亦可折射出姚華於藝事之道孜孜不倦，勤於探索的求知態度。

《弗堂類稿·序跋》中還有姚華本人關於穎拓技法的論述文字，這些文字對後人增强對穎拓的瞭解無疑大有裨益[1]。如《弗堂類稿·序跋丁》中《題穎拓漢〈滿君頌〉并〈任恭碑〉》雲："嘗示學者，以爲文章書畫皆須從空處著眼。穎拓輪廓是書，筆墨皆在匡子外，所謂空處著力也。仍宜於空處著眼論之。不則石師千萬，皆賢於我，又何貴乎？以畫法作穎拓，木石均堪入用。此紙用米家山寫法，而兼用元人古柏點，萬葉齊攢，識者自辨。《滿君頌》略加淺墨，濡毫取潤。《任恭碑》純用渴筆，以見變化。昔宋人刻楮三年而成，置之真葉中，無以辨也。然求實者，病其無用。此作雖自賞，抑與刻楮何異？"姚華首先强調穎拓與文章書畫的共通性——"須從空處著眼"，即要注意虛實、有無的處理問題。此外，姚華還指出穎拓技法爲"畫法"，具體而言是所謂"米家山寫

[1] 關於穎拓是否爲姚華所創，學界對此問題認識不一。徐傳法《穎拓藝術研究》(《南京藝術學院學報》2009年第5期)認爲："穎拓是由清末民初書家姚華始創的，要研究穎拓藝術，須先瞭解姚華其人。"而杜鵬飛《藝苑重光：姚茫父編年事輯》(故宫出版社2016年版)則提出穎拓并非姚華首創，而是有"發揚光大之功"。該著第252頁在述及姚華所録《大悲神咒陀羅尼經》時云："此幅佛像存疑，究其方法來源，實爲八破圖、博古圖之濫觴，張廷濟、張菊如皆能手。先生穎拓應受其影響，穎拓爲先生首創之説，實不能成立。先生於穎拓，有發揚光大之功。"

法”。聯繫到姚華詩《穎拓山谷〈松風閣詩帖〉“釣臺驚濤可晝眠”七字，漫題爲方叔》中所云：“秋來養靜百無關，畫剩詩餘只是閒。乞得涪翁七個字，驚濤亂點米家山。（此拓以米點法作之，故云）”穎拓技法正是在借鑒“米家山寫法”的基礎上，同時融合元人畫古柏技法，因此形成“濡毫取潤”和“渴筆”兩種不同風格。此外，姚華在該篇中還論及自己對穎拓藝術的界定是：“以爲穎拓是書是畫，無能名焉矣。”該語直接點明了穎拓同時兼具書法與繪畫二者特徵的獨特性，是一種介於書法與繪畫之間的藝術門類。這一界定亦爲我們研究穎拓提供了基本起點。

三

爬梳《弗堂類稿・序跋》中的論書文字，我們對姚華這位“黔中大儒”“舊京師一代通人”充滿了敬意。姚華55歲即病逝，但他爲後人留下了大量堪稱豐富深邃的文藝見解，涉及書法、繪畫、金石、小學音韻、詩詞曲賦等各領域，是一筆值得後人認真學習與體會的財富。筆者目前已經完成30餘萬字書稿《姚華文學作品研究》，對姚華於各類文體觀念的認識以及各類文體創作的成就特色等進行了細緻辨析。下一步研究設想是編撰《〈姚華全集〉編年箋注》，點校并箋注《弗堂類稿》《家獻》《經濟與中國》《法政講義》《藝林虎賁》《中國圖譜源流考》《五言飛鳥集》等著述，重新點校并箋注《書適》《小學答問》《黔語》《弗堂詞・菉猗曲》等鄧見寬已整理著述，釋讀姚華藝術類創作（書畫、穎拓、刻銅）的所有文字內容。通過這三方面的工作基本全面展現姚華文字類作品的全貌，同時對能够考訂具體創作時間者進行編年，完整呈現姚華一生文藝創作的經歷，讓更多的人瞭解姚華。這是一項堪稱宏偉的工程，預計最終成果字數在200萬字以上。研究之路一定是坎坷重重，荊棘密佈。但筆者一定會全力爲之，爲中國書法文獻的整理、繼承近現代學人文化遺產、深化區域文獻研究聊盡綿薄之力。

（作者簡介：鄭海濤，文學博士，西華師範大學文學院教授；趙欣，西華師範大學馬克思主義學院助理研究員）

國家社科基金重大項目“5—11世紀中國文學寫本整理研究”成果選登

S. 2607+S. 9931 寫本校録及研究

重大項目課題組　伏俊璉執筆

校録研究敘例

1. 寫本編號：Marc Aurel Stein 2607、9931

2. 所藏地點：英國國家圖書館

3. 參考圖版：

（1）International Dunhuang Project（國際敦煌項目，簡稱 IDP）。

（2）中國敦煌文獻庫（http://db.ersjk.com）。

（3）《英藏敦煌文獻》第4卷，第113—114頁；第12卷，第286頁。

（4）《敦煌寶藏》第21册，第398—400頁。

4. 寫本狀況：

S.2607寫本爲卷子裝，存90行，首尾上下中間都有嚴重殘缺。S.9931爲殘片，存10行，正好可以拼接在S.2607尾端第75—84行下方（見拼接圖）。綴合後尺寸約爲29.5厘米 × 136厘米，由4紙粘合而成。存詞，包括殘詞共28首。其中兩首見於《全唐詩》，爲唐昭宗李曄的作品。其餘爲不見於傳世文獻的佚詞。寫本有墨筆句讀，詞牌相同者，用“同前”“又同前”等標識。寫本中比較完整的詞，王重民《敦煌曲子詞集》（1950年初版，1956年增訂本，簡稱《曲子詞集》）、任二北《敦煌曲校録》（1955年，簡稱《校録》）、饒宗頤《敦煌曲》（1971年）、林玫儀《敦煌曲子詞斠證初編》（1986年，簡稱《斠證初編》）、任半塘《敦煌歌辭總編》（1987年，簡稱《總編》）、張錫厚《全敦煌詩》（2006年）、郝春文《英藏敦煌社會歷史文獻釋録》第12卷（2015年，簡稱《釋録》）皆有校録，蔣禮鴻《敦煌曲子詞校議》（《杭州大學學報》1959年第3期，收入《敦煌變文字義通釋》附録二）、潘重規《任二北〈敦煌曲校録〉補校》（《敦煌詞話》，

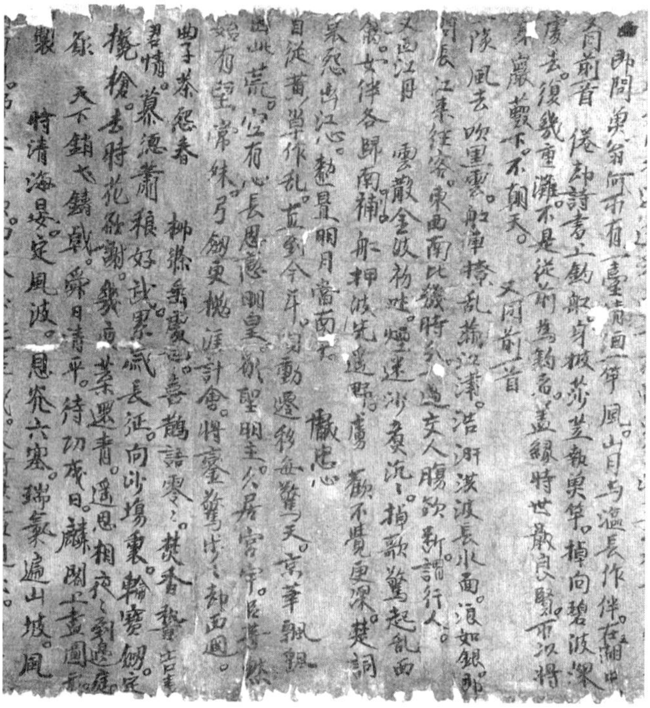

圖 1　S2607 局部

臺灣石門圖書公司 1981 年版）有補正。

背面抄《某寺交割常住什物點檢曆》(《斯坦因劫經録》擬題)，污漬嚴重，行草體，墨迹暗淡。妙智《英藏敦煌遺書人物小考》通過對交割帳内容的考察，認爲是歸義軍時期金光明寺的文書，題目應當叫《金光明寺法器雜物交割帳》[1]。吐蕃佔領時期和歸義軍時期的敦煌寺院，多設有寺學，這些寺學的教學内容有詩詞歌賦。金光明寺是敦煌當時最大的寺院之一，據饒宗頤研究，敦煌一些大的寺院裏有教坊一類的機構，有戲場、樂舞隊、聲音人等，僧人要進行誦經、作偈、唱導的訓練[2]。S.2607+ S.9931 所抄的曲子詞就是進行訓練的備用教材。當這些教材不再使用時，寺院便用它的背面抄寫交割帳。唐耕耦、陸宏基《敦煌社會經濟文獻真迹釋録》第 3 輯（1990 年），郝春文《英藏敦煌社會歷史文獻釋録》第 12 卷（2015 年）對《檢曆》有校録。

這是一份寺院保存的寫本，曲子詞一面書寫工整，通常作爲正面，《什物點檢曆》一面書寫潦草，通常作爲背面。按常理，正面要抄得早一些。但對寺院而言，《什物點檢曆》是更重要的檔案資料。

[1]　妙智：《英藏敦煌遺書人物小考》，《法源》2004 年號，總第 22 期。

[2]　饒宗頤：《〈雲謠集〉的性質及其與歌筵樂舞的聯繫》，《明報月刊》1989 年 10 月號。

録文和校勘

正面

□臺服化絶勝☐

往復任君多征使☐

願年年生居定昭[1] ☐

□千如日月詔無已[2] ☐

四海征弊惜天雨降[3] ☐

唐堯鴻恩四補海内樂[4] ☐

陳雲収[5]

同前般□[6]

國泰人安静風沙，向秀☐[7]地種☐吕閙任舡車[8]。聽海鶱座金牙[9]，提胡蘆帝薩金沙[10]，長垂羅袖拂煙霞。齊拍手，賀我當今家[11]。

---

[1] 寫本“願”作草體，下文同。昭，《總編》作“照”。

[2] 詔，《總編》校作“照”。以上四行任半塘《總編》卷二《雜曲隻曲》録爲《失調名・多征使》詞一首。

[3] 《總編》認爲“弊”字訛，“惜”當爲“喜”。

[4] 恩，諸本作“恩”，“恩”爲“恩”之俗字，見《宋元以來俗字譜》，下文不再出校。補，《總編》校作“浦”。按，“補”疑當校作“布”，“四補”猶言“周布”、“遍布”。《總編》“樂”後增“無憂”二字。

[5] 陳，《總編》校爲“陣”。以上三行《總編》卷二《雜曲隻曲》録爲《失調名・陣雲收》一首。

[6] 同前，是説與前面所抄詞同調，因前詞已殘，故調名佚失。般□，《曲子詞集》作“般涉”，指宫調名。《總編》此詞題作“失調名 般涉調 賀當家”，又謂：“後面所見之辭肯定爲《贊普子》無疑，則右辭合當是《贊普子》矣。”“二辭皆頌諛唐室政權，而右辭假託於唐民，則出自蕃將，是其異耳。”按，此詞當是寫唐昭宗即位事，本事見《舊唐書・昭宗紀》《資治通鑑》卷二五七。此詞與下一首詞《本是蕃家帳》當爲同一作者，即本寫本的編集者。此詞寫初到長安，正值昭宗即位，中興氣象，國人興奮喜悦。

[7] 《曲子詞集》：“約缺七八字。”

[8] 吕閙，《曲子詞集》作“古閙”，《總編》作“宫閙”。舡，諸本皆作“船”，下同。《集韻》：“船，俗作舡。”車，《敦煌曲》《斠證初編》作“專”。

[9] 座，諸本皆校作“坐”。

[10] 胡，《總編》作“葫”。

[11] 當今家，《曲子詞集》《校録》作“當家”。按，原寫本“今”字點筆加重，爲抹去符號。《敦煌曲》《斠證初編》仍作“當今家”。按，當家，猶言“當今”、“官家”、“宅家”，指當今皇帝。P.2506《獻忠心》：“臣遠涉山水，來慕當今。到丹闕，御龍樓。”

同前 [1]

本是蕃家帳 [2]，年年在草頭。夏月披氈帳，冬天掛皮裘。語即令人難會，朝朝牧馬在荒丘。若不謂抛沙塞 [3]，無恩拜玉樓 [4]。

同前 [5]

与君别後 [6]，何日再相逢。関山阻隔信難通 [7]。情恨切，氣田智 [8]。連襟淚落重重。世通榮貴受如松 [9]，寒鴈來過附書縱 [10]。謂君燋焠損形容 [11]，交兒淚落千重 [12]。

---

[1] 《校録》補調名“贊普子”，《曲子詞集》《斠證初編》從之。此詞自述其經歷。他曾經落蕃，後逃到中原，經歷了唐昭宗即位等重大事件。

[2] 帳，《曲子詞集》《校録》《斠證初編》作“將”。按，寫本作“帳”，是，指牧牛馬而居帳篷。從全詞看，作者僅是“年年在草頭”“朝朝牧馬在荒丘”的落蕃人，不是“蕃家將”，故不必校爲“將”。張小艷説：首句提示下文“年年在草頭”，“朝朝牧馬在荒秋”的主語係“蕃家帳”，若解“帳”作“帳篷”，則無法充當“牧馬”的主語；如校作“將”，即文從義切。其字作“帳”，一方面由於方言音近，另一方面亦可能是受下文“氈帳”的“帳”影響。

[3] 謂，諸本校作“爲”。按，爲，《廣韻》于僞切；謂，《廣韻》于貴切，二者聲同韻近，古籍常通用。爲，因爲。

[4] 恩，《校録》《斠證初編》校作“因”。寫本“玉樓”前空格表敬。

[5] 《校録》作“失調名”。《總編》：“原本寫在《贊普子》後，有‘同前’二字，實則彼此格調相去甚遠。《唐雜言格調》擬名‘再相逢’。”詞寫相思之情。

[6] 与，諸本皆作“與”。按，“与”同“與”，《説文》：“与，賜予也，一勺爲与，此与與同。”

[7] 関，諸本作“關”。按，“関”爲“關”之俗字，見《玉篇》。

[8] 田，諸本校作“填”。按，《廣韻》皆“徒年切”，同音借字。智，諸本作“胸”。

[9] 受，諸本校作“壽”。按，受、壽《廣韻》皆“殖酉切”，同音借字。

[10] 寒，《斠證初編》作“塞”，《校記》云：“寒雁不可通，寒乃塞之形訛。”按，此説誤。“寒雁”爲唐人常用語。楊師道《横吹曲辭・隴頭水》：“霧中寒雁至，沙上轉蓬輕。”杜頠《相和歌辭・從軍行》：“斷蓬孤自轉，寒雁飛相及。”邵大震《九日登玄武山旅眺》：“寒雁一向南去遠，游人幾度菊花叢。”王昌齡《從軍行》：“斷蓬孤自轉，寒雁飛相及。”王昌齡《春怨》：“寒雁春深歸去盡，出門腸斷草萋萋。”縱，《曲子詞集》校記：“劉、孫校作蹤，《校録》改踪。”

[11] 謂，《曲子詞集》校記：“劉、孫校作爲。”燋焠，《曲子詞集》《校録》《斠證初編》作“憔悴”，《敦煌曲》作“顦顇”。按：聯綿字，可作燋焠、憔瘁、憔顇等。

[12] 交，諸本皆校作“教”。按，交、教，《廣韻》皆“古肴切”，同音字。唐宋詩詞常借用，見張相《詩詞曲語辭匯釋》卷一。

西江月[1]

女伴同尋煙水，今宵江月分明。馱頭無力[2]，别一舡横[3]。波面微風闇起[4]，嬾掉乘舡無定正[5]。拜詞處處闇聲[6]，連天紅浪侵秋星[7]。悟入蓼花藂裏[8]。

又同一首

皓渺天涯無濟[9]，吕人舡薄孤舟[10]。團團明月照江樓。遠望秋花風起[11]，東去不回千万里[12]。乘舡整置高秋[13]，此時變作望鄉愁。一夜苦吟雲□[14]。

---

[1] 《校録》認爲這兩首"西江月"，與下文另一首"西江月"（雲散金波初吐），共三首同詠女伴弄舟，又同卷相續，故爲聯章。

[2] 馱，《曲子詞集》《敦煌曲》校作"柁"，《校録》《斠證初編》《總編》作"舵"。按，馱之義爲牲口負物，與柁義無關。《集韻》馱，唐佐切，定紐箇韻。柁，《廣韻》徒可切，定紐哿韻。馱、柁聲音僅有上去之分，故馱爲音近借字。《釋名・釋船》："其尾曰柁。柁，拕也，在後見拕曳也。"柁，亦作舵。

[3] 别，《校録》以爲是衍文。

[4] 闇，《曲子詞集》《校録》《斠證初編》作"暗"。闇、暗二字《廣韻》皆"烏紺切"，同音字。《説文》："闇，閉門也。""暗，日無光也。"意思相近，故二字通用。

[5] 嬾，《校録》校作"撥"，《斠證初編》從之。《校録》："《百歲篇》：'撥棹乘船采碧蓮。'許書《佛本行集經變文》：'撥棹乘船過大江。'又：'撥棹乘船過大江。'《教坊記》曲名内有《撥棹子》。均可據。"《釋録》校作"攋"。按，其字原寫本作"嬾"，《説文》："嬾，懈也，怠也，一曰臥也。从女，賴聲。"段注："俗作懶。"謂懶得划船，由它漂流。文意自通。同卷下文"嬾頻聽"的"嬾"表意與此同，可比勘。《釋録》校作"攋"，攋，棄去也。則謂棄棹乘舡，任船在水面随意漂行，所謂無定止也，可爲一説。趙鑫曄説："棹"當作動詞解，划船義。"嬾棹乘舡"即懶得划船，故"無定正"。故此句無須校改即可通。且"嬾"字頗有閑散之意味，詩詞中常用。正，諸本皆校作"止"，按：作"止"是。

[6] "拜"字原寫在"正"字之上，右邊有倒乙符號。拜詞，《校録》作"漁歌"，《總編》作"楚詞"。闇，諸本皆校作"聞"。按，寫本"闇"當爲"聞"形誤字。

[7] 紅浪，《校録》校作"江浪"，又引王文才"下言蓼花，故曰紅浪"，以爲又一説也。侵，《曲子詞集》引孫云："侵当作浸。"他本從之作"浸"。蕭旭説："侵"读如字，犹言逼近。

[8] 悟，諸本皆校作"誤"。按，悟、誤《廣韻》皆"五故切"，寫本同音借字。

[9] 皓，諸本校作"浩"。濟，諸本校作"際"。按，濟，《廣韻》子計切，精紐霽韻；際，《廣韻》子例切，精紐祭韻。《廣韻》祭、霽二韻同用，爲同音字。

[10] 吕，諸本校作"旅"。吕、旅二字《廣韻》皆"力舉切"，同音字。薄，《曲子詞集》引劉孫云："疑薄当是泊。"《斠證初編》從之。按，薄、泊二字《廣韻》皆傍各切，同音字。舟，《校録》《斠證初編》《總編》校作"洲"。按，舟、洲二字《廣韻》皆職流切，同音字。

[11] 秋，《曲子詞集》云："孫校作荻。"他本從之作"荻"。按，作"秋花"亦通，唐人多用之。

[12] 万，諸本作"萬"。《玉篇》："万，俗萬字。"

[13] 整置，諸本校作"正值"。按，音近借代。

[14] 雲□，《校録》補作"雲水"。

浪濤沙[1]

五兩竿頭風欲平[2]，長帆舉棹覺舡行[3]。柔虜不施停却棹[4]，是舡行。眼風波多陝汋[5]，□□恰似走來迎[6]。子細□□□不動[7]，是舡行。

又一首[8]

八十頽年志不迷，一竿長地坐磻磎[9]。釣□□□□□□□時清[10]。直道守池頻負命[11]，

---

[1] “浪濤沙”兩首，《校録》皆改調名爲“浣溪沙”。第一首“五兩竿頭風欲平”，又見於P.3128，調名亦作“浪濤沙”；又見於P.3155，失調名。P.3155抄此词異文較多，全録如下：“五里江頭望水平，爭範（征帆）才動欒單傾（舟行）。□□路船停卻，信前逞。妙妙（渺渺）弘（洪）波船在下，看山恰似走來迎，子姓（細）看山山不動，是船行。”

[2] 五兩，P.3128、P.3155作“五里”。潘重規《敦煌詞話》引《淮南子·齊俗訓》高誘注（按《齊俗訓》是許慎注。今本《淮南子》注，有八篇是許注，十三篇是高注。清人陶方琦等人已经考明）及《文選》郭璞《江賦》李善注（李善注正引作許慎《淮南子》注），説明“原來古人測候風力的儀器叫做五兩，而五兩是繫在旗竿之顛，所以這句詞應作‘五兩竿頭風欲平’”。五兩竿頭，《校録》作“五里灘頭”。

[3] 長，《曲子詞集》《校録》《斠證初編》校作“張”。覺，《釋録》校作“教”。

[4] 虜，《曲子詞集》《校録》《總編》校作“艣”，《斠證初編》校作“櫓”。按，“虜”爲“艣”之同音借字，“艣”同“櫓”，划船工具。

[5] 陝汋，《曲子詞集》作“閃灼”，《校録》：“陝汋乃戰栗意。”《斠證初編》校作“峽汋”，《總編》校作“戰灼”。按，“陝汋”，當爲聯綿字，可寫作“閃鑠”“閃爍”“烱爍”“閃爚”“閃耀”“閃燿”等。陝、閃《廣韻》皆“失冉切”，同音字。汋，《廣韻》“尺約切”，鑠，《廣韻》“書藥切”。汋、鑠二字聲母皆舌上音，同韻。陝汋，指波光閃耀的樣子。與P.3155寫本“妙妙弘波”意近。

[6] □□，P.3128、P.3155作“看山”。

[7] P.3128此句作“子細看山不動”，P.3155作“子細看山山不動”。子，《斠證初編》校作“仔”。

[8] 此詞詠隱士，寫到姜太公，或還有嚴子陵。

[9] 磎，《校録》《斠證初編》校作“溪”。按，作“磻溪”是，“磎”涉“磻”字而類化。《水經注·渭水》：“渭水之右，磻溪水注之。……水次平石釣處，即太公垂釣之所也。”磻溪在今陝西寶雞市東南。蕭旭説：磎與溪同字，從石從水從山從谷字均同，《集韻》已有説明。《文選·爲鄭沖勸晉王牋》李善注引《尚書中候》：“王即迴駕水畔，至磻磎之水，吕尚釣於崖。”《類聚》卷八三引《尚書中候》：“文王至磻谿，吕尚釣，王趨。”S.1380《應機抄》引《才府》：“周王趨拜，揖尚父于磻磎。”字亦作磎，不煩改字也。

[10] 時清，《曲子詞集》引劉云：“應作清時。”《校録》作“清時”，校記曰：“王文才據西北方音‘青’‘齊’互注例，謂‘清’與辭内之‘迷’‘溪’‘西’通叶，不必改‘清時’。”蔣禮鴻《中國俗文字學研究導言》亦云：“西北方音‘清’是讀作‘妻’音的。”（《杭州大學學報》1959年第3期）青，《廣韻》清聲耕韻；齊，《廣韻》從聲脂韻。“清”“從”皆齒頭音，西北方音“耕”“真”不分，故“青”“齊”爲陰陽對轉。

[11] 守池，《校録》作“守遲”，王文才校爲“守雌”。《敦煌歌辭總編》：“或校‘守遲’爲‘守雌‘，雌伏也，乃等待之義，亦可。”按，池，《廣韻》“直離切”，澄紐支韻；遲，《廣韻》“直尼切”，澄紐脂韻；雌，《廣韻》“此移切”，清紐支韻，皆止攝字，方音同音字。“守雌”，當取《老子》“知其雄，守其雌，爲天下谿”之義，謂以柔弱的態度處世，即隱退。蕭旭説：池讀爲持，“守持”同義連文。直道守持，言守持直道也。負命，猶言違命。敦煌願文有“辜恩負命”語。言堅持正道，多次違命不應徵。

子鱗何必用東西[1]。我不□

菩薩蠻[2]

千年鳳闕□三峰，天同地不同。宇宙憎□常，思佐聖人。

同前[3]

自從鑾駕三峯住，傾心日夜思明主。慣在紫微間，笙□不蹔閑[4]。受禄分南北，誰是

---

[1] 子鱗，《校録》："子鱗或係子陵，惜下二句全殘，不知命意何在。"《總編匡補》曰："子鱗"當作"紫鱗"，并非"子陵"之誤，"子"與"紫"同音通用。按，疑作"子陵"。鱗，《廣韻》"力珍切"，來紐真韻；陵，《廣韻》"力膺切"，來紐蒸韻。西北方音，真、蒸不分，故鱗陵同音字。子陵，東漢隱士嚴光字。據《後漢書》卷八三《嚴光傳》，光爲會稽餘姚人。少有高名，與光武帝同游學。及光武即位，乃變名姓，隱身不見。帝思其賢，遣人訪之。多次徵召，不就。光武親幸其館，光臥不起，帝即其臥所，撫其腹，其親近如此。後帝引光入宫，論道舊故，相對累日。因共偃臥，光以足加帝腹上。除爲諫議大夫，不屈，復特徵，不至。乃耕於富春山。年八十，終於家。負命，違命。詞中"頻負命"疑寫嚴光不赴徵召。張小艷説：前文既言垂釣，校作"紫鱗"近是。趙鑫曄説：此二句疑與嚴子陵無關，還是用太公典。"負命"爲捨命、不要命之意。《漢語大詞典》"負命"條"捨命"義下引元代《武王伐紂平话》卷中："姜尚因命守時，直鈎釣渭水之魚，不用香餌之食，離水面三尺，尚自言曰：'負命者上鈎來！'"此書證顯然過晚，至少唐人已用此詞。如唐道世《法苑珠林》卷七三："凡是衆生有相侵害，爲怨爲隙，負命負身。或作短壽之因，便招多病之果。"所以本詞雖爲唐代曲子詞，"負命"作捨命義解當無問題。此外，現存《武王伐紂平話》雖爲元刻本，但依據宋代話本而來，故太公"負命者上鈎來"之語當是有本之語，這也可作爲曲子詞此句用太公典的一個旁證。既然此句用太公典，那麼下句"子鱗"疑即魚的代稱。此二句結合起來看，似乎是太公自述守著渭水，照樣能有魚負命上鉤，何必像那些東西游走的魚那樣到處奔波，求人賞識？

[2] 此詞又見於 P.3128，題作"曲子菩薩蠻"保存完整，録文如下："千年鳳闕争雄弃，何時獻得安邦計。鑾駕在三峯，天同地不同。宇宙增嫌側，金作蒙塵客。閫外有忠常，思佐聖人王。"饒宗頤《唐末的皇帝、軍閥與曲子詞》認爲，史籍明確記載昭宗李曄作詞後，覃王李嗣周等有和作。"此首口吻唯覃王可以當之，故兹定爲覃王所作。"《總編》認爲這首詞是昭宗李曄兩首詞的和作。

[3] 這首詞所寫本事有兩説：《曲子詞集》："南北指南北司，南司指廷臣，北司指宦官。"并引僖宗中和元年孟昭圖上疏："北司未必盡可信，南司未必盡無用。"此時僖宗與宦官密切，天下大事決於此，而待外戚殊薄，所以孟昭圖有此議。疏入，宦官田令孜扣留不奏皇上，不久遂矯昭貶孟氏爲嘉州司馬，并遣人沉於蟆津。詞所叙當即此事。此其一。饒宗頤《唐末的皇帝、軍閥與曲子詞》認爲詞中南北司，應指昭宗時事。乾寧二年（895），韓建、李貞茂、行瑜極言南北司相傾，危害時政，請誅其太甚者。於是，三軍閥迫使昭宗貶宰相韋昭度、李（石美），不久又殺之。"三帥以南北司既受禄而互相傾軋，又諸王掌兵，以召危亂。今諸王已除，社稷可安矣。故此首口氣，疑亦韓建所作，以剖明心迹。若然，則當在是年八月，與七月帝登齊雲樓令樂工唱御制《菩薩蠻》，相隔只一月而已。"此其二。今從饒説，以此詞爲韓建所作。

[4] 笙□，諸本作"笙歌"。蹔，《曲子詞集》作"蹔"，《校録》《總編》作"暫"。按，《玉篇》："蹔，不久也。"又："蹔與暫同。"閑，《斠證初編》作"閒"。按，閑、閒通。

憂邦國。此度却迴鑾[1]，須交社稷□[2]。

同前一首[3]

登樓遥□秦宫殿[4]，翩翩只見雙飛鷰[5]。渭水一條流，□□□□□[6]，野煙遮遠樹[7]，陌上行人去。何處有英雄[8]，迎歸大内□[9]。

▭[10]

飄颻且在三峯下，秋風往往堪霑灑。膓斷憶仙□[11]，□□□□□[12]。思夢時時睡，不語長如醉。何日却迴歸[13]，玄穹知不知[14]。

又同前一首[15]

常慙血怨居臣下[16]，明君巡幸恩霑灑。差匠見修宫[17]，謁誠無有終[18]。奉國何曾睡，葺

---

[1] 度，《曲子詞集》《校録》《總編》作“夜”。

[2] 交，《校録》校作“教”。社稷□，諸本作“社稷安”。

[3] 此詞又見《全唐詩》卷八八九，題唐昭宗撰。

[4] 遥□，《全唐詩》作“遥望”。

[5] 翩翩，《全唐詩》作“茫茫”。

[6] 殘缺部分，《全唐詩》作“千山與萬丘”。

[7] 野煙遮遠樹，《全唐詩》作“遠煙籠碧樹”，《新五代史・韓建傳》《詩話總龜》卷四二引作“野煙生碧樹”。

[8] 何處，《全唐詩》作“安得”。

[9] 内□，《全唐詩》作“内中”。

[10] 殘缺部分當爲“同前又一首”。此詞亦見於《全唐詩》卷八八九，題唐昭宗撰。據《舊唐書・昭帝紀》《新五代史・韓建傳》及宋莊綽《雞肋編》的記載，此二詞作於乾寧四年七月，昭宗原作三首，傳世文獻保留下來的只有二首。

[11] 膓，諸本作“腸”。仙□，《全唐詩》作“仙宫”。

[12] 殘缺部分《全唐詩》作“朦朧煙霧中”。

[13] 何日却迴歸，《全唐詩》作“早晚是歸期”。

[14] 玄，《全唐詩》作“蒼”。玄穹、蒼穹義同。

[15] 此詞本事有二説：《總編》認爲此辭乃華州修葺行宫之工匠對昭宗李曄所作《菩薩蠻》“飄搖”一章之和作，不但同内容，且依原韻。潘重規《敦煌詞話》、饒宗頤《唐末的皇帝、軍閥與曲子詞》認爲是華州刺史韓建的和作。今從潘説，以此詞爲韓建作。

[16] 怨，《校録》作“願”。血怨，指韓建殺諸王事，作“怨”是。

[17] 匠，《敦煌曲》作“近”。

[18] 謁誠，《斠證初編》《總編》作“竭誠”，《敦煌曲》校作“竭踐”。按，作“竭誠”是，“謁”涉下字“誠”類化而誤。

治無人醉。尅日却迴歸[1]，願天涯惣西[2]。

同前一首[3]

御園照照紅絲罷[4]，金風墜落霑枝楪[5]。柳色政依依[6]，玄宫照渌池[7]。每思龍鳳闕，惟恨累年□[8]。計日却迴歸，象似南山不動微[9]。

浣溪沙[10]

良人去住邊庭，三載長征。万家拈杵擣衣聲[11]。坐寒更。添垂玉淚[12]，嬾頻聽。向深

---

[1] 尅，《斠證初編》《總編》作"剋"。按，《字彙》："尅同剋。"

[2] 惣，諸本作"總"。按，"惣"爲"總"之俗體，見《廣韻》。西，《曲子詞集》《校録》《斠證初編》作"□"。《總編》訂末句爲"天涯總願知"，與李曄原作"玄穹知不知"相和。

[3] 任半塘《總編》認爲此首應是乾寧四年，從李曄來華州之臣工將回長安，而有所作。饒宗頤《唐末的皇帝、軍閥與曲子詞》則認爲是李曄另一首散佚的《菩薩蠻》。今從饒説，以此詞爲唐昭宗李曄作。

[4] 御園照照紅絲罷，《校録》改作"御園點點紅絲掛"。紅絲，朱絲。《公羊傳・昭公二十五年》："日有食之。鼓，用牲於社。日食，則曷爲鼓用牲於社？求乎陰道也。以朱絲營社，或曰脅之，或曰爲闇，恐人犯之，故營之。"何休注："社者，土地之主也。月者，土地之精也。上系於天而犯日，故鳴鼓而攻之，脅其本也。朱絲營之，助陽抑陰也。"古人用日食喻臣下犯君。時李曄被困華州，受韓建之脅迫，加之李貞茂諸將犯闕，朝廷已成危卵之勢，正所謂日將食之。紅絲罷，指朝中無人扶陽抑陰。與前詞"何處有英雄，迎歸大内中"意思相近。

[5] 金，《校録》作"因"。按，金風，秋風。《文選》張協《雜詩》："金風扇素節，丹霞啟陰期。"李善注："西方爲秋而主金，故秋風曰金風也。"此詞寫於乾寧四年（897）七月，是爲秋天。楪，《校録》作"架"。

[6] 政，諸本校作"正"。按，同音借字。

[7] 渌，《敦煌曲》《斠證初編》作"緑"。按，"渌池"唐人常用，不必改緑池。元稹《有鳥二十章》："有鳥有鳥群翠碧，毛羽短長心并窄。皆曾偷食渌池魚，前去後來更逼迫。"皎然《郭北尋徐主簿别業》："竹知冬更發，橙實晚仍垂。還共岩中鶴，今朝下渌池。"

[8] 年□，《校録》作"年别"，《敦煌曲》作"年劫"。按，原寫本殘缺，作"劫"義勝。張小艷説：從左部殘存字畫及詞意看，作"别"義更優。

[9] 張小艷曰：不動微，費解，疑"微"當校讀作"巍"。蕭旭説：微讀作微，旗幡也。

[10]《曲子詞集》《校録》《初編》列入"失調名"，謂原卷題"浣溪沙"誤。《敦煌曲》仍用"浣溪沙"名，而注曰誤。《校録》曰："内容完全爲《望遠行》之本意，而調則似五代顧敻之《臨江仙》。尤以結韻作四三三句格，乃特徵。"《總編》認爲應按《唐雜言格調》擬名"搗衣聲"，并考證此辭可能作於盛唐，因"三載長征"反映府兵制尚未全壞，在開元二十五年以前可知。按，"三載"指多年，唐詩中屢用之，未必與府兵制有關。詞寫思婦懷念丈夫，當與唐代貴族婦女拜新月的習俗有關。

[11] 拈，諸本校作"砧"。按，作"砧"是，"拈"爲形誤字。張小艷説：此字與下字"杵"原卷皆寫從"扌"，手寫"扌""木"不分，既然"杵"録作"木"，那麼"拈"也可徑録作"枯"。

[12] 添垂，《曲子詞集》作"添□"，《敦煌曲》作"添添"，《斠證初編》校作"漏垂"，《總編》删"垂"字。按，"垂"字原卷下殘。淚，《總編》《釋録》誤作"漏"。

閨，遠聞鴈悲鳴。遥望行[1]，三春月影照堦庭[2]。簾前跪拜，人長命，月長生。

又同前一首[3]

浪打輕舡雨打蓬[4]，遥看蓬下有曽魚翁[5]。莎苙不收舡不繫[6]，任西□[7]。即問魚翁何所有[8]，一臺清酒一竿風[9]。山月与漚長作伴[10]，在五湖中[11]。

又同前一首[12]

倦却詩書上釣舡[13]，身披莎苙執魚竿[14]。棹向碧波深處去，復幾重灘[15]。不是從前爲釣者[16]，蓋緣時世猒良賢[17]。所以將身巖藪下，不朝天。

---

[1] 《校録》"行"後補"人"字。

[2] 三春，蔣禮鴻《敦煌曲子詞集校議》認爲是"雲杳"的形誤，以此二字屬上讀，斷作"遙望行雲杳，月影照階前"。按，原寫本作"三春"通，不必改。堦，《校録》作"階"。

[3] 《總編》認爲《浪打輕船雨打蓬》詞與《一陣風去吹黑雲》爲聯章組辭，二首换頭皆曰"即問"云云，於"東西""來往"皆有寓意，關係顯著，故訂爲聯章。按，《倦卻詩書上釣船》亦與上兩首爲組詞，三首詞爲同一作者。

[4] 蓬，諸本校作"篷"。

[5] "曽"字上有墨點，與前文"今"和"（上山下逢）"類似，表示删除。魚，諸本校作"漁"。

[6] 莎苙，《曲子詞集》《校録》《斠證初編》校作"蓑笠"，《總編》作"莎笠"。莎是"簑"或"蓑"字音轉。

[7] 西□，《曲子词集》作"□□"，他本作"西東"。趙鑫曄説：此字從殘存筆畫看，確爲"東"字。下文原寫一"西"，後用墨點塗去，改爲旁補。

[8] 魚，《校録》《斠證初編》《總編》校作"漁"。

[9] 臺，諸本皆校作"壺"，是。

[10] 与，諸本作"與"。漚，諸本校作"鷗"。按，《廣韻》"漚，烏侯切"，"鷗，烏侯切"，同音通假。《鶡冠子·泰録》："故成形不變者，度也；未離己而在彼者，狎漚也。"姜夔《越九歌》："予乘舟兮邇女，目屢眩兮漚飛。"

[11] 諸本皆删"在"字。

[12] 此首詞又見 P.3128。此首與上一首《浪打輕船雨打蓬》、下一首《一陣風去吹黑雲》爲組詞。

[13] 倦，《曲子詞集》校記："劉、啟、孫校作捲。"按，作"捲"是。

[14] 莎苙，諸本校作"蓑笠"。

[15] 諸本删"復"字。

[16] 釣，P.3128 作"鈎"。按，"鈎"爲形誤字。

[17] 猒，P.3128 作"掩"。按，猒，《廣韻》"於豔切"，影紐豔韻；掩，《廣韻》"衣儉切"，影紐琰韻。猒、掩二字韻有去上之分，而同爲影紐。猒，厭棄也，掩，遮蓋也，二義皆可通。

又同前一首[1]

一隊風去吹黑雲[2]，舡車撩乱滿江津[3]。浩澌洪波長水面，浪如銀。即問長江來往客，東西南北幾時分。一過交人腸欲断[4]，謂行人[5]。

又西江月[6]

雲散金波初吐[7]，煙迷沙煑沉沉[8]。棹歌驚起乱西禽[9]，女伴各歸南補[10]。舡押波光遥野，

---

[1] 以上三首詞爲一組，組詞的作者，即“倦卻詩書上釣船”的這位文人，他目睹了當時觸目驚心的社會動亂，希望過一種泛舟江湖的隱居生活。

[2] 《曲子詞集》校記：“孫校隊作陣，《校録》説同。”去，潘重規《敦煌曲校録補校》：“敦煌寫本‘去’往往與‘起’通用，見《敦煌變文集・捉季布傳文》。風去，蓋即風起。”《斠證初編》《總編》從之。按，隊，《廣韻》“徒對切”，定紐隊韻，上古定紐物部；陣，《廣韻》“直刃切”，澄紐震韻，上古定紐真部。古無舌頭音，方音保存古音，隊、陣二字方音爲雙聲，入聲物部字與陽聲真部文部字可對轉。“隊”“陣”二字方音通假，音理即此。《詩經・周南・桃夭》“桃之夭夭，灼灼其華”，灼灼，今西北方音讀“丟”音。塵土，今西北方音讀“堂”音。皆方言中保留的知母系讀端母系古音之例。蔣禮鴻《敦煌變文字義通釋》“隊”字：“義與陣同。”所引變文例句：《李陵變文》“黑雲隊隊人（入）愁冥”，《下女夫詞》“錦幛重重掩，羅衣隊隊香”，隊隊即陣陣，皆爲産生於西北地区的作品。P.3155《浣溪沙》：“一隊風來一隊陳（塵）。”一隊就是一陣。

[3] 車，《校録》作“中”。乱，諸本作“亂”。按，“乱”爲“亂”之俗寫。潘重規《敦煌曲校録補校》：“此言風起之後，船車亂於江津。江津，江頭渡口也。”

[4] 交，諸本校作“教”。按，交，《廣韻》“古肴切”；教，《廣韻》“古肴切”。二字同音通假。敦煌寫本“教”常寫作“交”。腸，諸本作“腸”，按，“腸”爲“腸”之俗字，見《正字通》。断，諸本作“斷”，按，“断”爲“斷”之俗字，見《玉篇》。

[5] 謂，《曲子詞集》校記：“孫校疑爲。”《校録》作“况”，王文才校作“畏”。《總編匡補》：應作“謂”。按，項説是，寫本作“謂”可通。

[6] 此詞與前兩首“西江月”（女伴同尋煙水，皓渺天涯無濟）共三首同詠女伴弄舟，《校録》認爲同卷相續，爲聯章歌辭。

[7] 波，《校録》校作“烏”。按，“金波”謂月光。《漢書・禮樂志》“月穆穆以金波”，顔師古注：“言月光穆穆若金之波流也。”唐人常用，不必改“金烏”。沈佺期《古歌》：“水精簾外金波下，雲母窗前銀河回。”李白《贈宣城宇文太守兼呈崔侍御》：“危苦惜頹光，金波忽三圓。”又《掛席江上待月有懷》：“耿耿金波裏，空瞻鳷鵲樓。”杜甫《一百五日夜對月》：“無家對寒食，有淚如金波。斫卻月中桂，清光應更多。”又《十六夜玩月》：“舊挹金波爽，皆傳玉露秋。”又《江邊星月》：“驟雨清秋夜，金波耿玉繩。”

[8] 煑，諸本校作“渚”。按，煑、渚《廣韻》皆“章與切”，同音借字。沉沉，《敦煌曲》《斠證初編》《總編》作“沈沈”。按，“沈”同“沉”，沉爲俗字，見《廣韻》。沈沈，深邃之貌。

[9] 乱，諸本作“亂”。西，《曲子詞集》《敦煌曲》作“栖”，《校録》《斠證初編》作“棲”。按，《説文》：“西，鳥在巢上也。”“棲，西或從木妻。”是説“棲”爲“西”之或體。據《龍龕手鏡》，“栖”爲“棲”之後起形聲俗字。

[10] 補，諸本校作“浦”。按，補，《廣韻》“博古切”，幫紐；浦，《廣韻》“滂古切”，滂紐。幫、滂皆重唇音，補、浦同音借字。趙鑫曄曰：“南”和“補”旁皆有句讀號，二句讀號間用直綫相連，蓋表示上句讀號下移到下句讀號之處。

虜歡不覺更深[1]。楚詞哀怨出江心[2]，整置明月當南午[3]。

獻忠心[4]

自從黄巢作乱，直到今年。傾動遷移每驚天。京華飄颻因此荒[5]。空有心，長思戀明皇[6]。願聖明主，久居宫宇。臣等然始有望常殊[7]。弓劍更抛涯計會，將鑾驚步步却西回[8]。

曲子恭怨春[9]

---

[1] 舡押波光遙野，虜歡不覺更深，《曲子詞集》作“舡押波光遙（搖）虜（艣），野歡不覺更深”，校記云：“虜上原有野字，劉謂野字衍，歡上脱一字。兹野字屬下句，然頗傷詞雅。”《校録》作“船押波光遙艣，貪歡不覺更深”，以爲“野”字衍，增“貪”字。《總編》作“船壓波光遙艣，貪歡不覺更深”。野，《釋録》校作“夜”。按，原卷“遙野”可通，蔣禮鴻《敦煌曲子詞集校議》：“‘波光遙野’和‘星垂平野闊，月湧大江流’意境相近。”張小艷曰：遥野，當校讀作“摇曳”。《總編》校“押”爲“壓”，是。敦煌本押座文，即壓座文，以梵唄引攝，鎮壓四座，使聽衆專心一意聽講。虜歡，蔣禮鴻《敦煌曲子詞集校議》校爲“虞歡”，形誤而成“虜歡”。“虞”同娱樂之娱。

[2] 楚詞，《校録》作“楚調”。按，原卷作“楚詞”。

[3] 整置明月當南午：整置，《曲子詞集》《校録》校作“正值”。南午，《曲子詞集》作“南干”，《校記》引陰法魯曰：“南干當作闌干，即欄干 。”《校録》《敦煌曲》作“南午”。《曲子詞集》校記：“句内當衍一字，劉主衍南字，《校録》衍明字。”按，原卷字迹不清，似作“南午”，叶韻。敦煌本《十二時》：“日南午，讀書不得辭辛苦，如今聖主召賢才，去耳中華長用武。”張小艷曰：南午，疑當作“南斗”。

[4] 任二北《敦煌曲初探》以爲是中和二年（882）唐僖宗赴蜀以後，留京之人所作。按，當是昭宗時代的作品，見下文專題研究之考證。

[5] 《校録》“荒”後補“□”，此句讀作“京華飄颻，因此荒□”。

[6] 《校録》“皇”後補“□”，此句讀作“空有心。長思戀。明皇□”。

[7] 然始，《曲子詞集》校作“默始”，《敦煌曲》《斠證初編》同；《校録》校作“默佑”。《總編匡補》：“然始”爲詞，乃始、然後之意。常殊，《校録》校作“常輪”，屬下句，作“常輪弓劍”。

[8] 驚，諸本校作“駕”。“臣等然始有望常殊弓劍更抛涯計會將鑾驚步步卻西回”二十三字，原卷在“殊”“會”“迴”後點讀，《校録》讀作：“臣等默佑。有望□。常殊弓劍。更抛涯計。會將鑾駕。一步步。卻西遷。”“望”後增□，“驚”作“駕”，“迴”作“遷”。《敦煌曲》讀作：“臣等默始，有望常殊。弓劍更抛涯計，會將鑾驚（駕），步步卻西迴。”蔣禮鴻《敦煌曲子詞集校議》讀作：“臣等然始有望。常殊弓劍。更抛涯計。會將鑾駕步步卻西迴。”并云：“大意是説經常持弓執劍保衛所説的聖明主，抛棄自己的生涯，會有一天扶持鑾駕回去的。待酌。”

[9] 恭，《總編》作“宫”，擬名《宫怨春·到邊庭》，云：“此調與《獻忠心》貌合神離，難爲同調異體。”岑仲勉《隋唐史》疑“恭怨春”三字是《教坊記》所見“宫人怨”之訛。蔣禮鴻以爲“恭”爲“塞”之形誤，“怨”是“垣”之音訛，調名乃“塞垣春”。按，據《唐六典》，唐代貴族之家，門多列戟。出土唐墓門多畫戟。此詞云“願天下銷戈鑄戟，舜日清平”，又云“待成功日，麟閣上，畫圖形”，則作者或爲昭宗隨從之宫廷樂工或上層文人。

柳條垂處也[1]，喜鵲語零零[2]，焚香稽告素君情[3]。慕德蕭稂好武[4]，累歲長征。向沙場裏，輪寶劍[5]，定攙槍[6]。去時花欲謝，幾度葉還青。遥思相夜夜到邊庭[7]。願天下銷戈鑄戟，舜日清平。待功成日，麟閣上，畫圖形。

□製[8]

時清海晏，定風波。恩兖六塞，瑞氣遍山坡[9]。風調雨順，野老行歌。四寒休征罷戰[10]，放將仕[11]，盡迴戈。君臣道泰，禮樂譪中和。此時快活感恩多。願聖壽万歲，同海嶽山河[12]。似生佛向宫殿裏[13]，絶昇兜率大羅[14]。

---

[1] 處也，《校録》校作“處處”。按，原卷作“處也”是。“處”“處”異體字。

[2] 零零，也作“鈴鈴”，象聲詞。《廣雅》：“鈴鈴，聲也。”敦煌願文“香欝欝而伴愁雲，梵響零零而添哭響。”又“經聲朗朗，上至穹蒼；梵響鈴鈴，下臨幽府。”

[3] 焚香稽告素君情，《曲子詞集》作“焚香稽告□君情”，《校録》作“焚香稽首告君情”，《敦煌曲》作“焚香稽首素君情”，《斠證初編》作“焚香稽首告訴君情”，《總編》作“焚香稽首表君情”。按，素、訴，《廣韻》“桑故切”，同音字。素君情，即訴君情，向君傾訴相思情。稽告，猶言禀告。“稽”“啟”同音相通。S.529《頒僧號賜釋名記抄》：“隨（隋）文啟首曇延，陳帝投誡（戒）思文。”S.530《齋儀摘抄》：“投[誠]奈苑，啟首金人。”S.2583《齋抄文》：“孝等啟首天災，難[報]劬勞之德；斷腸泣血，惟思乳抱之恩。”“啟首”即“稽首”。

[4] 德，《斠證初編》《總編》校作“得”。稂，諸本校作“郎”。按，德、得《廣韻》“多則切”，同音通假。稂、郎《廣韻》皆“魯當切”，同音假借。張小艷説：慕，似當校作“募”。

[5] 輪，《敦煌曲》作“�”，《斠證初編》作“掄”。按，掄寶劍，揮動寶劍。

[6] 攙槍，《爾雅・釋天》：“彗星爲攙槍。”《文選》左思《吴都賦》李周翰注：“攙槍，妖星也。”定攙槍，謂平定妖孽。

[7] 相，《曲子詞集》校作“想”。《校録》以爲“遙”爲衍文，“思相”校作“相思”。《總編匡補》：此句應作“遥思想夜夜到邊庭”。

[8] □製，《曲子詞集》作“御製”，《校録》作“御製曲子”。《總編》擬名《獻忠心・瑞氣遍山河》，認爲此首與《百花競發》二首卷相續，内容一致，故爲聯章。《初探》曰：此曰“御製”，乃製曲，非製詞也，這兩首是玄宗所製之曲無疑。饒宗頤《敦煌曲》認爲莊宗時之作品。按，此二首與昭宗御製《菩薩蠻》三首同抄一起，當爲昭宗御製之曲，内容則爲歌頌昭宗所作。《資治通鑑》卷二五七唐紀文德元年（888）二月：“昭宗即位，體貌明粹，有英氣，喜文學。以僖宗威令不振，朝廷日卑，有恢復前烈之志。尊禮大臣，夢想賢豪，踐祚之始，中外忻忻焉。”蓋此兩首詞所寫之背景。

[9] 坡，《校録》校作“河”。

[10] 寒，諸本校作“塞”，是，“寒”字形誤。

[11] 仕，《校録》《敦煌曲》《斠證初編》校作“士”。按，作“士”是，“仕”是寫本增傍誤字。

[12] 海，《曲子詞集》作“□”。按，原寫本“海”字殘上少端，可辨認。海嶽山河，《校録》作“山嶽江河”。

[13] 向，《曲子詞集》《校録》作“□”。按，原寫本“向”字清晰可認。

[14] 昇，蔣禮鴻《敦煌曲子詞集校議》校作“勝”，《斠證初編》《總編》從之。《伍子胥變文》：“王聞魏陵之語，喜不自昇。”“昇”亦“勝”之借。

御製曲子

百花競蕿，焕新楊柳垂院光[1]。向珠簾池[2]，萬喜含芳[3]。觀園裏青青，山川草木異禎祥。一万人樂[4]，行歌□泰時康[5]。我□□明主[6]，□中看景色在邊壃[7]。更將新翻御製□□□，□步元戎[8]，千秋万歲[9]，豐作得姚長[10]。知存而治化，□□□舜禹湯[11]。

曲子臨江仙[12]

□□□江帝宅賖[13]，東風吹柳向西斜。春光□綻後園花[14]，鸚□□□[15]，遼乱[16]，争忍不思家。每恨經年離□□[17]，縱然抛弃□□[18]，□今時世以參差[19]。不如歸去。歸去也。枕醉□□□[20]。

▭不處囂塵千万年。我於此峒求仙。坐▭

[1] 《曲子词集》此兩句作"百花競發焕新楊，柳院垂光"，"垂院"倒作"院垂"。《校録》以爲楊、柳、垂、院四字衍，此兩句校作"百花競發焕新光"。《總編》改爲"百花競發焕青陽，柳院重光"。

[2] 簾池，《曲子詞集》《校録》作"簾□"，《敦煌曲》作"簾湛"。

[3] 喜，《總編》校作"蕊"。

[4] 《校録》以爲"一"为衍文。万，諸本作"萬"。

[5] □泰，潘重規《敦煌曲校録補校》校作"國泰"，《斠證初編》從之。"泰"原殘存下半，《曲子詞集》《校録》作"□"，《總編》校作"爾"。

[6] 我□□明主，《曲子詞集》《校録》作"我□明主□"，《敦煌曲》《斠證初編》作"我□明主"。

[7] 看，《曲子詞集》作"□"，《校録》以爲衍文删除。壃，《校録》《敦煌曲》《斠證初編》作"疆"。按，"壃"爲"疆"之異體，見《玉篇》。

[8] □步，《釋録》作"長步"。

[9] 万，諸本作"萬"。

[10] 豈，《校録》《敦煌曲》作"豐"。作，蒋禮鴻《敦煌曲子詞集校議》引夏承燾校作"祚"。"豐祚"爲成詞，厚福之義。姚，《曲子詞集》《校録》校作"遙"。

[11] □舜禹湯，《校録》《斠證初編》作"堯舜禹湯"。

[12] 此詞亦見 P.2506，抄寫較完整，移録如下："臨江仙：岸闊臨江底見沙，東風吹柳西斜。春光摧綻後園花，鸚啼鶯語，撩亂，爭忍不思家。每恨經年離别苦，等閑抛弃生涯。如今時世已參差。不如歸去，歸去也，沉醉卧煙霞。"

[13] □□□帝宅賖，P.2506 作"岸闊臨江底见沙"。

[14] □，P.2506 作"摧"，《校録》《敦煌曲》校作"催"。

[15] 鸚□□□，P.2506 作"鸚啼鶯語"，《敦煌曲》《斠證初編》"鸚"校作"鶯"。

[16] 遼乱，P.2506 作"撩乱"。

[17] □□，P.2506 作"别苦"。

[18] 縱然，P.2506 作"等閒"。□□，P.2506 作"生涯"。

[19] □，P.2506 作"如"。以，P.2506 作"已"。

[20] 枕，P.2506 作"沉"。□□□，P.2506 作"臥煙霞"。

▭行遊策々杖々也[1]。尋溪聽流泉。夜深長▭

▭儛於前。神方求盡願爲丹。須登々雲々▭[2]

▭曲子 仕女鸞鳳[3]。齊登金。坐匡間階[4]▭

▭專心懇望轉加新。金絲綫。織女成鸞［鳳师子，虎豹］[5]

▭得。金枝合蟬野馬。迳逐分紜[6]。［遂乃各自裁論，爲言］[7]

▭直千金。足蜂藥攢花蒲［桃芭蕉錦蓋。織稀］[8]

▭直爲無人往。達進入西秦。共練師［羅婦。一別且過朝］[9]

▭然織成端匹。遣家僮市賣。不［逢嬾别諸人。日暮］[10]

▭窓每恨織稀紋。報仕女。兩兩三三。［面含真色。各自］[11]

歸鄰。從此後。更也無人。日夜無効功［勤］[12]

傷蚍曲子聽説。昔時隨侯。奉命出使行［方。行至漢水池邊。見有一虵］[13]

▭傷。臨欲喪。眼中尣淚流。血染路傍□□□□□［嗟歎。特以］[14]

---

[1] “策々杖々”，用重文符號，應爲“策杖策杖”，下文“登々雲々”，亦應爲“登雲登雲”。參見清俞樾《古书疑义举例》。策，扶也，拄也。《世説新語・企羡》“王丞相拜司空，桓廷尉作兩髻、葛裙、策杖，路邊窺之”。

[2] 據以上殘字，當爲寫道家策杖山林，求仙尋丹之作。《總編》收録《雜曲》類，擬題《臨江仙・求仙》。

[3] 鳳，《總編》作“凰”。

[4] 坐，《總編》作“座”。

[5] 鳳師子虎豹，見 S.9931。

[6] 逕，《釋録》校作“競”。

[7] 遂乃各自裁論爲言，見 S.9931。

[8] 桃芭蕉錦蓋織錦，見 S.9931。

[9] 羅婦一别且過朝，見 S.9931。

[10] 逢嬾别諸人。日暮，見 S.9931。

[11] 面含真色各自，見 S.9931。

[12] 勤，見 S.9931。以上《總編》收録《雜曲》類，擬題《失調名・織錦紋》：“右辭必爲一首長調，上下兩片，至多各六平韻，共一百二十字。開端‘仕女’及下片‘報仕女’，皆應指服錦綺之富家女。因辭多訛舛，此義未申。上片述女工織錦，如何求精，願望甚宏。下片乃謂織成以後，既無從贈遠，又不得善價，廢然而止，反映唐代織女受剝削之嚴重。”按，上片極寫錦紋圖案之精美。《舊唐書・代宗紀》記大曆六年（771）四月戊寅，詔：“纂組文繡，止害女紅。今師旅未息，黎元空虛，豈可使淫巧之風，有虧常制。其綾錦花文所織盤龍、對鳳、麒麟、獅子、天馬、辟邪、孔雀、仙鶴、芝草、萬字、雙勝、透背，及大琁綿、竭鑿六破已上，并宜禁斷。其長行高麗白錦、大小花綾錦，任依舊例織造。”此唐代宗禁止過份追求錦紋精緻之詔，亦説明當時纂組文繡之絢爛繁富，與本詞中一些名詞可對照。

[13] 方行至漢水池邊。見有一虵，見 S.9931。

[14] 嗟歎特以，見 S.9931。

▭開展芝囊。取藥封裹▭［□經旬］[1]

▭歸日。見一二八□▭

▭虵改易。蒙君▭

▭□。其虵晝夜[2]▭

▭土 曲子□▭

▭吐萌□□▭

▭日西□▭

專題研究

1. 寫本抄寫年代的考證

此寫本没有題記，正面所抄的28首殘詞中，有6首《菩薩蠻》詞，其中《登樓遙望秦宫殿》《飄搖且在三峰下》兩首詞見於《全唐詩》，題唐昭宗撰。《舊唐書・昭帝紀》等史籍明確記載作於乾寧四年（897）。那麼寫本抄寫時間的上限就是這一年（897）。寫本背面的《某寺法器雜物交割帳》記録了沙州某寺的部分幢傘、供養具、家具、銅鐵器、鐺鏊、函櫃等物品。其中供養具、家具、銅鐵器、鐺鏊等名目，爲朱筆抄寫。其中一部分物品名目右上方有朱筆勘驗符號，可能是交接時點驗的標誌。《某寺法器雜物交割帳》中有"經師堂在道政""法真""都判官""教授""管内法律""石寺主"、"陰寺主"等與人名有關者，其中"道政"還見於S.2711《金光明寺抄經人名》，S.3776《佛臨般涅槃略説教戒經一卷》，S.3905《金光明寺造窟上梁文》，可見他是歸義軍時期金光明寺僧人，生活在10世紀初期[3]。據S.6417《同光四年（926）金光明寺徒衆慶寂神威狀》，法真於同光四年（926）任金光明寺寺主[4]。而在《某寺法器雜物交割帳》中法真還是普通僧人，所以該《交割帳》抄於法真任寺主之前。這是寫本抄寫的下限[5]。

---

[1]　□經旬，見S.9931。

[2]　"傷虵曲子"至此，爲《傷虵曲子》的内容。左景權《敦煌詞曲小録》、饒宗頤《敦煌曲》《總編》有録文。此寫本完整者大約每行20字，以此推算，《傷虵曲子》的總字數在130字左右，是一首叙事體的長調。《總編》認爲這首曲子原有調，故加上"失調名"，并認爲這首曲子分上下片，共19句，上片10句（四四四三三三六五四六），下片9句（三三四四四六四六六）。《總編》説這"全出臆測"，爲以後的研究作參考。

[3]　妙智：《英藏敦煌遺書人物小考》，《法源》2004年號，總第22期。

[4]　《敦煌學大辭典》謂法真俗姓馬，初住龍興寺。張長彬《敦煌寫本曲子辭抄寫年代三考》（《江蘇師範大學學報》2014年第6期）認爲，《大辭典》所依據的敦煌寫本中的法真不是金光寺法真，二人時代不同。

[5]　張長彬《敦煌寫本曲子辭抄寫年代三考》（《江蘇師範大學學報》2014年第6期）一文認爲，抄《交割帳》的一面是正面，抄曲子詞的一面是反面。而寺院的《交割帳》作爲檔案要保密一段時間，到下一任寺院管理者到任爲止，然後才作爲不用的廢紙交由寺中人抄其他作品。據此，背面曲子詞的抄寫時間還要晚，應在10世紀中葉左右。可備一説。

趙鑫曄認爲，該曲子詞集可能爲張球所抄。理由有三：一是筆迹，敦煌文獻中有不少可確定爲張球本人所抄的寫本，筆迹非常近似。二是曲子詞中既有蕃占時期的作品，又有黄巢之亂後的作品，與張球所生活的時代也吻合。三是詩詞歌賦確實是張球所擅長的内容[1]。如果確爲張球所抄，那麽該寫本的抄寫年代下限就可以有個范圍。敦煌寫本中有十多件署名“八旬老人”的寫經題記，其中最晚的是BD10902（L1031）《金剛經》後題記：“辛未年七月廿日，八十八老人手寫流通。”經楊寶玉先生在前賢研究基礎上的考證，這位八十八歲的老人就是張球[2]。辛未年爲後梁天平五年（911）。那麽S.2067曲子詞寫本的抄寫時間最晚也在此年。

寫本的抄寫者可能是寫本的編集者，也可能僅僅是抄寫其他人編集的寫本。如果張球確是此寫本的製作者，則他的經歷當要增補諸多内容。比如，張氏歸義軍時期，他曾被吐蕃俘虜過；他年近七旬時（唐昭宗初期）曾到過長安，經歷了昭宗逃亡，長安遭受重大劫難等歷史事件。他的去世時間，或許正是金山國時期的大亂之中。金山国建立伊始（910），甘州回鶻便以重兵进攻敦煌，歸義軍勢弱力單，只得講和投降，有一篇《沙州百姓一萬人上回鶻天可汗狀》（P.3633）的投降書，也可能與張球有關。

2. 寫本中詞集内容分析及曲子詞的來源和性質的討論

S.2607+ S.9931綴合本曲子詞的内容可分爲以下幾類：有關唐昭宗即位及華州事件的作品，宫廷樂工的一般感時抒情之作，詞集編集者自己的作品。

公元888年，壽王李曄即皇帝位，是爲唐昭宗，李曄“體貌明粹，有英氣，喜文學。以僖宗威令不振，朝廷日卑，有恢復前烈之志。尊禮大臣，夢想賢豪，踐祚之始，中外忻忻焉。”[3]國家一派恢復振興的氣象。昭宗即位後，實施了一系列措施打擊宦官，鞏固皇權，取得了重大成果，但也造成了藩鎮勢力加重。景福二年（893），昭宗與鳳翔、隴右節度使李茂貞的關係恶化，昭宗討伐李茂貞，以失敗告終。乾寧二年（895），李茂貞再次兵圍長安，昭宗被迫出逃，尋求河東節度使李克用的庇護。而半路被華州剌史韓建挾持，於乾寧三年（896）七月十七抵達華州，期間與韓建關係日益惡化，導致皇室宗親十一王被殺，直到乾寧五年（898）八月才回到長安。

失調名一首正寫新皇帝繼位，朝野上下一派期待中興的景象：

---

[1] 见赵鑫晔给笔者的信。

[2] 楊寶玉：《敦煌寫經題記中八旬老人身份考索》，中國社會科學院歷史研究所：《隋唐宋遼金元史論叢》，上海古籍出版社2019年版，第93—108頁。

[3] 司馬光：《資治通鑑》卷二五七，中華書局2011年版，第8376頁。

國泰人安静風沙，向秀▭地種▭吕閘任舡車。聽海鶱座金牙，提胡蘆帝薩金沙，長垂羅袖拂煙霞。齊拍手，賀我當家。

原寫本題署作“同前般涉”，“同前”是説與前面所抄詞同調，因前詞已殘，故調名佚失。“般涉”，指宫調名。《敦煌歌辭總編》此詞題作“失調名 般涉調 賀當家”。當家，指當今皇帝。這首殘詞寫唐昭宗即位事。《舊唐書・昭宗紀》：“文德元年（888）二月，僖宗暴不豫。……及大漸之夕，而未知所立。……軍容楊復恭請以壽王監國。三月六日，宣遺詔立爲皇太弟。八日，柩前即位，時年二十二歲。……帝攻書好文，尤重儒術，神氣雄俊，有會昌之遺風。以先朝威武不振，國命寖微，而尊禮大臣，詳延道術，意在恢張舊業，號令天下。即位之始，中外稱之。”[1] 這首詞的作者親歷了唐昭宗即位的重大事件，面對國家一派恢復振興的氣象，他感到興奮喜悦。

然而，好景不長，内戰旋起，昭宗出逃，被軟禁華州，唐皇室宗族集體遭屠戮。寫本中的六首《菩薩蠻》詞，集中反映乾寧年間華州事變前後這一重大事件：

登樓遥□（望）秦宫殿，翩翩只見雙飛鶱。渭水一條流，□□□□□（千山與萬丘），野煙遮遠樹，陌上行人去。何處有英雄，迎歸大内□（中）。

飄颻且在三峯下，秋風往往堪霑灑。腸断憶仙□（宫），□□□□□（朦朧煙霧中）。思夢時時睡，不語長如醉。何日却迴歸，玄穹知不知。

御園照照紅絲罷，金風墜落霑枝架。柳色政（正）依依，玄宫照渌池。每思龍鳳闕，惟恨累年□（别）。計日却迴歸，象似南山不動微（巍）。

千年鳳闕▭（争雄弃，何時獻得安邦計。鑾駕在）三峯，天同地不同。宇宙憎▭（嫌側，金作蒙塵客。閫外有忠）常，思佐聖人［王］。

自從鑾駕三峯住，傾心日夜思明主。慣在紫微間，笙□（歌）不蹔閑。受禄分南北，誰是憂邦國。此度却迴鑾，須交（教）社稷□（安）。

常慙血怨居臣下，明君巡幸恩霑灑。差匠見修宫，謁（竭）誠無有終。奉國何曾睡，葺治無人醉。尅日却迴歸，願天涯惣西。

其中《登樓遥望秦宫殿》《飄搖且在三峰下》兩首見於《全唐詩》卷八八九，題唐昭宗撰。按《舊唐書》卷20《昭宗紀》：乾寧四年（897），“春正月丁丑朔，車駕在華州行宫……七月甲戌，帝與學士、親王登齊雲樓，西望長安，令樂工唱御制《菩薩蠻》

[1] 劉昫等：《舊唐書・昭宗紀》，中華書局1975年版，第735—736頁。

詞，奏畢，皆泣下霑襟。覃王以下，并有屬和。”[1]《新五代史・韓建傳》：“建已得昭宗幸其鎮，遂欲制之，因請罷諸王將兵，散去殿後諸軍，累表不報。昭宗登齊雲樓，西北顧望京師，作《菩薩蠻》辭三章以思歸。其卒章曰：野煙生碧樹，陌上行人去。安得有英雄，迎歸大内中。酒酣，與從臣悲歌泣下，建與諸王皆屬和之。”[2]宋莊綽《雞肋編》：“華州子城西北，有齊雲樓基，昭宗駐蹕韓建軍，嘗登其上，賦《菩薩蠻》詞云：‘安得有英雄，迎歸大内中’者是也。”[3]則此二詞作於乾寧四年七月，昭宗原作三首，傳世文獻保留下來的只有二首。昭宗作的另一首《菩薩蠻》，饒宗頤《唐末的皇帝、軍閥與曲子詞》一文通過對詞中典故的分析，認爲就是《御園照照紅絲罷》[4]。這首詞，任半塘《敦煌歌辭總編》認爲是乾寧四年，原從李曄來華州之臣工將回長安，而有所作[5]。饒文辯駁曰：“詞中無數典故，出自帝王口吻，任氏均漠然置之，反説是作者率意，歌者傳訛，非妄説而何？”

其餘三首《菩薩蠻》，當是韓建和諸王的和作。《千年鳳闕爭雄異》，饒宗頤認爲，史籍明確記載昭宗李曄作詞後，覃王李嗣周等有和作。“此首口吻唯覃王可以當之，故兹定爲覃王所作。”[6]覃王李嗣周於乾寧四年（897）六月被任命爲鳳翔節度使，以代李茂貞。覃王赴鎮，而茂貞不受代，圍覃王於奉天。這年七月，韓建移書李茂貞，乃解除奉天之圍，覃王遂歸華州。八月，覃王與其他十王爲韓建所殺。

《自從鑾駕三峰住》一首，其中有“受禄分南北”句，王重民《敦煌曲子詞集》：“南北指南北司，南司指廷臣，北司指宦官。”并引僖宗中和元年孟昭圖上疏：“北司未必盡可信，南司未必盡無用。”[7]這個時期，僖宗與宦官密切，天下大事於此，而待外戚殊薄，所以孟昭圖有此議。疏入，宦官田令孜扣留不奏皇上，不久遂矯詔貶孟氏爲嘉州司戶參軍，并遣人沉於蟆頤津。事見《新唐書》卷二〇八。饒宗頤《唐末的皇帝、軍閥與曲子詞》認爲詞中南北司，應指昭宗時事。乾寧二年（895），韓建、李貞茂、行瑜極言南北司相傾，危害時政，請誅其太甚者。於是，三軍閥迫使昭宗貶宰相韋昭度、李（石美），不久又殺之。“三帥以南北司既受禄而互相傾軋，又諸王掌兵，以召危亂。今諸王已除，社稷可安矣。故此首口氣，疑亦韓建所作，以剖明心迹。若然，則當在是年八月，與七

[1] 劉昫等：《舊唐書・昭宗紀》，第 760—762 頁。

[2] 歐陽修：《新五代史・韓建傳》，中華書局 1974 年版，第 435 頁。

[3] 莊綽：《雞肋編》，中華書局 1983 年版，第 5 頁。

[4] 饒宗頤《唐末的皇帝、軍閥與曲子詞——關於唐昭宗御制的〈楊柳枝〉及敦煌所出他所寫的〈菩薩蠻〉與他人的和作》，《明報》第 24 卷第 8 期，1989 年 8 月，第 86—90 頁；收入饒氏《敦煌曲續論》，臺灣新文豐出版公司 1996 年，第 131—147 頁。

[5] 任半塘：《敦煌歌辭總編》，上海古籍出版社 1987 年版，第 467 頁。

[6] 饒宗頤：《敦煌曲續論》，臺灣新文豐出版公司 1996 年版，第 138 頁。

[7] 王重民：《敦煌曲子詞集》，商務印書館 1956 年版，第 15 頁。

月帝登齊雲樓令樂工唱御制《菩薩蠻》，相隔只一月而已”。昭宗作《菩薩蠻》辭三章後，韓建與諸王皆有和作。饒宗頤認爲，韓建的和詞不止一首，“可能有三首，一與諸王同作，今不可見；一爲修宫所作；一在殺諸王之後，故有‘常慚血怨居臣下’之語。君臣各制三章，自是講得通的。”[1]

《常慚血怨居臣下》一首，任半塘《敦煌歌辭總編》説：此辭乃華州修葺行宫之工匠對李曄所作《菩薩蠻》“飄搖”一章之和作，不但同内容，且依原韻。古工匠自撰之歌辭，確鑿可信者殊少，右辭曰“葺治”，明謂其所任者乃修繕工作[2]。潘重規《敦煌詞話》認爲：“任氏誤解‘差匠見修宫’，以爲是華州修造行宫之工匠和昭宗的作品，事實上是説不通的。因爲‘常慚血怨居臣下’、‘謁誠無有終’决不符合工匠的身份口吻。况且‘差匠’的意思是差遣工匠，所作詞的人應該是差遣工匠的人而不是工匠。”所以，從詞的内容分析，此詞是華州刺史韓建的和作[3]。饒宗頤《唐末的皇帝、軍閥與曲子詞》通過對“血怨”“差匠修宫”等史事的考證，更加論證潘説之可信，而“工匠”云云，根本無緣見到皇帝，更遑論和詞。這裏有幾個歷史事實需要説明。第一，首句的“血怨”，指韓建殺諸王事。《新五代史》卷四十《韓建傳》記載，昭宗作《菩薩蠻》辭三章，“建心尤不悦，因遣人告諸王謀殺建，劫天子幸佗鎮。昭宗召建，將辨之，建稱疾不出。乃遣諸王自詣，建不見，請送諸王十六宅，昭宗難之。”韓建與昭宗和諸王的矛盾越發激化，“建與中尉劉季述誣諸王謀反，以兵圍十六宅，諸王皆登屋呼叫，遂見殺”[4]。詞中“血怨”當指此。第二，關於“差匠修宫”事。《資治通鑑》：乾寧三年十月“丁巳，以韓建權知京兆尹，兼把截使。戊午，李茂貞上表請罪，願得自新，仍獻助修宫室錢；韓建復佐佑之，竟不出師”[5]。乾寧四年（897）初，“詔以韓建爲修宫闕使，諸道皆助錢及工材，建使都將蔡敬思督其役。既成，二月，建自往視之”[6]。

寫本《獻忠心》一首，當是寫昭宗乾寧五年（898）八月御駕回長安事：

> 自從黄巢作乱，直到今年。傾動遷移每驚天。京華飄飖因此荒。空有心，長思戀明皇。願聖明主，久居宫宇。臣等然始有望常殊。弓劍更抛涯計會，將鑾驚步步却西迴。

這首詞，任二北《敦煌曲初探》説：“當是僖宗赴蜀以後，留京之人作。巢事始終

[1]　饒宗頤：《敦煌曲續論》，第139頁。

[2]　任半塘：《敦煌歌辭總編》，第415頁。

[3]　潘重規：《敦煌詞話》，臺北石門圖書公司1981年版，第40頁

[4]　歐陽修：《新五代史·韓建傳》，中華書局1974年版，第435頁。

[5]　司馬光：《資治通鑑》，第8495頁。

[6]　司馬光：《資治通鑑》，第8513—8514頁。

四年，中和三年，公元 883，長安已爲唐收復。故此首之作時代，可以假定在 882 年，僖宗中和二年。”[1] 按，從整個寫本的詞作看，當是昭宗時代的作品。“將鑾駕步步卻西回”，明確提示鑾駕在長安之東，所以是在華州的樂工或大臣之作。僖宗赴蜀，乃西出長安，不得説“西回”。《資治通鑑》昭宗乾寧五年（898）八月，“己未，車駕發華州。壬戌，至長安。甲子，赦天下，改元。”[2] 這首詞所寫當即此事。

三年前，昭宗離開京城時，長安城在黄巢之亂后剛剛修葺一新，但乾寧三年（896）七月李茂貞攻克長安后，又一次燒殺搶掠，宫室初焚。乾寧五年（898）八月昭宗回到長安，面對的正是這樣殘破的場景。P.2506 寫本背面存殘詞 5 首，所寫也是乾寧事變。如《酒泉子》：

> 每見惶惶，隊隊雄軍驚御輦。驀街穿巷犯皇宫，祇擬奪九重。長槍短劍如麻乱，争那（奈）失計無投竄。金箱玉印自擕將，任他乱芬芳。

詞中所寫，正是李茂貞入長安的情形。據《舊唐書・昭宗紀》及《資治通鑑》，乾寧三年（896）七月李茂貞兵入長安後，自中和以來所葺宫室、市肆，燔燒俱盡。《資治通鑑》胡三省於此注：“黄巢之亂，宫室燔毁，中和以來，留守王徽補葺粗完。襄王之亂，又爲亂兵所焚，及僖宗還京，復加完葺。上出石門，重罹燒爇，還又葺之，至是爲茂貞所燔。”[3] 任二北《敦煌曲初探》亦認爲“與昭宗乾寧二年五月，李茂貞、王行瑜、韓建，各率精甲數千人入覲，京師大恐，人皆亡竄，吏不能止之情形，比較相合”[4]。但《敦煌歌辭總編》改變了此説，因爲 P.2506“唐國裹”之“國”字，作武周新字，遂斷定此卷抄於盛唐。據王三慶先生初步調查，敦煌寫本中有武周新字者約 500 號，這些寫本中約有一半是武周時期所抄，其餘多爲晚唐時期所抄。如 P.2187《降魔變文》有題記明確説是抄於“天福九年（944）”，但其中“爲灌頂之國師”句中“國”作武周新字[5]。故不能以武周新字爲孤證斷定寫本的時代。我們把這兩個寫本聯繫起來，判斷 P.2506 所抄詞作亦爲昭宗乾寧末或光化初。

在華州的三年，昭宗雖然名義上是一國之主，但由于受到韓建的控制，等于過的是軟禁生活。韓建爲了挾天子以令諸侯，又擔心别的軍伐借機“清君側”，還是給予昭宗

[1] 任二北：《敦煌曲初探》，上海文藝聯合出版社 1955 年版，第 255 頁。
[2] 司馬光：《資治通鑑》，第 8517 頁。
[3] 司馬光：《資治通鑑》，第 8491 頁。
[4] 任二北：《敦煌曲初探》，第 256 頁。
[5] 王三慶：《敦煌寫卷中武後新字之調查研究》，《漢學研究》第 4 卷第 2 期，第 440—442 頁。

應有的優裕待遇，比如他從長安帶來的樂工，照樣進行演奏。由于昭宗本人愛好詞曲，他的創作通過樂工傳唱，流存下來了一些。除了前文有明確可考的《菩薩蠻》三首外，S.2607+ S.9931 寫本還抄有兩首“御制”詞，第一首原卷題《御製》，第二首原卷題名《御製曲子》：

> 時清海晏，定風波。恩光六塞，瑞氣遍山坡。風調雨順，野老行歌。四寒（塞）休征罷戰，放將仕（士），盡迴戈。君臣道泰，禮樂譪中和。此時快活感恩多。願聖壽万歲，同海嶽山河。似生佛向官殿裏，絶昇（勝）兜率大羅。
>
> 百花競蔾，焕新楊柳垂院光。向珠簾池，萬喜含芳。觀園裏青青，山川草木異禎祥。一万人樂，行歌□泰時康。我□□明主，□中看景色在邊壃。更將新翻御製□□□，□步元戎，千秋万歲，豐作得姚長。知存而治化，□□□舜禹湯。

這兩首詞，任半塘《敦煌歌辭總編》擬名《獻忠心·瑞氣遍山河》，認爲二首卷相續，内容一致，故爲聯章[1]。其《敦煌曲初探》曰：此曰“御制”，乃制曲，非制詞也。認爲這兩首是玄宗所制之曲無疑[2]。饒宗頤《敦煌曲》：“敦煌曲有‘御制’者，不知何帝所撰。考《新五代史》三七《伶官傳》云：‘莊宗既好俳優，又知音，能度曲，至今汾晉之俗，往往能歌其聲，謂之御制者皆是也。’今 S.373 爲李存勖同光元年（923）迎太后詩。敦煌卷寫於同光年間不一而足，若《歎百歲詩》，當即《五代史》二七（《莊宗紀》）伶人所奉之《百年歌》。則《御制内家嬌》一類，可能爲莊宗時之作品。”[3] 按，任先生、饒先生所説，都是一種猜測。這兩首詞與昭宗御制《菩薩蠻》三首同抄一起，當爲昭宗御制之曲，内容則爲歌頌昭宗所作。前引《資治通鑑》記載昭宗即位後，國家有中興之象，就是此兩首詞所寫之背景。

S.2607+ S.9931 寫本中第二類曲子詞，是寫閒散優裕的生活情景的。下面我們對這幾首比較完整的詞進行分析。

《西江月》三首：

> 女伴同尋煙水，今宵江月分明。馱（柁）頭無力，別一舡横。波面微風闇起，嬾掉（棹）乘舡無定正（止）。拜詞處處闇聲，連天紅浪侵秋星。悟（誤）入蓼花叢裏。
>
> 皓（浩）渺天涯無濟（際），吕（旅）人舡薄（泊）孤舟（洲）。團團明月照江樓。

[1] 任半塘：《敦煌歌辭總編》，第 680 頁。
[2] 任二北：《敦煌曲初探》，第 235 頁。
[3] 饒宗頤：《敦煌曲》，法國科學研究中心 1971 年版，第 194 頁。

遠望秋花風起，東去不迴千万里。乘舡整置（正值）高秋，此時變作望鄉愁。一夜苦吟雲□（水）。

雲散金波初吐，煙迷沙煮（煮）沉沉。棹歌驚起乱西（栖）禽，女伴各歸南補（浦）。舡押（壓）波光遥野（摇曳），虜（娱）歡不覺更深。楚詞哀怨出江心，整置（正值）明月當南午。

任二北《敦煌曲校録》認爲三首同詠女伴弄舟，又同卷相續，故爲聯章[1]。這幾首詞的作者，當爲宫廷文人，或者樂工，内容寫宫女生活。

還有《浪濤沙》一首：

五兩竿頭風欲平，長（張）帆舉棹覺舡行。柔虜（櫓）不施停却棹，是舡行。滿眼風波多陝汋（閃爍），□□（看山）恰似走來迎。子細□□□（看山山）不動，是舡行。

任二北《敦煌曲校録》改調名爲“浣溪沙”[2]。詞寫蕩舟愜意的情景。

值得注意的是失調名一首：

良人去住邊庭，三載長征。万家拈（枯）杵擣衣聲。坐寒更。添垂玉淚，嬾頻聽。向深閨，遠聞鴈悲鳴。遥望行，三春月影照堦庭。簾前跪拜，人長命，月長生。

原寫本題詞牌“浣溪沙”是不正確的，所以王重民《敦煌曲子詞集》此首列入“失調名”。任半塘《敦煌歌辭總編》：原本調名《浣溪沙》，非，《唐雜言格調》擬名“搗衣聲”，兹從之[3]。“三春月影照階庭。簾前跪拜，人長命，月長生”，這是唐代貴族婦女拜新月的習俗。《雲謠集》收録有《拜新月》：“蕩子他州去，已經新歲未還歸。堪恨情如水，到處輒狂迷。不思家國，花下遙指祝神祇。直至於今，拋妾獨守空閨。上有穹蒼在，三光也合遙知。倚幈幃坐，淚流點滴，金粟羅衣。自嗟薄命，緣業至於斯。乞求待見面，誓不辜伊。”詞寫女子在月下自歎命薄，惟有祈求能和丈夫早日相見，并發誓决不辜負他。與這首《良人去住邊庭》情境相近。《樂府詩集》卷八二《近代曲辭四》收有李端《拜新月》：“開簾見新月，便即下階拜。細語人不聞，北風吹裙帶。”又吉中孚妻張氏《拜新月》：“拜新月，拜月出堂前。暗魄深籠桂，虛弓未引弦。拜新月，拜月

[1] 任二北：《敦煌曲校録》，上海文藝聯合出版社 1955 年版，第 40 頁。
[2] 任二北：《敦煌曲校録》，第 42 頁。
[3] 任半塘：《敦煌歌辭總編》，第 309 頁。

妝樓上。鸞鏡未安臺，蛾眉已相向。拜新月，拜月不勝情。庭前風露清，月臨人自老，望月更長生。東家阿母亦拜月，一拜一悲聲斷絶。昔年拜月逞容儀，如今拜月雙淚垂。回看衆女拜新月，卻憶紅閨年少時。”[1]《全唐詩》中還保存了三首拜新月詩：卷四九四施肩吾《幼女詞》：“幼女才六歲，未知巧與拙。向夜在堂前，學人拜新月。”卷七五六徐鉉《禁中新月》：“今夕拜新月，沈沈禁署中。玉繩疏間彩，金掌靜無風。節換知身老，時平見歲功。吟看北墀暝，蘭燼墜微紅。”卷八〇二常浩《贈盧夫人》：“佳人惜顔色，恐逐芳菲歇。日暮出畫堂，下階拜新月。拜月如有詞，傍人那得知。歸來投玉枕，始覺淚痕垂。”[2]這些作品所寫無一不是貴族階層，説明《良人去住邊庭》也是從宫廷流散出來的作品。

寫本中寫錯調名的還有幾首，如有三首署“浣溪沙”調名的詞，任二北、王重民、饒宗頤先生皆認爲非是，當爲失調名：

> 浪打輕舡雨打蓬（篷），遥看蓬下有魚翁。莎苙（蓑笠）不收舡不繫，任西□（東）。即問魚（漁）翁何所有，一臺（壺）清酒一竿風。山月与漚（鷗）長作伴，在五湖中。
>
> 倦（捲）却詩書上釣舡，身披莎苙（蓑笠）執魚竿。棹向碧波深處去，復幾重灘。不是從前爲釣者，蓋緣時世猒良賢。所以將身巖藪下，不朝天。
>
> 一隊（陣）風去（起）吹黑雲，舡車撩乱滿江津。浩淛洪波長水面，浪如銀。即問長江來往客，東西南北幾時分。一過交（教）人膓欲断，謂行人。

這三首詞的作者，即“倦（捲）卻詩書上釣船”的這位文人，他目睹了當時觸目驚心的社會動亂，“所以將身巖藪下，不朝天”，希望過一種“蓑笠不收船不系，任西東”、“一壺清酒一竿風，山月與漚長作伴，在五湖中”的生活。但作者又明確説：“不是從前爲釣者，蓋緣時世厭良賢。”點明爲釣者的原因。是典型的下層文人抒寫懷才不遇的作品。

寫本原題“曲子恭怨春”的作品：

> 柳條垂處也，喜鵲語零零。焚香稽告素（訴）君情。慕德（得）蕭稂（郎）好武，累歲長征。向沙場裏，輪（掄）寶劒，定攙槍。去時花欲謝，幾度葉還青。遥思相（想）夜夜到邊庭。願天下銷戈鑄戟，舜日清平。待功成日，麟閣上，畫圖形。

---

[1] 郭茂倩：《樂府詩集》，中華書局 1979 年版，第 1154 頁。

[2] 《全唐詩》，中華書局 1999 年版，第 5630、8691、9121 頁。

《敦煌歌辭總編》擬名《宫怨春·到邊庭》[1]。岑仲勉《隋唐史》第二十三節《西方樂曲影響與開元聲律及體裁——從實踐論看詩詞與音樂之分合》疑“恭怨春”三字是《教坊記》所見“宫人怨”之訛[2]。按，據《唐六典》，唐代貴族之家，門多列戟。出土唐墓門多畫戟。此詞云“願天下銷戈鑄戟，舜日清平”，又云“待成功日，麟閣上，畫圖形”，則作者或爲隨昭宗隨從宫廷樂工或上層文人。

S.2607 寫本中這第二類作品，或描寫湖光山色、蕩舟悠闲的優裕生活，或抒發厭倦官場、人生如寄、隱居逍遙的高士情懷，或寫少女嬉戲，或寫佳人相思，其作者當爲上層文人，或者宫廷樂工。尤其是其中書寫宫廷拜月風俗的作品和出自皇上的御制曲，更是把其來源鎖定在宫廷。因此，S.2607 詞集中有唐昭宗和大臣的詞作，也有反映宫廷生活的作品，這些歌辭只能出自宫廷。掌握這些曲詞的樂工，在中晚唐的大亂中流散到民間或諸侯割據之地，他們把這些曲詞也帶到民間。所以，曲子詞的真正源頭應當就是宫廷，而不是民間。敦煌曲子詞的代表《雲謠集》雜曲子共 30 首，有 S.1441 和 P.2838 兩個寫本。這 30 首曲子詞，可以明確説是“酒筵競唱”的歌辭，雖然其中可能有民間的歌辭，但由其中皇上御制的兩首《内家嬌》和宫中婦女的兩首《拜新月》可知，《雲謠集》是宫廷歌辭。宫廷樂工演唱的歌辭，除了皇帝或大臣創作的之外，改造民間歌謠是重要來源。S.2607+S.9931 寫本詞集是與《雲謠集》同類的作品集，與稍後的《花間集》性質上并没有太大區别。

S.2607

S.9931

圖 2　S.2607+ S.9931 綴合处

S.2607+S.9931 綴合本還抄有一首題名《傷蛇曲子》的曲子，殘損很嚴重，據殘缺部分推算，總字數在 130 字左右，是一首叙事體的長調。任半塘《敦煌歌辭總編》認爲：“以‘聽説’開端，分明是講唱口氣，下片‘蒙君’句又顯屬代言，宜據此斷其體用爲講唱辭，是從一較大之脚本摘出者。”[3] 原寫本題作“傷蛇曲子”，

[1]　任半塘：《敦煌歌辭總編》，第 313 頁。

[2]　岑仲勉：《隋唐史》，中華書局 1982 年版，第 241 頁。

[3]　任半塘：《敦煌歌辭總編》，第 528 頁。

則爲曲子詞無疑。開始寫道："聽説昔時，隋侯奉命"，表明是故事叙述體。其中的殘辭，也可展示一定的故事情節：隨侯是在漢水邊上發現傷蛇的；他發現受傷的蛇後，"開展芝囊，取藥封裹"，停留了大概十天，等傷蛇痊癒後繼續出使；等他回來之後，遇到一位十六歲的童子。由此我們判定《傷蛇曲子》是一首唐代的叙事文本的插詞，其故事情節比較曲折。P.3128 也有一首曲子詞《浣溪沙》："結草銜珠不忘恩，些些言語莫生嗔。比死共君緣外客，悉安存。百鳥相依投林宿，道逢枯草再生春。路上共君先下拜，遇藥傷蛇口含真。"與《傷蛇曲子》内容相近，從内容語氣看，也和叙述故事有關。敦煌變文中講的部分和唱的部分内容相連，講唱者往往在叙述一定的情節之後，以唱詞進行小結。《傷蛇曲子》和《浣溪沙》"結草銜珠不忘恩"當是這一類唱辭。

《傷蛇曲子》的民間性，并不影響大量曲子詞經過宫廷改編陶冶的性質。據中唐人郭湜《高力士外傳》記載，唐玄宗從蜀中回到長安，經常和高力士等"或講經、論議、轉變、説話，雖不近文律，終冀悦聖情"。這四種講誦形式的文本，在敦煌寫本都有留存，講經文（如 P.3808《長興四年中興殿應聖節講經文》)、論議文（如 P.3716 等《晏子賦》和 P.2718 等《茶酒論》)、變文（如 P.2614《大目乾連冥間救母變文并圖》)、話本（如 S.2073《廬山遠公話》和 S.2144《韓擒虎話本》)。除了講經文比較文雅外，其他三種都應當是下層的文藝。但一旦被玄宗引進宫廷，當然要經過文人雅士的改造。曲子詞要繩之以樂律，更要經過雅化。唐代最專業的樂工就在禁中教坊。所以，曲子詞出自宫廷，當無疑問。

3. 詞集編者的考證

上文對 S.2607+ S.9931 寫本中的詞作了分析，討論了前兩類曲子詞。還有第三類曲子詞，從内容和語氣看，應當是本曲子詞集編者的作品。如《贊普子》一首：

> 本是蕃家帳，年年在草頭。夏月披氈帳，冬天掛皮裘。語即令人難會，朝朝牧馬在荒丘。若不謂（爲）抛沙塞，無恩拜玉樓。

他本來是落蕃人，居住在蕃家的帳蓬里，以牧馬爲生。後來回到敦煌，又曾作爲歸義軍使臣出使朝廷，到了長安，親歷了唐昭宗時期的重大事件，尤其是韓建挾持昭宗至華州，并藉故殺害十一王的事，對他震動很大。他回憶在吐蕃"夏日披氈帳，冬天掛皮裘。語即令人難會，朝朝牧馬在荒丘"的生活，感慨萬千。出使長安，見到新即位的皇上，他感到萬分榮幸。

我們認爲，這位文人，喜歡曲子詞的文本，但對音樂和曲子并不在行，他曾自嘲説

“蠻蹇不會宫商”（見P.2506背），應當是寫實。所以他整理的這個詞集總是把詞牌抄錯。如《五兩竿頭風欲平》《八十頹年志不迷》兩首，原寫本調名作“浪濤沙”，任二北《敦煌曲校録》認爲當作“浣溪沙”。《良人去住邊庭》一首，原寫本調名作“浣溪沙”，王重民《敦煌曲子詞集》列入“失調名”，認爲原寫本題浣溪沙者誤。饒宗頤《敦煌曲》仍用“浣溪沙”名，而注曰誤。任半塘《敦煌歌辭總編》認爲調名應按《唐雜言格調》作“搗衣聲”。

這位曾爲蕃家牧馬人的文人，還與P.2506卷背的殘詞有關，或者説此殘本當是他編集過的另一個曲子詞集。P.2506卷背殘存詞5首，其中《臨江仙·岸闊臨江底見沙》也見於S.2607。第一首殘存30字：

［前殘］塞，舊戎裝，却著漢衣裳。家住大楊海，蠻蹇不會宫商。今日得逢明聖主，感恩光。

這是作者自道。他從邊塞回到内地，脱掉“舊戎裝”。“今日得逢聖明主，感恩光”，正是S.2607寫本“若不謂抛沙塞，無恩拜玉樓”。P.2506另有兩首《獻忠心》：

臣遠涉山水，來慕當今。到丹闕，御龍樓。弃氈帳，与弓劍不歸邊地，學唐化，禮儀同。沐恩深。見中華好，与舜日同。垂衣理，菊花濃。臣霞方無珎寶，願公千秋住。感皇澤，垂珠淚，獻忠心。

驀却多少雲水，直至如今。涉歷山阻，意難任。早晚得到唐國裏，朝聖明主，望丹闕，步步淚滿衣襟。生死大唐好，喜難任。齊怕（拍）手，奏仙音。各將向本國裏，呈歌舞。願皇壽，千萬歲，獻忠心。

我們把這三首詞與S.2607所寫“本是蕃家帳，年年在草頭。夏日披氈帳，冬天掛皮裘。語即令人難會，朝朝牧馬在荒丘。若謂抛沙塞，無因拜玉樓”、“長垂羅袖拂煙霞。齊拍手，賀我當家”及“唐堯鴻恩四補海内樂”等殘句對比一下，很明顯非常相似，當爲同一人所作。

這位曾爲蕃家牧馬人的使者，從長安回來，帶來了流傳于長安的曲子詞。這些曲子詞，大多是社會上流傳的宫廷中的作品。作爲一個文學愛好者，他把自己的創作與宫廷樂工流散出來的曲子詞抄到一起，彙集成了這個寫本。

S.2607寫本還抄了一首詞：

八十頹年志不迷，一竿長地坐磻碨（溪）。釣□□□□□□□時清。直道守池（雌）頻負命，子（紫）鱗何必用東西。我不

這首詞以姜太公磻溪釣魚自况，謂長竿直鉤，與世無爭，像嚴子陵那樣直道守正，不用東西奔走。這首詞的作者已經八十多歲了。這位八十歲的老人，與敦煌寫本題記中反復出現的"八十老人"當爲同一個人[1]。楊寶玉先生考證這位八十老人就是張球。那麼這首詞也當爲張球晚年的作品。張球可能就是本寫本的編集者。

古代文人編輯詩文總集，總是在其中夾雜自己的作品。《詩經》在周王室正式"定樂歌"之前，以不同的類别流傳在不同時空，其中一些類别還保留在後來的成集中。如風詩有諸多"組詩"，郭晉稀先生曾加以論證[2]。這些組詩，其中必有作者或彙集者的詩作，可惜已不可考證。而《雅詩》中，還可以考證出一些蛛絲馬迹。如《節南山》的作者爲家父，則此詩前後數篇同類作品當是家父編輯流傳的。同樣的道理，寺人孟子把斥責讒言的一組詩編爲一集，另加上自己的《巷伯》。至於《小雅》中的《常棣》《伐木》《天保》，《大雅》中的《假樂》《民勞》《蕩》《江漢》《常武》，都和召伯虎有關係，是他編輯的宣王中興時期的一組詩，其中就有他自己的作品[3]。《楚辭》的成書更是明顯，至少經過宋玉、淮南小山、劉向、王逸四次編輯，每一次編集，編集者都要加上自己的作品[4]。

這種編輯前人或同時人詩文集加上編輯者自己作品的習慣，在敦煌其他寫本中也多見。Дx 3871+P. 2555 綴合寫本抄録詩 211 首、文 2 篇，其中落蕃人毛押牙在抄完劉商《胡笳十八拍》後，情難自禁地附上自己的第十九拍："去年骨肉悲［□］坼，不似今年苦爲客。失土翻同落水瓶，歸蕃永作投河石。他鄉人物稀相識，獨有夫君沉憐惜。歲暮態情生百端，不覺愁牽加一拍。"而其中的 60 首陷蕃詩，經考證也是毛押牙所作。毛押牙編集的這個文學寫本，把唐人詩文和自己的作品彙集到一起。P. 4660 是"敦煌名人名僧邈真贊彙集"，該卷正面抄録了吐蕃和歸義軍時期的邈真贊共 39 篇，作者主要有：悟真、蘇翬、張球、惠菀、竇良器、李顒、善來、洪䛒等，而悟真作的有 14 篇之多。卷背抄闕題的七言詩 15 行，與正面爲同一人所抄。39 篇《邈真贊》中，寫作時間

[1] 敦煌寫本中"八十老人"的主要抄經題記有："八十有二"（S. 5543）、"八十二老人"（S. 5444、S. 5965）、"八十三老人"（敦博 053、S. 5451、S. 5669）、"八十三老翁"（P. 2876）、"老人八十三歲"（Дx. 11043、Дx. 05126）、"八十四老人"（BD 08888，有 009）、"八十五老人"（S. 4530、杏雨书屋藏羽 408、BD 01226）、"八十八老人"（BD 10902）等。這些寫本底本來源、抄寫格式、筆迹字體都相同或相近，則這些八十老人爲同一個人。

[2] 郭晉稀：《風詩蠡測》，《甘肅師大學報》1981 年第 4 期。

[3] 趙逵夫：《周宣王中興功臣詩考論》，《中華文史論叢》第 55 輯，上海古籍出版社 1996 年版，第 127—155 頁。

[4] 湯炳正：《楚辭編纂者及其成書年代的探索》，《江漢學報》1963 年第 3 期。

最晚的是悟真撰寫的《杜氏邈真贊》，P.4660 僅存尾題殘文，藤枝晃把它和 P.4986 綴合，末題“於是龍紀二年庚戌（980）二月蓂落柒葉記”[1]，而諸多作者中，也以悟真和張球最晚，悟真卒於乾寧二年（895）三月（P.2856），而張球據楊寶玉考證，卒于後梁開平五年（911）以後。但寫本後附録的七言長詩云“寂然空院坐階墀”“苦是釋門先老將”，則詩的作者是佛門之人。所以，我們初步判斷本邈真贊集是悟真所彙集，該寫本的編者也是悟真。根據我們對悟真現存作品的分析，晚年的悟真，百病纏身，廣明元年（880）七月七日，前河西節度使掌書記、試太常寺協律郎蘇翚爲悟真撰有邈真贊，其中有“耳順從心，色力俄衰，了蟾蜍之魄盡，覩毀篋之騰危”（P.4660）的話，知古稀之年的悟真一度病危。但之後漸康復，不久因風疾相兼，致半身不遂，自責身心，作《百歲詩》十首并序。闕題的七言長詩當是他晚年的作品，當他編完了 39 篇《邈真贊》後，昔日的朋友，大多已不在人世，老人心灰意冷，孤寂難奈，寫下了這首詩：“悲咽老來怨恨多，寂然空院坐階墀。燕語［□］啼愁煞我，那堪更睹雁南飛。人生厚薄誰能定，世路應知有盛衰。苦是釋門先老將，臨年誰料數分離。前歲珍珍拋我去，今春象象又先歸。北堂空有行來迹，西院休聞誦古詩。……”詩以年邁僧人口吻感歎歲月流逝，年老苦悲，萬事皆空。

S.2607+ S.9931 綴合寫本正面的曲子詞，是隨唐昭宗從京師到華州，從華州回到京師，又流落到民間或諸藩鎮的樂工傳播出來的，也許是他們演出用的備忘抄本。這位敦煌來京師的使者在這個備忘本的基礎上，加進自己的作品，抄録爲這樣一個曲子詞寫本。其內容和形式的多樣，亦可見當時宫廷樂工演唱內容的豐富。整個寫本中，編者的思想情感表現得十分明顯，他曾陷蕃而被迫牧馬，後出使長安，其時昭宗剛剛即位，國家氣象興盛，人們對新君期望很高，詞家也情不自禁爲之歌唱。但藩鎮割據，陰霾籠罩，昭宗被劫華州，皇家宗族被集體屠殺，長安宫室再次化爲灰燼，樂工四散，以昭宗爲代表的皇族發出絶望的吟唱。這位編者經歷了國家的災難，痛定思痛，思緒萬千。樂工所唱愜意自由的生活，也是編者美好理想的展示。而一曲悠長的《傷蛇曲子》，在歷史的穿越中寄託編者的無盡思緒。

[1] 〔日〕藤枝晃：《敦煌曆日譜》，《東方學報》45 册，1973 年版，第 400 頁。

伍非百與湯炳正
——四川現代學術史上一段珍貴的友誼

湯序波

近讀伏俊璉、徐正英主編的《古代文學特色文獻研究》第三集（上海古籍出版社2018年版），首篇是伍非百的《詩界革命家李白作品之批評》（原載《晨光》第1卷第5期“文藝欄”，1922年5月）。王統照當年寫的按語云：“伍非百君系四川人，他同我雖沒有會晤過，但在他的文字裏，我很瞭解他的性情與主張。這篇文字與上面的《評墨辯校解異同》一文，都是由朋友介紹來的。我覺得他的學術研究，與文學上的見地，都令人有相當的佩服。在這篇文中，雖也有我不絶對贊同的話。聽説他現在不過三十歲，竟能在兵戈搶攘的四川，有如此著作，也可見他是個好學深思之士了。”而伏俊璉教授在《附記》中說：“伍非百先生（1890—1965）是西華師範大學文史哲學科的奠基人，他不僅有名滿天下的《中國古名家言》，邏輯嚴密，義理周縝，而且也是一位激情澎湃的詩人和文學研究者。”竊謂這個定位非常準確。

伍非百，本名伍程驤，四川省蓬安縣利溪鄉人，與語言學家張怡蓀、數學家魏時珍合稱“蓬安三傑”。年十三考取秀才，1906年罷科舉後，即前往合川縣實業學校就讀，其間接受進步思想，加入同盟會。辛亥革命後，任第一屆四川省議會議員。1925年被張瀾聘爲國立成都大學（今四川大學）教授，1928年到南京任中央大學教授，1938年底棄職返家，旋即就任四川大學教授，1943年3月在南充創辦西山書院，後擴大爲私立川北文學院。

伍非百一生在立功、立德、立言三個方面堪稱學術界的表率。舉其犖犖大者：第一，伍先生是20世紀上半葉墨學或名辯之學的集大成者。梁啟超在《中國近三百年學術史》中說：“伍非百著《墨經解故》，從哲學科學上樹一新觀察點，將全部《墨經》爲有系統之組織。吾雖未細讀其書，然頗信其爲斯學一大創作也。”廖季平、謝無量等大家均爲之作序，讚譽有加。上海書店出版社出版的《民國叢書》第四編收有其《墨子大義述》[1]。1949年，南充益新書局出版了伍先生代表作《中國古名家言》，全書共七部分：一是《墨辯解故》，二是《大小取章句》，三是《尹文子略注》，四是《公孫龍子發微》，五是《齊物論新義》，六是《荀子正名解》，七是《形名雜篇》。扉頁題記："此書創稿於民國三年，脱稿於民國二十一年，出版於民國三十八年，經三十餘年之歲月，屢有修正，單篇短序，散見各報，海内學者，嚮望久矣，今特用四川土紙，石印五百部以廣流傳。"中華人民共和國成立不久，此書即被提到出版日程[2]。但由于種種原因，直到伍先生過世多年後的改革開放初期纔得以出版[3]。

伍先生在民國學術界的崇高地位，可舉一例説明。1935年10月，國民政府簡任"高等文官考試典試委員"，共計21位，伍先生即名列其中。"典試委員會"下設"國文""歷史""地理""政治""經濟""法律""統計""衛生""電機化學礦冶紡織"等十四組，每組的主任均是彼時各自領域的一流學者。伍非百擔任"國文組"主任，"歷史組"主任朱希祖、"地理組"主任丁文江、"統計組"主任吴大鈞、"電機化學礦冶紡織組"主任梅貽琦等[4]。

第二件事，伍先生是今四川師範大學與西華師範大學兩所大學尤其是文科的最重要創始人。這兩所大學均認他們有兩個歷史淵源：一是伍先生的西山書院（私立川北文學院）；一是1946年5月成立的私立川北農工學院（私立川北大學）。1950年7月，川北行署區合并兩校組成公立川北大學，同年9月改稱川北大學。1952年11月，學校更名四川師範學院；1956年7月，學校拆分爲兩個部分，專科留在原址，更名爲南充師範專科學校（今西華師範大學前身）；本科則保留四川師範學院（今四川師範大學）之名，遷往成都獅子山。

可以説伍先生在學術與事功兩個方面，均做出了不可磨滅的歷史性貢獻。

我們凡研究一位學者，交游圈都是特别重要的部分。據我考察伍先生的朋友圈，先祖父湯炳正占有較大的位置。理由只説一條：據先祖父説，"先生逝世之後，其長女伍

[1] 蔡尚思在《十家論墨》中寫道："王元德在（《墨子大義述》）序中稱此書：'發前人所未發，言前人所不言，洵自墨子以來，一大創作也。'并非過譽。此書對於兼愛、非攻、非樂、尚同等均有創見，而在結論中用墨子之言與《禮運》的大同説進行對照，非常簡明，尤爲他人考辨所不及。伍非百認爲墨子之學，所謂天志、明鬼諸目'皆非本也'，'其本是爲天下興利除害'。亦言之成理。"見蔡尚思主編：《十家論墨》，上海人民出版社2004年版，第5頁。

[2] 1956年12月6日填寫的"科學出版社出版合同核准單"有"《中國古代名家言》36萬字""額定印數3000""每千字稿費18元""預付稿費50%"等内容。該社1957年1月3日給伍非百函有云："大作《中國古代名家言》本社决定接受出版，并訂立出版合同，徵求意見，請即複示"，"是否同意請在合同草稿上提示意見，并簽字寄還"。1957年6月因伍先生被錯劃爲右派，該社即决定"解約"。1960年底摘掉右派帽子後，伍於1961年12月3日給胡恭叔寫信打聽書稿情況，1961年12月9日劉勤生逕自在伍來件背面寫道："本年10月9日四室有信給伍非百（由四川文史館轉交），要他對《中國古名家言》一案解約退款。"

[3] 《中國古代名家言》，中國社會科學出版社1983年版，四川大學出版社2009年再版。

[4] 見《中華民國國民政府公報》第99册，臺灣成文出版社1972年版。

尚仁同志曾奉母命，約我寫傳以傳其事。因俗務多，因循未果”；後來出《四川近現代文化人物》，董其事者“又以撰寫先生傳記相委，遂率爾命筆”（應是伍家推薦的）。先祖父的《整理古名家的哲學家伍非百》1989年3月收入是書，後又易名爲《伍非百先生傳與附記》，收入氏著《劍南憶舊》。伍先生20世紀20年代起即在四川最好的高校執教，其同事、下屬、弟子遍及全川，而他故去以後，其夫人卻專請先祖父寫文。筆者在這裏作一大膽推測，伍生前在家應該是常談到先祖父其人其學，或以爲其人其學皆可信賴，否則斷不會一再託請。

伍、湯兩人第一次的交集是在李源澄辦《論學》雜志上。1937年4月《論學》第4期同時刊發伍先生的《大小取章句：小取篇》與先祖父的《楊子雲年譜（未完）》。從這時起，伍先生就記住了先祖父這個名字。另，在任中央大學教授期間他曾去蘇州拜望過太炎先生，或許聽到過先祖父的名字。抗戰爆發，伍先生率家返川，創辦西山書院，先後聘請了蒙文通、徐澄宇[1]、豐子愷、李源澄擔任教授。1944年6月，李源澄在離開書院之前薦先祖父代己，伍先生即請先祖父到書院執教[2]。“（我）在這裏教書的半年中，伍主要是住在城裏，不常來書院，接觸不多（有時談談學術問題）”“他有時見了面就吹捧我在《論學》上發表的文章（《楊子雲年譜》）”[3]，應該説先祖父這篇文字給伍留下了較深的印象。

西山書院設博習、精修兩班。“非百先生以閎中肆外之才，爲開來繼往之任，胸羅群經，目營諸子，西山片席，足障横流，邁駕任翁，義無多讓，世多進德潛學之士，有不向風興起者乎。”[4]先祖父説：“先生不常上山，時正在家整理其《中國古名家言》，私人出資付石印。日夜矻矻，對原稿校改不少懈。每肩輿上山，則必與我作竟日談。先生睿智過人，常以名家學理分析問題，結論往往出人意表。其時我正撰寫《〈説文〉歧讀考源》，曾以初稿相示。我頗慮其難於接受古字‘歧讀’之説。不料先生讀後笑曰：‘這應當是事實真相。阿拉伯碼字傳入中國，中國并不管阿拉伯人如何讀法，即徑以中國語

[1] 徐初名英，字澄宇，後以字行，1949年後任復旦大學教授。著有《徐澄宇論著第一集》（黄侃題署），上海華通書局1933年10月出版。吴宓在《空軒詩話》（龍門書店1967年版）中的“二十九”是“徐澄宇陳家慶夫婦詩”。劉夢芙《徐澄宇詩與陳家慶詩詞合論》稱，“徐先生爲一代名師，著述博涉經學、詩學、文字學、哲學、史學，而以詩學爲主，傳統學術與現代學術冶於一爐”。1957年伍非百嚮科學出版社推薦徐的《名理甄微》《顔李學評》兩稿，該社未接受。

[2] 聘書上寫的是“教授”。

[3] 湯炳正：《我的補充交代》。本文所引先祖父的文章，凡未注明《劍南憶舊》者皆系作者1949年以後所寫的“交代材料”。

[4] 王白與：《伍非百與西山書院》，原載重慶《新蜀報》1945年10月21日，轉引自《西華師大報》2015年4月15日。1923年春從法國勤工儉學回來的陳毅擔任《新蜀報》主筆。在這個爲共産黨工作同時又可以施展自己文學才華的平臺上，陳毅寫出了思想激進的大量詩文，指點江山，激揚文字，抨擊時政，激濁揚清，在四川知識界特別是青年學生中産生了廣泛的積極影響。

音讀之，不正是這個道理嗎？’真可謂一語中的。”[1] 彼時一位學生説：“1944 年夏，甫放暑假，一日，先君子文通公謂余曰：‘吾老友伍非百先生辦西山書院於南充，伍先生學問淵博，尤精先秦名辯之學，李源澄已前去襄助，汝可前往就讀。’余曰諾。蓋父最鍾愛余，余亦素不違父命。不數日，適有鄉鄰去果（南充），遂相伴同往。時蓉果間已有公路，然路面劣，且無定期班車，逾二日乃至。西山去果城約十里，無公路，遂雇肩輿往。山高約百餘米，書院所在未及半山，原爲天主教修道院，除經堂院外，有屋數椽，其較大者二幢，皆二層樓閣，高者倚坡横列，低者豎置，二樓呈品字，有房十餘間，舊爲外國傳教士往來住所，現因二戰爆發，傳教士多已撤走，所留三五神父、修士，皆住經堂院内，餘房閒置，伍師因租以辦學。四周頗多竹木花草，山麓一灣流水可以濯足，近處無他農户，亦無雞犬之擾，頗清静幽雅，實爲讀書修道佳處。李源澄先生眷屬未來，常隻身住書院，伍師城内有家，不常來院。是日適伍師在，余到後，李師即介往見。蓋伍師雖爲先君老友，而余則系初見也。師身材不高，稍胖，四五十歲，面常微笑，慈祥可親。時值大暑，師著中長褲，上穿麻布背心，手執團扇，言語隨和，平易近人。行禮畢，師問汝父母好否？余答平安，（家）嚴以雜事多，且啟程匆匆，未及修書，代叩安好。師謂汝旅途勞累，請李先生安排，住下休息。時李師之弟源委及李師蜀華弟子鍾博約皆先在，於是余三人共住一室。不數日，伍師以‘述志’爲題命作一文，余以數十年來世界大戰者再，皆以各大國政治家不明國與國相親、人與人相愛之理，唯强權是逞、侵略是務，戰火連年，生靈塗炭，吾將學太史公究天人之際、通古今之變、成一家之言，上説下教，以冀世界和平，窮則獨善吾身，達則兼善天下之云云數百字以應。師不以爲妄，批曰：‘志趣可嘉，文亦暢達。’以相勖勉。其實此皆耳食之言、抗戰八股之變種，今日思之，不覺汗顔。時書院初辦，來學者止十餘人，分精修、博習兩班，不惠被編入精修班，遂亦得忝列二先生之門牆。”[2]

在西山書院時，先祖父一面向諸生講《説文》和《文選》課，一面繼續撰寫語源研究書稿，此書旨在糾正世界語言學界認爲“文字一開始就是記録語言的”這一偏頗。至於他的主攻方向，則是要突破“語源”問題。一次，先祖父對伍先生説：“學術越達到高的造詣，越找不到人同他談，因爲談了他也不懂。”[3] 伍先生也深以爲然。

1946 年 2 月，先祖父辭去西山書院教職，赴國立貴陽師範學院任副教授，1947 年 8 月改聘國立貴州大學教授。1949 年 6 月，伍非百籌建私立川北文學院，專函聘先祖父

[1] 湯炳正：《伍非百先生傳與附記》，收入《劍南憶舊》，山西人民出版社 2000 年版。
[2] 蒙默：《緬懷墨學大師伍非百先生：〈中國古名家言〉再版代序》，《文史雜誌》2010 年第 1 期。
[3] 湯炳正：《資産階級對我的教學工作的侵蝕》，《川北日報》1952 年 4 月 6 日。

爲該院教授兼中文系主任（伍非百兼任哲學系主任，王文彝任歷史系主任，張靜虛任教務長）。“伍來信相邀，我樂於就聘”，并謂“教員的工資以實物米糧計算”[1]。“我與先生二次共處，相知益深，堪稱‘莫逆’。”[2]“我到南充，伍非百曾請我到他家吃過飯，伍説：‘文學院就要有個文學院的樣子，所以不能不請你來’。他又經常向别人吹我，説：‘湯先生是部聘教授’（其實我并不是部聘教授）”[3]。伍先生的“部聘教授”説，1949年後給先祖父惹出了很大的麻煩，他的檔案裏放著三份關於此事的外調材料。這年入學的楊荷光回憶：“主課皆由先生擔任，開有必修課‘中國文學史’和‘文字學’，前者印發有講義，從遠古至秦爲止，《詩經》與《楚辭》自然是重點，我曾將它裝訂成册，‘土改’散失。選修課‘楚辭概論’，‘應變’時曾見其手稿，添改幾無空白，有粘以紙條，有幾大包。先生個子較高，儀容修潔，懷抱皮夾，步上講堂，和靄可親。授課内容，章次分明，旁徵博引，疾徐有致，不時配以板書。深入剖析，藉以加深印象。講《楚辭》於時賢論據多有駁難，全出自研究所得，不尚空談”[4]；“中文、哲學、歷史三系及先修班學生三百人，全院教職工約三十人”[5]。

兩校合并，“湯先生不計名位，主動提出不再擔任中文系主任，此時中文系的主持者某（‘某’爲引者改）并不滿足，必欲排擠而後快，拒發聘書。後經伍非百先生斡旋，始繼續留校，但不讓發揮所長，迫使先生爲新生開‘戲劇引論’選修課，用心良苦。先生坦然應對，認真備課，努力變‘外行’爲‘内行’，授課效果極佳，座無虚席，大出意料。但是從此先生也被隔絶於古典語言文學教學之外，直至‘文化大革命’結束”[6]。又，“某（‘某’爲引者改）先生到三臺後，即函勸翁至川北大學中文系任教授，教文學史。翁以成華形勢不穩定，又兼王宏實、李炳英先生關係，即考慮至三臺，旋某（‘某’爲引者改）先生又來信謂，川北大學將遷至南充，與南充川北文學院合并，要翁速决定去。合并後學生多，文學史一課，要求與舊日不同，非翁莫能擔任此課，已與新任校長段可情談妥，望翁必去。且謂暑假中將來成都親自接翁去。”[7]

---

[1] 湯炳正：《我在南充人事關係情况》。

[2] 湯炳正：《伍非百先生傳與附記》。

[3] 湯炳正：《我在南充人事關係情况》。

[4] 楊荷光：《回憶恩師湯炳正先生》（未刊稿）。

[5] 杜心華主編：《四川師範大學校史》，成都出版社1992年版，第8頁。

[6] 楊荷光：《回憶恩師湯炳正先生》（未刊稿）。承蒙楊先生相告，先生《戲劇引論》課所用的參考教材是中山大學教授董每戡的《中國戲劇簡史》《西洋戲劇簡史》（商務印書館民國版）。

[7] 屈守元：《慮翁自訂年譜》，1950年條，收入王利器、常思春主編：《稽古拓新集：屈守元教授八秩華誕紀念》，成都出版社1992年版。

没有接到聘書的先祖父已動了回北方的念頭[1]，但時任川北行署委員的伍非百知道後極力挽留，登門送上聘書，先祖父盛情難卻就留下了，一直到去世都没有離開過這所學校。先祖父在川執教逾半個世紀，完全與伍非百有關。1944年李恭曾請先祖父去蘭州任教，權衡再三，先祖父還是選擇了南充。近在“西華師範大學區域文化研究中心”網站讀到一篇《江宗植受聘川北大學考（附伍非百書信一封）》，其中引伍非百等代表的一信：“來函敬悉，開課之初，教學雙方宜相互勉進，仍盼繼續講授，勿萌辭意，特此挽留，并致敬禮。”作者由此感慨，“對有辭意者，能説明緣由，親筆挽留”。這一層意思，我想伍先生彼時肯定也嚮先祖父表達過了。

1952年學校改爲四川師範學院，“炳英先生任中文系主任，以翁爲古典文學教研組主任”[2]。中文系下設三個教研組，漢語教研組主任劉君惠，現代文學教研組主任先祖父。這三位“教研組主任”，後來皆進入四川師範大學的“名師”録。如現任校長汪明義在2018級新生開學典禮上的講話：“建校以來，學校涌現出了以墨學家伍非百、社會學和民俗學的創始人之一李安宅、教育心理學的創始人之一劉紹禹、楚辭學專家湯炳正、文獻學專家屈守元、訓詁學專家劉君惠、物理學家趙敏光、拓撲學家劉旺金等爲代表的一批國内外知名專家學者。”[3]另，“西華師範大學文學院概況”有云：“（文學院）首賴著名文史學者、墨學家、梁啟超弟子伍非百先生辟建草創，繼有出自‘清學殿軍、古文壓陣大將’章太炎門下的湯炳正、李炳英、傅平驤……。”

1952年四川合省後，伍先生任省政府委員，省圖書館館長，1957年被錯劃爲右派（改聘爲省文史館館員），先祖父稱，“在兩次相處當中，我只是把他當作學術界的前輩來看”。“我没有跟伍徹底劃清界限。如川北土改，伍被列爲統戰對象，在他罰款交不清時，領導上要他及早完成任務，我還借了五十元錢給他。”[4]

現且以先祖父1985年給伍先生長女伍尚仁信一通，結束本文。

尚仁同志：

日前光臨舍下，來去匆匆，未能暢談，甚以爲歉！

別後不久，我即到武漢參加“中國屈原學會”成立大會，人事叢脞，未能及時將你需要的材料寄去，當能見諒！

伍先生的詩文，恐不易搜集齊全。除成都門生故舊外，南充或有佚文存在（論

[1] 據“川北大學教師聘約”的“解聘”條稱，“尚未接到續聘書約者，即爲當然解約”。

[2] 屈守元：《麐翁自訂年譜》，1952年條。

[3] 汪明義：《立心天地築夢川師 争做新時代的奮鬥者、創新者、思想者：在2018級新生開學典禮上的講話》，《四川師范大學學報》2018年9月11日。

[4] 湯炳正：《我在南充人事關係情况》。

學書信應包括在内），當盡力之所及，廣爲徵求。古今學者，名作巨著，傳世較易，而零篇碎簡，類多散佚，實屬憾事！

匆匆，即祝

健康！

湯炳正

七月廿二日

（本文經先祖父的研究生、助手李誠教授審訂，特此致謝！）

蔣禮鴻致王重民信劄鉤沉

王安琪

1963年5月，著名文獻學家王重民先生的《補全唐詩》一文發表於當年的《中華文史論叢》第3輯，這是王先生前後花費二十餘年時間、數易其稿的嘔心之作，是敦煌詩集殘卷整理的里程碑著作。王先生將其樣刊寄給時任杭州大學教授的著名學者蔣禮鴻先生，囑其校正，以求補益。蔣先生收到之後，即撰寫校語數則奉寄王先生，此即後來整理成文的《〈補全唐詩〉校記》一文[1]，是王重民《補全唐詩》發表之後最早的校正之作。

最近，我們接到蔣先生哲嗣蔣遂教授轉來的蔣禮鴻書信照片數幀，爲前後兩封書信，第一封信主要是寫信緣由，第二封内容全爲校勘王重民《補全唐詩》之作，不見於此前已公開發表的蔣禮鴻論著之中。這兩封書信是王重民先生與蔣禮鴻先生學術交往的重要見證，是《補全唐詩》和敦煌文學研究的重要文獻史料，亦可補《王重民年譜》之闕[2]。現據照片加以整理，除個別異體異形字之外，全以通行繁體字移録，施以現行標點，并將其相關史事加以鉤沉梳理，以致敬於前輩學者治學之嚴謹篤實。

這組書信共兩封，毛筆小字書寫，豎行無點逗，間有塗抹修改和夾行增添。紙面有淺淡界格，每面八行，天頭地角寬裕，而開口一側則較爲窄狹。綜合判斷，這是一種專門製作的抄寫用紙，其格式仿自版刻書籍用紙制式，從開口處折疊，一紙分爲兩面，第二面左下側隱見“榮寶齋製版”五字，紙質應爲宣紙。字體爲行楷，間有草書，筆致含蓄蘊藉，和穆恬靜，行筆嫺熟有致，不計工拙，散淡之間，筆意存焉。

第一封書信内容爲：

---

[1] 甘肅省社會科學院文學研究所編：《敦煌學論集》，甘肅人民出版社1985年版，第73—80頁。

[2] 李墨：《王重民年譜》，河北大學碩士學位論文，2008年5月。關於王重民先生的主要生平經歷、社會交往和學術科研活動，該文有過較爲詳細的整理和考訂，基本能夠全面反映王重民學術生涯概貌，其中所述與王重民先生有書信來往者有陳垣、向達、劉修業、聞一多、顧頡剛、楊東蓴、胡適、袁同禮、羅莘田、周一良、張靜廬、張鐵弦、關德棟、梁希彦、王仲犖、張子高、陳文超、潘達人、胡道靜等先生，但未述及與蔣禮鴻先生的交往。

有三先生撰席：

惠寄《補全唐詩》一本，奉到，謝謝！屬貢芻蕘，謹以别紙具疏進呈，恐不足采（採）也。《敦煌資料》至今僅見第一輯，殊爲悶損。匆匆

即候

著祺

蔣禮鴻頓首

七月八日

（附記）：敝校名爲□□□學，在松木場，其先爲浙江師院，今與師院各校矣。

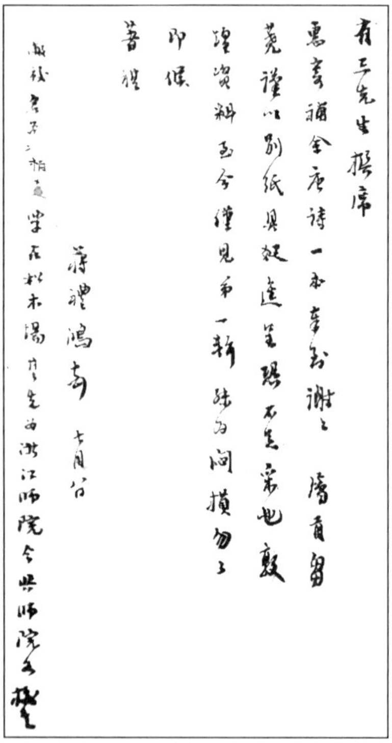

按，王重民先生（1903—1975），字有三，號冷廬主人，河北高陽人。著名文獻學家、圖書館學家和敦煌學家，平生致力於中國古籍文獻的搜集、整理和研究，爲我國海外流失珍貴漢籍的整理研究和古籍整理人才的培養，做出過重要貢獻。其敦煌學方面的著作主要有《敦煌曲子詞集》《敦煌變文集》《敦煌古籍叙録》《敦煌遺書總目索引》《敦煌遺書論文集》《補全唐詩》等，是我國敦煌學研究的代表人物之一。

蔣禮鴻先生（1916—1995），字雲從，浙江嘉興人。著名語言文字學家、敦煌學家、辭書學家。主要著作有《敦煌變文字義通釋》《義府續貂》《商君書錐指》《蔣禮鴻語言文字學論叢》等，是敦煌遺書語言文字研究的開創者和奠基者之一，具有深遠影響。

信末“附記”中提到的“敝校”，因原紙闕損，無法辨識。如以當時史事考求，當爲杭州大學。1958年，浙江師範學院遷址到杭州市松木場附近，與新建的杭州大學合併，定名爲杭州大學，其時蔣禮鴻先生正在該校中文系任教。

第二封書信內容爲：

崔湜《九龍潭作》：“盤渴沸嵌石”，“渴”當作“渦”。又“熠熻洞金碧”，“熻”當作“爚”。（頁三〇七）

王無競《詠漢武帝》：“莫救茂陵隈”，尊校“隈”作“隈”，甚確。《敦煌變文集·維摩詰經講經文》：“能談妙法邪山碎，解講真經障海隈。”“隈”蓋頹壞之義，自是唐語如此。劉謂：“當是‘煨’誤”，殆未必然。（頁三〇八）

又《君子有所思行》：“王顏怯容光”，俞校“怯”爲“悋”之簡，近是。此句疑當作“玉顏悋容光”。“悋”者，“憐”之同音通借字，《易》“悔吝”字，《説文》本作“遴”，可見其聲類之相通也。（頁三〇九）

李適《送友人向括州》：“委迤吴山雲”，“委”當作“逶”。又“孤舟眇江氾”，“氾”當作“汜”，此或排字之誤。（頁三一一）

劉希夷《死馬賦》：“長揪塵暗形影遙”，“揪”當作“楸”。曹植詩：“走馬長楸間”，杜甫亦云：“霜蹄蹴踏長楸間”。（頁三一二）

又《北邙篇》：“自爲驕奢彼都邑”，“爲”借作“謂”。又“黄居暗室不知晨”，“居”當作“泉”。《古詩十九首》：“潛寐黄泉下，千載永不寤”。又“鏡花搖兮山樹迥”，“迥”當作“迴”。（頁三一三）

劉知幾《次河神廟》：“必期頓爲阻”，“必”當作“心”。又《讀〈漢書〉作》：“擊抃仰遺風”，“抃”字不誤。擊抃，拊掌歡仰之意。《文選·魏文帝〈與鍾大理書〉》：“聞之驚喜，笑與抃會。”（李）善注：“《説文》曰：‘抃，拊手也。’”作“擊析”，無義。（頁三一五）

胡皓《感春》：“韶和洗紛矚”，“矚”當作“矚”。（頁三一九）

蘇晉《詠螢》：“既能明自□，□用暗中飛”，闕文當思“照”“何”二字。杜詩：“暗飛螢自照”。（頁三一九）

王冷然《寒食篇》：“春游遍”，劉云：“疑‘徧’”，“徧”似“偏”誤。（頁三二二）

丘爲《答韓丈》：“長安落葉酒”，劉云：“當是‘落桑酒’”，當是“桑落酒”。（頁三二四）

高適《雙六頭賦送李參軍》：“無怨敚於垂成”，“敚”當作“敗”。（頁三二九）

又《自武威赴臨洮謁大夫不及》：“長幼隨巔毛”，“巔”當作“顛”。（頁三三〇）

韋莊《秦婦吟》："天遣時災非自由"，"遣"當作"譴"。又"千里晏然無戈聲"，"戈"當作"犬馬（今按，'馬'當作'聲'）"是矣，竊舉（?）兵革之警："千里晏然無犬聲"。《敦煌變文集·維摩詰經講經文》："臨河傍井，常憂漂溺之危。弄戈（犬）捻刀，每慮嚙傷之苦。"（頁五三八）《父母恩重經講經文》："臨河滂（傍）井，常憂漂溺之虞，棄（養）狗檢（捻）刀，每慮嚙傷之苦。"（頁六八三）此"大"字誤，"戈"之似"交""弍""夭"，亦"犬"之形訛。（頁三三四）

侯休祥《[覽]鏡》："殊非李日容"，俞云："或前、舊均有可能。"李，俗草書作""，野俗（?）草書作""，相似。此决（絶）爲"前"字。（頁三三八）

樊鑄《詠物·門店》，"店"當作"居"。韓愈《進學解》："根闑居楔"，王伯大音釋："居，亭點切，門關牡。"

又"只慎樞□動"，"樞"下當作"機"字。又《濾水羅》："樂水知囊成"，"知"同"智"，用《論語》"智者樂水"。（頁三四二）

盧茂欽《無題》："願將恣貌夢中來"，"恣"當作"姿"。（頁三四四）

劉廷堅《觀岳壽寺松因課留題》："根磻蘚石龍形老"，"磻"當作"蟠"。

崔湜《九龍潭作》："冷然聞鳳吹"，"冷"當作"泠"。（頁三〇七）

蔡孚《九日至江州問王使君》，按語："王使君疑指王勃"，此王使君乃江州刺史，勃不聞爲此官，所疑未有據。（頁三一一）

高適《奉寄平原顔太守》序："兼述小人狂簡之盛"，"小人"當作"小子"，本《論語》："吾党之小子狂簡，斐然成章。"（頁三二八）

又《在哥舒大夫幕下請辭退托興奉詩》："好時還首惡"，"首"當作"道"。（頁三三〇）

韋莊《秦婦吟》："轟轟崐崐乾坤動"，"崐"，平聲不葉，疑當作"輥"，古本切。東坡兩用"輥"字：《古纏頭曲》："雷輥空堂戰窗牖"；《南歌子》詞："雷輥夫差國，雲翻海若家"。皆謂巨響，與此頗同。（頁三三二）

又"城外風煙如塞色"，"塞色"各義非，當作"墨色"。墨，俗字作"墨"，見《宋元以來俗字譜》，與"塞"形近。杜詩："俄頃風定雲墨色"。（頁三三三）

樊鑄《詠物·鑰匙》："聞物務便成"，"聞"當作"開"。開物成務，《易·繫辭》語。（頁三四二）

昨寄奉《補全唐詩》校語若干則，重讀一過，又得數則，録次右。即乞

禔正

蔣禮鴻再頓

有三先生著席　七月九日

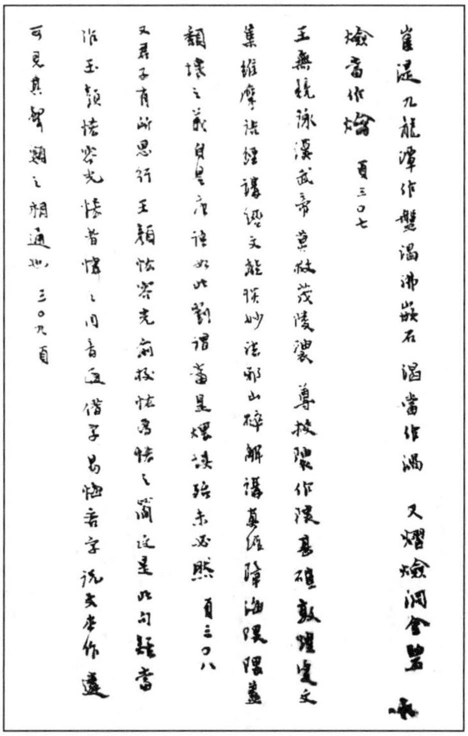

崖泜九龍潭作蹙滆沸巖石 滆當作漏 又熠爚潤含岩咏
爚當作爚 頁三〇七
王融曉詠漢武帝奠枝茂陵隴 尊枝隴作隴慕礎敦煌寫文
集維摩詰經讚經文能繹妙諸邪山碎解講真經障海障障蠱
韻懷之義自是應讀如此 劉謂當是煨誤 殆未必然 頁三〇八
又君子有所思行 王韻悵容光前校悵爲帳之譌 這是此句疑當
作玉顏悵容光 悵音帳之同音互借字 易悔舍字 況文本作還
可見其習翫之相通也 三〇九頁

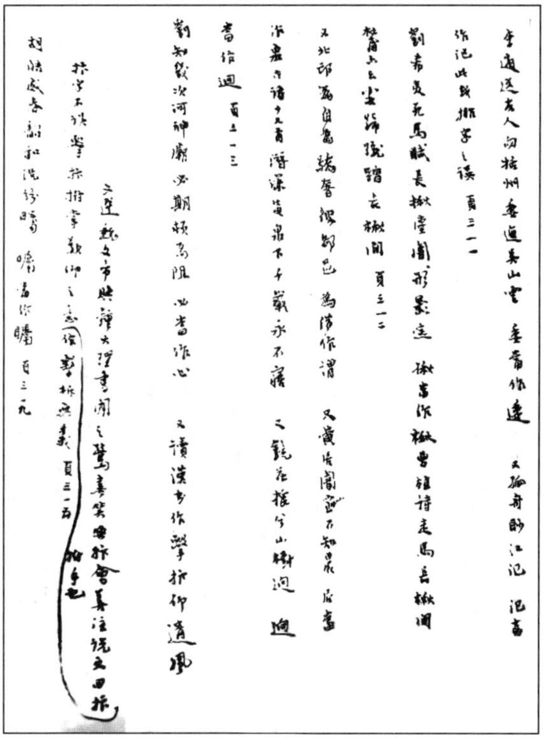

李適送友人向括州 查遠與山雲 查當作遠 又論寄聯江汜 汜當
作汜 此錢撕字之誤 頁三一一
劉孝威和馬賦 長楸臺間形影遠 楸當作楸 曹植詩走馬長楸間
楚蒼山之岑 歸憩館長楸間 頁三一二
又北郊為自高緒蕃濮鄒邑 爲濮作謂 又廣成閣延不知晨 晨當
作晨 之諸十九首 潛深浸鼎下千歲永不寤 之鏡存操兮山樹迥 迥
當作迴 頁三一三
劉知鐵汝河神廟 必期頻為阻 必當作心 又續漢書作擊抃仰遺風
文選魏文帝與鍾大理書 聞之驚喜 笑與抃會 善注說文曰抃
拊手也 抃字不誤 擊抃 拊掌數抑之意 作擊抃無義 頁三一五
胡諧威春日和況拂曙 曙當作矚 頁三一九

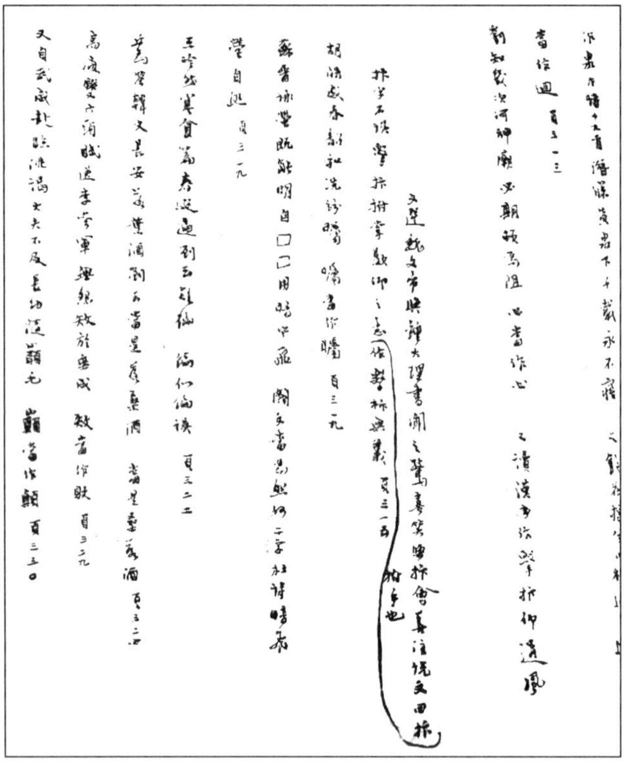

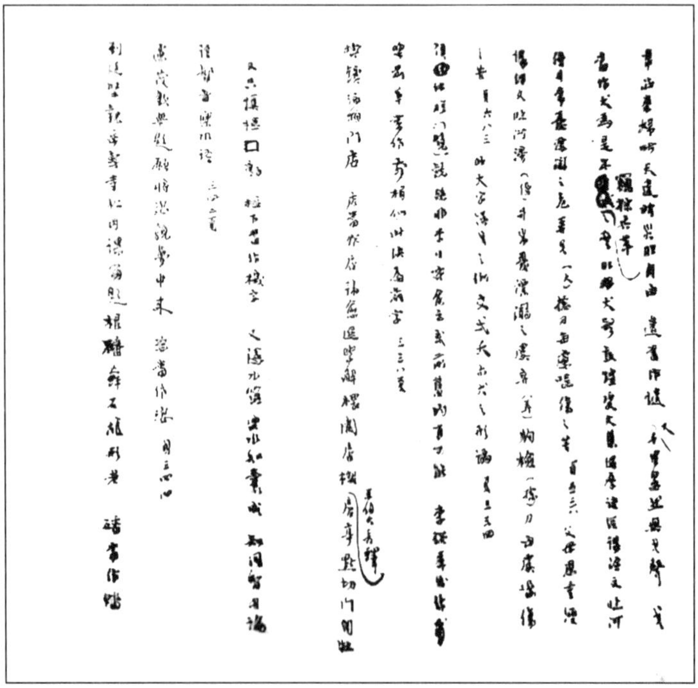

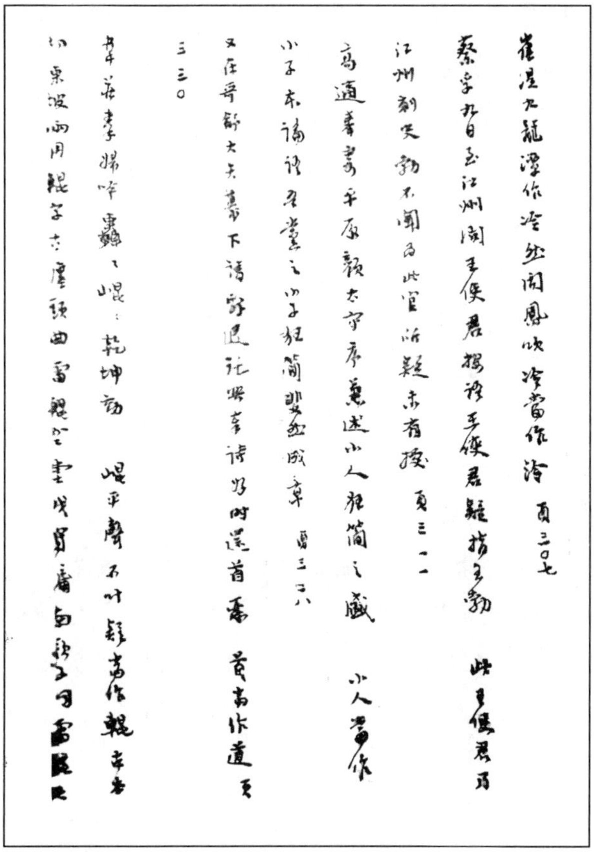

崔湜九龍潭作 泠然閑風吹 泠當作冷 頁二〇七
蔡孚[illegible]江州[illegible]手便君[illegible]手便君疑指手[illegible] 此手便君乃
江州刺史[illegible]不聞有此官 亦疑亦有誤 頁三一一
高適奉寄平原顏太守序 意述小人狂簡之盛 小人當作
小子 本論語吾黨之小子狂簡斐然成章 頁三一八
又在吾[illegible]大夫幕下請[illegible]退[illegible]李詩[illegible]還首露 首當作道 頁
三三〇
[illegible]之崿崿乾坤動 崿平聲不叶疑當作[illegible]
如東坡所用[illegible]字[illegible]

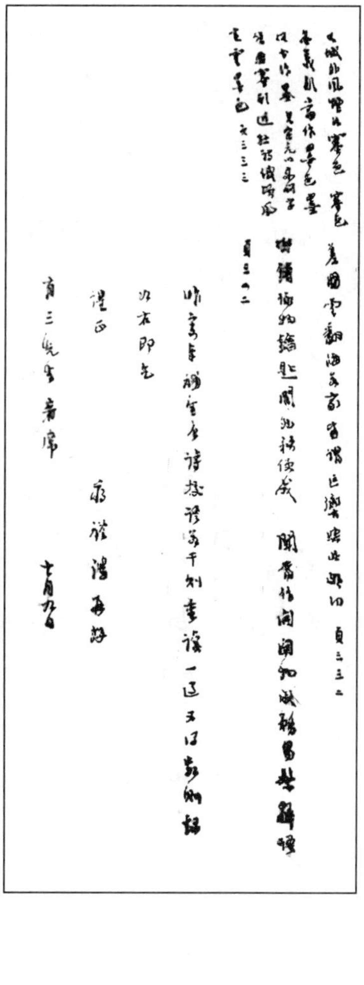

又[illegible]風[illegible]寒色 寒色 [illegible]雲翻海[illegible] 頁三三二
[illegible] 開當作閒 [illegible]
頁三四二
昨寄上補[illegible]詩[illegible]千則重讀一過又得數則錄
以本即乞
遲正
禮鴻再拜
十月九日
有三先生著席

從第一封信“屬貢芻蕘，謹以別紙具疏進呈”和第二封信“昨寄奉《補全唐詩》校語若干則，重讀一過，又得數則”云云來看，7月8日信中應該附有蔣禮鴻先生勘讀《補全唐詩》後的校語，7月9日第二封信中“又得數則”録校語當爲7月8日所附校語的補充。檢蔣禮鴻先生《〈補全唐詩〉校記》一文[1]，部分内容不見於9日的通信之中，當爲7月8日信中所附校語。

這兩組信件，日期連貫，分别爲7月8日、9日，但未署年份。因信是蔣禮鴻先生收到王重民先生所寄《補全唐詩》後的回信，故欲考訂信件寫作年份，須瞭解《補全唐詩》的整理與發佈過程。王重民先生《全唐詩》補遺工作從1935年開始，主要從敦煌遺書中搜求前人未見、《全唐詩》未録唐人詩歌。“這裹所補的詩，只限於敦煌所出的新材料，嚴格説，不能叫作《補全唐詩》，只能説是據敦煌殘卷補了《全唐詩》的一部分。”[2]“最初的整理計畫是，凡見《全唐詩》者校其異文，凡不見《全唐詩》者另輯爲一集，以補《全唐詩》之逸。”[3]成果本名《敦煌詩集》，“全稿凡三卷，卷一均有作者姓氏，專補《全唐詩》；卷二均失作者姓氏，凡殘詩集依集編次，凡全詩（指單篇的）依詩編次；卷三爲敦煌人作品（詠敦煌者如《敦煌廿詠》亦入此卷）”[4]。《補全唐詩》實際就是其《敦煌詩集》第一卷，共補整詩97首、殘詩3首、附詩4首。涉及50位詩人，31位見於《全唐詩》，19人不見於《全唐詩》。

《補全唐詩》的輯佚和校訂工作漫長而艱苦，草稿完成於1942年，其後，王重民先生的夫人劉修業先生又依《全唐詩》總校一次，特别注意《全唐詩》中各家互見的詩。在其後十幾年時間裹，又隨時補充校正，1954年編成初稿，并請王仲聞先生校閲，1956年又請俞平伯先生校閲一次，1962年再請劉盼遂先生校閲，諸家校語均見於最後刊佈的《補全唐詩》文本中。

1962年7月所作《〈補全唐詩〉序言》，標誌着《補全唐詩》最後定稿的完成。在《序言》中，王重民先生較爲詳細地記述了自己從1935年開始從敦煌遺書中整理唐人佚詩的工作和諸次校閲的全過程，以及《補全唐詩》的基本體例，從中可以瞭解《補全唐詩》的成書過程，可見老一輩學人謙虚謹慎、科學嚴謹的治學態度和開放包容、盡善盡美的學術理念。

《補全唐詩》最終發表於《中華文史論叢》1963年5月第3輯，後收入《全唐詩外編》第一編（中華書局1982年版）；《敦煌唐人詩集殘卷》等經修訂後以《補全唐詩拾

[1] 詳參甘肅省社會科學院文學研究所編：《敦煌學論集》，第73—80頁。
[2] 王重民：《〈補全唐詩〉序言》，《中華文史論叢》1963年第3輯，第303頁。
[3] 王重民：《〈補全唐詩〉序言》，第301頁。
[4] 王重民：《〈補全唐詩〉序言》，第301頁。

遺》發表於《中華文史論叢》1981 年 11 月第 4 期，後收入王重民《敦煌遺書論文集》（中華書局 1984 年版）、《全唐詩補編》（中華書局 1992 年版）。

《中華文史論叢》1963 年 5 月第 3 輯所刊《補全唐詩》，校語中提及劉修業、王仲聞、俞平伯、劉盼遂等，但未言及蔣禮鴻，且 7 月 9 日信中校語所標頁碼與《中華文史論叢》1963 年第 3 輯所載《補全唐詩》皆吻合，可知蔣先生信中所謂“惠寄《補全唐詩》一本”，實即刊載於《中華文史論叢》1963 年 5 月第 3 輯的《補全唐詩》。又檢蔣先生《〈補全唐詩〉校記》“發表後，王先生寄給我一份，要我批校，等出單行本時録入，我即遵命加了一些校語寄回。現在王先生已不幸作古，而這個單行本卻未見行世，我寄去的校語也不知歸著了。不過我的原始的底稿還未遺失，現在略加整比，寫成一篇，以備治敦煌學者采擇”[1]，也正好印證蔣先生閱讀并加校語的是刊載於《中華文史論叢》1963 年 5 月第 3 輯《補全唐詩》的推測。

信件不署年份而僅署日月，説明通信雙方私人關係密切。既然彼此關係密切，那麽王先生寄書時間應該就在文章發表、出版社贈書到達之後不久，當時交通不便，從《補全唐詩》公開發表到寄書、收書、閱讀、查閲資料寫校語等，整個過程不到兩個月時間，也符合當時的社會生活實際和一般生活邏輯。

綜上所述，兩封信應該寫於 1963 年 7 月 8 日和 9 日。

《補全唐詩》發表後，蔣禮鴻、項楚、陳尚君、張湧泉、徐俊等先生在王重民、劉修業、王仲聞、俞平伯、劉盼遂等先生研究和校勘基礎上，作了新的校勘、辨誤工作。蔣禮鴻先生有《〈補全唐詩〉校記》（甘肅省社會科學院文學研究所編：《敦煌學論集》，甘肅人民出版社 1985 年版），項楚先生有《〈補全唐詩〉二種續校》（《四川大學學報》1983 年第 3 期），陳尚君先生有《〈全唐詩〉補遺六種劄記》（《中國古典文學叢考》第 2 輯，1987 年），張湧泉先生有《〈補全唐詩〉兩種補校》（《敦煌學輯刊》1991 年第 2 期），徐俊先生有《王重民〈補全唐詩〉二種校補》（《北京圖書館館刊》1993 年 Z2 期）。蔣禮鴻先生的校補工作開始最早，《補全唐詩》發表後即開始批校。

蔣先生的校語主要集中於兩個方面，第一是補校，第二是辨誤。補校主要分三種情況：第一是僅判定正誤，而不徵引文獻依據。如第 307 頁崔湜《九龍潭作》，“迨□此躋覽”一句，王先生校云：“句内脱一字，不知應在何處？茲依韻補於此。”“仿佛覩雲藉（際）”一句，王先生認爲“藉”當作“際”，俞先生校云：“‘雲藉’疑當作‘雲籍’，仙籍之意。如改‘際’字，失葉。”“誰爲桂（掛）冠客”一句，王先生校云：“依俞説。”蔣先生在王、俞兩家校勘基礎上，又補校兩條，即“盤渴沸嵌石”，“渴”當作

[1] 甘肅省社會科學院文學研究所編：《敦煌學論集》，第 73 頁。

“渦”。“熠爁洞金碧”，“爁”當作“爚”。再如第311頁李適《送友人向恬（括）州》，劉先生校詩題云：“‘恬’乃‘括’之誤，今浙江麗水，唐避德宗諱改處州。”蔣先生補校兩條：“‘委迤吴山雲’，‘委’當作‘逶’。又‘孤舟眇江氾’，‘氾’當作‘汜’，此或排字之誤。”

第二種是判定正誤的同時，徵引文獻爲依據。其中有些是王先生等已有校語，而蔣先生補校，如第312頁劉希夷《死馬賦》，王先生等已有五條校語，蔣先生補校“長揪塵暗形影遙”一條：“‘揪’當作‘楸’。曹植詩：‘走馬長楸間’。杜甫亦云：‘霜蹄蹴踏長楸間。’”有的則是王先生等無校語，蔣先生補校，如第342頁樊鑄《詠物•鑰匙》諸家無校語，蔣先生校曰：“‘聞物務便成’，‘聞’當作‘開’。開物成務，《易•繫辭》語。”樊鑄《詠物・門店》，諸家亦無校語，蔣先生校曰：“‘店’當作‘居’。韓愈《進學解》：‘椳闑居楔。’王伯大音釋：‘居，亭點切，門關牡。’”

第三種是補闕文。如第319頁蘇晉《詠螢》：“的的黄金色，□□白玉輝。既能明自□，□用暗中飛。”闕文較多，諸家皆未補。蔣先生校曰：“闕文當思‘照’‘何’二字。杜詩：‘暗飛螢自照。’”第342頁樊鑄《詠物・門店》：“扃要政攸敦，防非道久尊。掄材矩已中，善閉契□存。只慎樞□動，寧矜開闔恩。自非蒙一拔，何得入龍門。”第四、第五句亦有闕文，諸家亦皆未補。蔣先生校曰“‘只慎樞□動。’‘樞’下當作‘機’字。”

辨誤主要是對王重民、劉修業、王仲聞、俞平伯、劉盼遂等諸家校語中校勘未當者提出自己的看法。如第308頁王無競《詠漢武帝》“莫救茂陵隈”，王先生校曰：“‘隈’字不可識，疑當作‘隈’。劉云：‘隈’當是‘煨’字之誤。《説文》：煨，燼餘火也。茂陵雖未聞焚燒之事，然陳沈炯《經通天台奏漢武帝表》云：‘茂陵玉碗，遂出人間，淩雲故基，與原田而每每；扶風餘址，帶陵阜而芒芒’，亦正是茂陵煨燼的寫照了。”蔣先生校曰：“尊校‘隈’作‘隈’，甚確。《敦煌變文集・維摩詰經講經文》：‘能談妙法邪山碎，解講真經障海隈。’‘隈’蓋頽壞之義，自是唐語如此。劉謂：‘當是“煨”誤’，殆未必然。”再如第315頁《讀〈漢書〉作》“擊抃（柝）仰遺風”，王先生以爲“抃”當爲“柝”。蔣先生校曰：“‘抃’字不誤。‘擊抃’，拊掌歡仰之意。《文選・魏文帝〈與鐘大理書〉》：‘聞之驚喜，笑與抃會。’（李）善注：‘《説文》曰：抃，拊手也。’作‘擊柝’，無義。”

蔣禮鴻先生的校勘，尤其是其所補闕文等，對於推動《補全唐詩》文本臻於完善，具有重要價值和意義。但如同王重民先生之後的很多校閲者一樣，由於“大多未能覆核原卷，而僅據王輯理校，不少校録錯誤和遺漏未能得到補正”[1]，如蔣先生寫過校語的

[1] 徐俊：《王重民〈補全唐詩〉二種校補》，《北京圖書館館刊》1993年Z2期。

第 307 頁崔湜《九龍潭作》，“誰爲桂（掛）冠客”一句王、俞二先生皆以“桂”當爲“掛”，蔣先生亦無異議，但據徐俊先生覆核，原卷正作“掛”，不誤。第 308 頁王無競《詠漢武帝》“莫救茂陵䙓”，“䙓”字據徐俊先生覆核，原卷實作“隄”，此即“限”的異寫字，乃書手在鈔寫過程中的個性化書寫，屬於構件内部調整。類似情況還有很多，此不贅述。

附記：本文是在伏俊璉、張存良二位老師的指導下寫作完成的。在此，向兩位老師表示感謝和敬意！

（作者簡介：王安琪，女，西華師範大學文學院碩士研究生）

廣訪博咨達道義　搜求餘光通古今
——趙逵夫《隴南金石校録》文化價值論析 *

蒲向明

摘　要： 趙逵夫先生主編的《隴南金石校録》是第一部以當今隴南市爲取材範圍的金石學研究著作。該著不僅彌補了前人金石文獻收録之不足，而且填補了今隴南市相關歷史文獻的空白，對隴南留住鄉愁、延續文化根脉意義重大。書中所録反映隴南政治、經濟、軍事、交通等方面的碑刻題記，全面而成體系，歷史文化價值無可替代。該著對張維、馮國瑞以來特殊歷史時期隴南金石碑刻文獻輯録尤爲看重。其中所收拓片或原物照片，除文獻價值大外，其中字體美觀方面的編選原則和所得實效，也爲研究中國書法演變和書法藝術發展史提供了重要資料。

關鍵詞： 趙逵夫；《隴南金石校録》；文化價值

在不同地域獨具特色的文化傳統和歷史文化遺存中，有很多文獻未見於其他載記，金石題刻和碑銘文獻於此意義重大，係重要一類。東晉常璩《華陽國志》卷12《序志》指出，對於傳統未載文獻要“廣訪博咨，流離困瘵，方資腐帛於顛牆之下，求餘光於灰塵之中，劘滅者多，故有所闕，猶愈於遺忘焉”“夫書契有五善：達道義，章法戒，通古今，表功勳，而後旌賢能”[1]。日本學者山内四郎認爲常璩此説特别適用於金石碑銘文獻的整理[2]，國内學者則認爲常璩所論“民之榮瘁，國之汙隆，於兹系焉”，所以金石題刻文獻素爲歷代研治史學者所珍視[3]。趙逵夫先生新近主編出版了《隴南金石校録》一

---

* 本文係國家社會科學基金一般項目“絲綢之路陝甘川毗鄰區非物質文化遺産旅游開發及其生態保護研究”（項目號：17BGL213）和隴南市社會科學研究重點項目“隴南民俗文化生態區田野調查及研究”（項目號：17LNSK03）階段性研究成果。

[1] 劉琳：《華陽國志校注》，巴蜀書社1984年版，第7頁。

[2] 孫猛：《日本國見在書目録詳考》上册，上海古籍出版社2015年版，第671頁。

[3] 卜豔軍、李新偉：《〈華陽國志〉淺論》，《中國地方志》2003年第1期。

書[1]，其學術追求真正達到了“廣訪博咨，流離困瘵”的境界，而具備的文化價值無疑是“達道義，章法戒，通古今，表功勳，旌賢能”。我們認爲，《隴南金石校録》是研究隴南史學、文學、文字學、書法、經學、宗教學等學科的第一手碑銘題刻文獻資料。

從金石史的角度看，隴南金石輯入著作，當從北宋始。歐陽修《集古録》稱《西狹頌》爲“李會碑”，論及其語言文字之表達，是關注《西狹頌》文學因素的最早記録[2]。自嘉祐年間起，碑刻考據學作爲金石學的一個重要組成部分和分支而迅速崛起，發展爲一門獨立的學問。從宋代歐陽修《集古録》、趙明誠《金石録》起，下及清代顧炎武《金石文字記》、錢大昕《潛研堂金石文字跋尾》、王昶《金石萃編》、陸增祥《八瓊室金石補正》等著作，金石學大盛。到乾嘉時期，各學術領域逐漸發展成熟，形成以考據爲主要治學方式的“乾嘉學派”——着意從古書上尋找疑難問題進行考據，多以金石證經史，以解決難題爲榮。因此，成就了清代金石學的高峰時期，隴南武都人邢澍就是其中的一位金石學大家。

隴南市地處甘肅省東南端，係甘肅、陝西、四川三省交匯之地，素有“秦隴鎖鑰，隴蜀咽喉”之稱，歷史上一直是西北連通西南重要的交通要地和樞紐，故吉金、貞石遺存較多，内容豐富，可以説包羅萬象，爲金石學研究提供了豐富的資料。

自五代以降，隨着政治經濟文化中心向東向南的偏移，隴南遠離中國政治經濟和文化中心而變得僻遠落後，這種情況也恰好爲保留古代文化提供了一種歷史機遇。宋元以來，隴南更加落伍，文化窳敗，人才匱乏，如此豐富的古代文化遺存并没有引起學者們的廣泛關注。雖前有清乾嘉學者武都邢澍所著《寰宇訪碑録》《金石文字辨異》《金石劄記》等學術價值相當高的金石學著作，後有民國臨洮張維輯録的《隴右金石録》《隴右金石續録》等，但涉及今隴南地區的金石題刻材料只有1003件，所收有關現在隴南一區八縣的金石文獻就更加寥寥，只有156件，占不到全書的16%，這不能不令人感到遺憾。《隴南金石校録》的出版，使隴南金石文獻輯存更加集中、齊全、規整、準確，在學術史上展現一個新局面，達到一個新高度。

二

趙逵夫先生年逾古稀之時，在其研究生崔階等鼎力相助下隆重推出的《隴南金石校

[1] 西北師大教授趙逵夫先生主編的《隴南金石校録》(全4册)，由社會科學文獻出版社2018年出版。該書200餘萬字，歷時十二年編撰，收録從商代至民國時期現在的隴南市行政區域内的金石文獻，包括金、石兩大部分。全書由拓片或原物照片、金器銘文、碑刻三部分組成，按照商、西周、春秋、戰國、秦、漢、三國、晉、南北朝、隋、唐、五代十國、北宋與遼、南宋與金、元、明、清、中華民國的順序排列，并在每一種文獻後面附有校記，包含出土時間地點、形制、收藏地、著録等信息。

[2] 蒲向明：論《〈西狹頌〉摩崖的文學價值》，《上海大學學報》2006年第6期。

録》，收録宏富，校注詳審，體制宏大，充分體現了一代學人嚴謹審慎的學術追求。全書有總目，也有四册的分目，凡例共有八目，包括“收録範圍”説明六則、“原文底本”説明三則、“編排體例”説明八則、“標題”説明六則、“作者”説明四則、“録文原則”説明四則、“校記”説明六則、“説明”之説明二則、“拓片與照片”説明一則。編撰體例優渥，可謂匠心獨運。其校注條目達7000餘條，大約是張維著作所收有關隴南金石文獻的45倍，不僅彌補了前人金石文獻收録之不足，而且填補了今隴南市相關歷史文獻的空白。趙先生籍隸隴南，長期關注家鄉的文化傳承與發展，在經歷了“文化大革命”期間的“破四舊”，目睹了隴南各地“學大寨”“修梯田”期間出土的大量碑刻材料被人爲損毁的情形後，他以學者的歷史責任，持續整理、研究并傳承隴南地方文化，廣泛搜集，科學規劃，精心校注，成就了這部大著。

該著首要的文化價值在於保全了隴南的歷史文化記憶。隴南是人文初祖伏羲誕生地，又是早期秦文化發祥地，而秦人又是中國石刻文獻最早的踐行者之一。秦人詛咒楚國的《詛楚文》，據郭沫若研究是秦惠文王後元十三年（前312）的秦人石刻作品；陝西鳳翔發現的歌頌秦國國君狩獵盛况的石鼓文，就是春秋戰國之際的石刻文獻。而漢代上禄縣人仇靖等創制的《西狹頌》摩崖石刻，更是享譽海内外。20世紀90年代禮縣大堡子山秦公墓的發現，填補了先秦文化研究的一些空白。在魏晉南北朝以前很長時間裏，隴南是氐族、羌族集中活動的核心地帶，所以隴南也成了中國歷史上碑碣石刻遺存最豐富的地域之一。《隴南金石校録》彙集文化資源，保留了隴南獨有的歷史文化記憶。

同時，該著還爲隴南留住了鄉愁，留住了文化的根脉。一通通經歷了千百年風雨侵蝕而保留下來的古代題刻，甚至一幅幅金石拓片，都能引發人們對歷史上隴南發生的一幕幕往事的回顧。該著吸納乾嘉學派“存目、跋尾、録文、摹圖、摹字、義例、分地、分代、通纂、綜論”等一整套系統的研究體例和方法，把所收集的現今甘肅隴南行政區域内上起商代、下逮民國的金石文獻，按照拓片或原物照片、金器銘文、碑刻三部分分組。在時間順序上，按照商、西周、春秋、戰國、秦、漢、三國、晉、南北朝、隋、唐、五代十國、北宋與遼、南宋與金、元、明、清、民國的順序排列，并在每一種文獻後面附有校記，包含出土時間、地點、形制、收藏地、著録等信息；在空間順序上，嚴格按照現今的隴南一區八縣行政區劃，由北到南排列，不僅地理概念清晰完整，而且這一空間順序與隴南從上古開始形成的由北向南的民族遷徙走向和文化傳播走向基本相吻合，能最大限度地體現文脉走向。

三

《隴南金石校録》承載着隴南碑刻自身的文獻價值和文化厚度。

書中反映古代經濟政治内容的刻石文獻，最能説明問題。隴南地處古蜀道即後來的茶馬古道上，蜀道既是早期氐羌南北交通的通道，也是西北與西南交通的關隘，還是隴蜀茶馬古道與絲綢之路重要的連接地帶。宋元以後又是茶馬交易的主要市場，藏、羌等少數民族與中原王朝以馬易茶，而中原王朝則在隴南一帶取得戰馬及官府用馬，《隴南金石校録》對此提供了很好的資證。比如修路通商和疏通水路的最早記載是漢代的《武都太守李翕西狹頌》。徽縣《新開白水路記》《興州江運記》《江河紀略》、徽縣火鑽鎮明代嘉靖十九年（1540）《新修巡茶察院行臺記》、康縣明代《察院明文》殘碑等有關道路開鑿與維修、茶馬貿易管理和禁絶私人販運茶馬的公告等，都具有較高的史料價值和文化厚度。《同知哈石公遺愛記》則詳細記載了元代“西康郡”的六個軍政組織機構、每個機構的職位設置以及任職人員姓名等，是瞭解元代政治機構的第一手資料。

該書所録反映政風建設、民生狀態等的碑刻題記，也具有非常重要的歷史文化價值。如清代碑刻《新建官衙碑》、宋代《兩縣二八分科後記》記載了爲百姓平均貢賦之事。明嘉靖二十六年（1547）《鹽井碑記》、清光緒二年（1876）《頌太尊公祖大人惠商德政碑》（現存武都）、道光八年（1828）《重修藥王廟碑記》（現存兩當縣），特别是清康熙四年（1665）《徽州刊奉總督部院白永革十大害碑記》（現存徽縣），列出了永革徽州（轄徽縣、兩當二縣）官吏節日强收禮金及“義官之害”“書手之害”“募夫之害”“牌頭之害”“機兵之害”“鹽引之害”“紅票之害”“出陳之害”“永米之害”等十大害。清光緒十三年（1887）康縣《嚴禁派錢告示碑記》、光緒三十三年（1907）徽縣《抽油資諭示碑》等，顯現了碑刻文字自身的文獻價值。此外，文縣《重修養濟院記》等，有關於清代社會弱勢人群的問題。

該書所録碑碣石刻文，有關於古代軍事活動的各種記載。隴南又地處蜀門，具有重要的戰略地位，被譽爲“關隴鎖鑰”，自古以來就是兵家必爭之地。東漢以後，氐羌對地方政權威脅甚巨，當時地方官大多由武將擔任。現存成縣的東漢章帝元和二年（85）摩崖石刻《西狹頌・漢將題刻》等，就反映了東漢時期隴南一帶的地方官員大都由軍人充任的事實。兩宋年間，隴南成了“秦蜀門户”，戰略位置越發重要了，遺留下來的吴家軍抗金的碑碣石刻文獻更加豐富，徽縣、成縣、西和、禮縣等地都有碑刻遺存。

該書所録還有關於文化教育、鄉賢名宦、婦女事迹、寺院古迹等内容的記載。文化教育方面，如宋代慶曆五年（1045）《成州學記》是隴南區域内有關學校内容的最早金石記録；明代徽縣《增修徽山書院記》記載了隴南最早的書院，文縣《江公創建社學碑記》提及“社學”的重要性，《創建義學記》等文提及“義學”乃教育普及之始，《徽山試院記》記載了設立試院以方便士子考試的經過；清代西和縣《漾源書院出入款項碑記》詳細記載了書院用款的具體項目及其標準，是一份瞭解舊書院收支情況的最原始資料。關於鄉賢名宦，《邑侯黄公德政去思碑記》《大理寺左少卿崇祀鄉賢對溪何公墓道碑》《王兑山先生教澤碑記》《宋太宜人劉氏之墓碑》等所記之人，無論男女，都可視爲各自時代的楷模。關於宗教風俗的記載，如禮縣《南山妙勝廨院碑》載唐朝貞觀二十三年賜額“昭玄院”“天水湖”，證明該院是隴南最早受封的寺院；明代武都馬之騎、徽州馬負圖各自撰寫的《重修禮拜寺碑記》，是武都和徽縣創建清真寺的最早記載；宋元時期的《祥淵廟敕碑》《宣靈王廟碑》等記載了朝廷敕封神靈之事。另外，宋紹興二十九年（1159）林茂先書寫的萬象洞題名，是游武都萬象洞最早的記録；《仇池碑記》《游天池記》《游明月山記》等分别介紹西和仇池、文縣天池、康縣明月山等的人文地理環境。

除此之外，《隴南金石校録》所録還有反映文學和藝術方面的文字，如晁説之《成州同穀縣杜工部祠堂記》結合修建杜公祠評論唐宋詩壇，具有文學批評的性質。《宋故左中散大夫王公儀神道碑并序》所載王公儀等智破婦人被頭上釘釘而亡的冤案情節，被演繹寫入公案小説[1]。

綜上，《隴南金石校録》所録遺存隴南各地的碑刻題記，爲後人保留了研究隴南歷史文化豐富而又珍貴的第一手資料，這些資料從不同側面、不同角度反映了隴南在歷史各個階段的政治、經濟、軍事、文化、民族、宗教和民生狀態，不僅反映了隴南古代經濟的狀況，也展現了隴南古代一些地方官員的政聲作爲和人民群衆的聰明才智。

四

《隴南金石校録》在補史之闕、糾史悠謬方面的價值顯著。碑刻文字往往不厭其詳地載記一些不見於史籍或見於史籍而語焉不詳的原始狀况、真實事例，甚或頗具史料價值的細節，因此往往比一些正史更接地氣，從而彌補這方面的不足。

明代荊鋭《重修千户所記》（據江景瑞《文縣志》輯入）[2]，涉及歷史上隴南“土官”“流官”“番夷之患”等，可以補史之闕。漢元鼎六年（前111）十月，漢武帝在擊破南越後，派遣將軍李息、郎中令徐自爲發兵十萬，乘勝進兵平定西南夷，中郎將郭昌、衛廣等攻滅氐王，在隴西郡東南白馬氐人活動的中心地區設置了武都郡[3]，下轄六縣三道。武都郡屬於“初郡”，漢武帝規定對“初郡”的百姓不徵税，僅由土官負責徵集一定數量的布及其他方物按時進貢朝廷即可。“初郡”官吏的俸食及車馬用具，也由就近郡縣供給。在機構設置和行政管理上不同於内地縣，朝廷委派太守、令、長等“流官”掌

---

[1]　崔階：《隴南金石的調查與研究》，西北師範大學碩士論文，2007年。

[2]　趙逵夫主編：《隴南金石校録》，第1649頁。

[3]　郡治武都縣，在“駱谷”，今西和縣洛峪鎮。

治郡縣外，實行内部自治，朝廷封拜一批各部原有的君長王侯等氐族豪酋渠帥充任王、侯、邑長，按照氐羌舊俗治理百姓。“流官”有任期，而“土官”則終身任職，還可以世襲。流官治其土，土官治其民，但“流官”不得干涉當地民族風俗習慣。對此，《隴南金石校録》第四册《重修千户所記》（第1649—1650頁）有詳細描述，爲我們瞭解白馬人在明清時期的土官管理制度提供了翔實資料。

南宋淳熙二年（1175）《宋拱衛大夫康州刺史田公墓誌銘》（現存成縣），記録了田成（字希聖）的從戎生涯。宋宣和末年田成征過方臘，金人南犯時收復隆德府等，此後又單騎撞敵營，詔安農民起義軍丁進等，這對研究《説岳全傳》《水滸後傳》等小説的情節背景、研究兩宋時期的軍事和社會生活具有重要參考價值。

唐乾元二年（759）《漢源縣令廳壁記》反映的是安史之亂發生後唐玄宗入蜀，唐肅宗於至德元年（756）在朔方靈武繼位，上禄縣改爲漢源縣（今西和縣）的史實。現在許多人認爲唐代的成州就在成縣，實際上早期的成州就設在西和。這些碑刻，對瞭解西和縣在唐代的行政區劃設置，特别是成州從西和徙置成縣等史實，起到了補充史料的作用。

唐開元二年（714）《新路頌并序》摩崖石刻，於交通史意義重大。《新路頌并序》摩崖今存可識文字約200字，比較詳細地記載了漢陽郡太守趙承奉旨修築南龍門谷棧道，歷時十年竣工的史實。對於隴南西和縣石峽鎮一個重要隘口——坦途關，長期以來多有“壇土關”“潭土關”“坦土關”等歧説。《隴南金石校録》所收碑刻明確寫作“坦途關”，坦途關是唐代隴蜀茶馬古道上的重要隘口，今址在西和縣石峽鎮雙石寺西崖南壁。有學者認爲，《新路頌并序》中所謂的“我太守趙公”，疑或“漢陽太守趙承”，其任成州刺史并開鑿新路，當在唐開元九年（721）至開元十二年（724）前後，距杜甫隴右之行早了38年，杜甫所行之路就是唐開元中趙承所開新路[1]。新路頌摩崖所在的西和縣石峽鎮坦途關雙十寺北崖棧道，直至晚清依然存在。

五

《隴南金石校録》對張維、馮國瑞以來特殊歷史時期隴南金石碑刻文獻輯録尤爲看重。以抗戰史爲例，該書録民國三十二年的《禮縣忠烈祠記》碑石文如下：

蝦夷構釁，半壁沉淪，我舉國同胞，罔不懍於攘夷之大義爲雪耻之要圖。吾禮雖僻

[1] 蔡副全：《唐新路頌并序摩崖釋考》，《天水師範學院學報》2011年第6期。

處後方，未罹塗炭，然後氣之所蔚，彌久彌新，用能慷慨從戎，捐軀報國，貢獻於抗戰者綦偉。嘗稽簿籍，禮邑共有人口十七萬，歷年應徵入伍者，達一萬五千餘人，幾及十分之一。離桑梓，别父母，冒寒暑，犯鋒刃，蹈萬死於不顧，以爭國家民族之生存，因而裹革沙場者，數百十人與茲矣！今者光明日溥，勝利日臨，我先烈既已捐軀以奠宏基於前，我志士必能接踵以達成功於後。瞻望來日，當更有無限可歌可泣之事實，以光輝簡編，照耀宇宙。觀其前仆後繼之情形，彌足彰正氣之流露。[1]

中國抗戰史主要寫抗戰重大事件，而對民間抗戰，特别是大後方民間同仇敵愾、支援抗戰的事情記述極略。由此碑記可知，從抗戰爆發至日寇投降，隴南子弟如何共赴國難，家鄉父老如何慷慨支援，已是何等顯而易見？僅禮縣一縣應徵入伍、投身抗戰的兵員，幾乎達到總人口的十分之一，戰死疆埸和失蹤者不計其數。在民族危亡之時，各縣也都將抗戰陣亡將士入祀忠烈祠，并勒石立碑紀念。然而，因歷史推進中許多人爲的原因，大多數碑石已不復存在，文字也隨之漫滅，而《禮縣忠烈祠記》經《隴南金石校録》收輯而完整地保留了下來，歷史貢獻不言而喻。

《隴南金石校録》對這種特殊歷史時期的金石文獻輯存，也爲印證一些寫本歷史文獻提供了佐證。其實，隴南各縣爲抗戰做出的貢獻，大抵與禮縣一樣。比如只有十一萬多人的西和縣，應徵入伍參加抗戰的就有五千六百多人，入祀忠烈祠的只有十七人，遺憾的是碑文不存。新近在西和縣發現的一二八上海抗戰爆發後，西和籍上校團副李啟瑞委託在蘭州的同鄉、戰友李謹叔捎給家裡的一封家信（已缺頁）就寫道：

暴日侵我疆土，辱我國權，欺我民族，……凡爲熱血者孰忍坐視而袖手旁觀而不恨哉？近又以大軍攻我上海，但我駐滬之十九路軍與之抗戰，累戰累勝，已近半月，日奴連日猛攻，終被敗退，死傷無數，而十九路軍之奮勇……（枕）戈待命。使命一到，東下抗日，倘馬革裹屍，代遞家音；萬一幸生，再爲叙談。專此拜託，并祝文安！[2]

此信可與《禮縣忠烈祠記》彼此印證、相映成輝，是反映隴南特殊歷史時期的抗戰史實重要實物與文獻資料。

再如對 20 世紀五六十年代“破四舊”和“文化大革命”的特殊時期的記載，《隴南金石校録》依據現有條件盡可能搜補、輯入今存金石文。《宕昌史話》載：“（宕昌）‘老

[1] 趙逵夫主編：《隴南金石校録》，第 612 頁。
[2] 該信函原件現存李啟瑞侄孫李振洲（西和縣農牧局幹部）處，文中所引内容系筆者依原件之影本抄録而來。

爺墳’，從清初到民國（末），每代土司、夫人均葬於此。凡葬此者皆有墓碑，‘文化大革命’前有40通，行成‘小碑林’，後經‘文革’中期破壞，現僅存4通。”[1]《宕昌縣志》第五編“文物古迹”部分載：“（解放初）宕昌縣境内有石刻一百多處，現存五塊。”[2]《隴南金石校録》卻突破了這些記載，收録碑刻、摩崖文獻達34處（塊）之多，很好地充實了以前闕如，應該是新貢獻之處。以《重修殺賊橋碑記》爲例，該碑今存宕昌縣沙灣鎮二爺廟，由光緒七年（1881）楊昌濬撰，記“平番一役”，因“此邦之父老亦難言之”，因此“書缺有間”。《隴南金石校録》依據實物，并參酌清代葉恩沛《階州直隸州續志》（今人曾禮、樊執敬校點本）等文獻加以校録，便於後人一窺歷史堂奥，瞭解特殊時期倖存下來的碑刻文獻之歷史文化價值。

《隴南金石校録》收録特殊歷史時期碑刻文獻品類衆多、内容豐富、風格多樣，可與經史之學相表裡，可以糾史之誤，可以補史之缺，可以發覆舊注，可以增廣見聞。正如李清照在《金石録後序》中所言：“是正訛謬，去取褒貶，上足以和聖人之道，下足以訂史氏之失。”[3] 這一點，是我們必須予以深刻認識的。

六

《隴南金石校録》所收拓片或原物照片，除了具有文獻價值大、時間久遠、内容完整的史料意義外，其中字體美觀方面的編選原則和所得實效，也爲研究中國書法演變和書法藝術發展提供了重要資料。

“拓片照片”部分，始自禮縣出土春秋時期秦公鼎銘文，繼有秦子鐘、秦公壺、秦公簋等青銅器銘文。春秋繼起，秦國國勢漸升國力漸强，秦公簋銘文成爲此期代表作。字形結體整飭嚴謹，筆法脱去呆板强直，同石鼓文一樣在微曲中求勁健，在圓轉中出剛猛，體現自矜自信的强悍雄風，成爲此期秦人熱血與力量結合的生動寫照。它脱開了周人莊嚴肅穆、雍容典雅的風格，表現出秦人接管西土後的嶄新風貌，是春秋時期秦國的真實縮影。秦公簋銘文較諸西周文字，結體稍短而多變化，疏密有致，落落大方，已具小篆之雛形。與大堡子山秦襄公、秦文公陵墓所出器物銘文相比，顯然在形成秦篆的道路上，又向前大大邁出了幾步。《秦公簋》與《石鼓文》一起，爲秦帝國“書同文”秦篆的産生奠定了基礎，對後來篆書及其他書體的創造和發展産生了深遠的影響。秦公簋銘文的每一個字都是單獨刻在方模上以後拼成全篇的，這是中國印刷史上的偉大奇迹。秦早

[1] 楊海帆：《宕昌史話》，甘肅文化出版社2006年版，第147頁。
[2] 宕昌縣縣志編纂委員會：《宕昌縣志》，甘肅文化出版社1995年版，第525頁。
[3] 程千帆等：《袖珍古文鑒賞辭典》，上海辭書出版社2003年版，第588頁。

期發明的如此先進的陶泥活字鑄銘工藝，至今令人引以爲豪，而由此變革常法造成的散章佈局，成爲秦統一後權量詔版參差散佈的先導。這種自由活潑的章法，至今爲衆多書家所讚歎、傾倒進而追慕取用。《隴南金石校録》所録《西狹頌》拓片，反映了漢字字體變遷最爲劇烈的秦漢時期所達到的書法成就，以及它對中國書法産生的極爲深遠的影響。《西狹頌》古樸雄强的藝術風格和審美傾向，似乎還保留著刀刻的明顯效果，筆劃呈現方棱，轉折嶄齊，結體方正，體勢方整，筆劃頓挫渾厚，對後人感受秦漢書法藝術成就和研究書法史具有重要意義。

《隴南金石校録》所收器物照片或碑刻拓片，價值極高。康有爲《廣藝舟雙楫》指出："今日欲尊帖學，則翻之已壞，不得不尊碑；欲尚唐碑，則磨之已壞，不得不尊南、北朝碑。尊之者，非以其古也。筆劃完好，精神流露，易於臨摹，一也；可以考隸楷之變，二也；可以考後世之源流，三也；唐言結構，宋尚意態，六朝碑各體畢備，四也；筆法舒長刻人，雄奇角出，迎接不暇，實爲唐、宋之所無有，五也。有是五者，不亦宜於尊乎！"[1] 其尊碑意態，毫無掩飾，但目光所及，盡在唐、宋之前。就隴南"碑學"，唐、宋之後，也不乏精品。《隴南金石校録》所收趙孟頫書并篆額的《大元敕賜雍古氏家廟碑》，其"趙體"用筆圓潤，骨力内藏，達到爐火純青的境界，其書法藝術價值早已聞名於世，堪爲隴南"碑刻"代表。該書所收隴南"碑學"其他妙筆佳品，限於篇幅，兹不一一論列。

七、小結

統而觀之，《隴南金石校録》的文化價值不限於前述，我們所論僅爲一管之見，不免偏頗和膚淺。好在趙逵夫先生書前十餘萬字鴻文《前言——隴南歷史文化研究的第一手資料》，用 15 個專題對隴南的地理環境與其在歷史上的地位、隴南金器銘文與古代歷史文化、石刻起源於秦地與隴南石刻的文獻價值、隴南金石與隴蜀交通、隴南碑刻與隴南軍事記載、隴南金石碑刻與隴南歷史城建、隴南石刻與古代經濟貿易、隴南金石與教育發展史、隴南金石與名宦鄉賢英烈記載、隴南碑刻與民衆自治記載、隴南碑碣與宗教傳播、隴南石刻與名勝遺迹等方面做了深入論述，發前人所未發，令人獲益良多。特別是在《前言》末尾，用了三分之一的篇幅，對隴南金石中的詩作進行了全面回顧和概括，"在隴南古代文學方面，發掘出了一箱珠璣"[2]，爲後續學人提供了巨大的隴南文學研究空間。

---

[1] 華東師範大學古籍整理研究室選編、校點：《歷代書法論文選》，上海書畫出版社 2014 年版，第 756 頁。
[2] 趙逵夫主編：《隴南金石校録》，第 159 頁。

筆者關注趙逵夫先生《隴南金石校録》，也有十多年了。每次見到先生，他都會提到未竟之處，以至於不斷博諮達意、精益求精，其嚴謹細緻之態，令人感佩。從事金石銘刻的搜集、保藏、著録、刊佈以及鑒别、考訂、撰寫題跋等一系列整理和研究工作，是一種非常耗時、費力、花銷不菲而又見作者學識、功力以及文化素養的學術活動。這部《隴南金石校録》通古今之變，使散落於世的吉金和石刻文字發出洞穿歷史的幽微之光，顯然凝聚了作者十餘年甚至幾十年的智慧和心血，即便是歐陽修《集古録》、趙明誠《金石録》的成書問世也不過如此。從横向的維度看，就現今甘肅學界，《隴南金石校録》可謂金石文獻整理收録和校注的第一部皇皇巨獻，是隴上金石學研究的里程碑式大著。即便從全國來看，也可以説《隴南金石校録》是金石文獻校注研究的集大成之作，文化價值極高，必然會彪炳於史。

附記：本文在寫作過程中得到西和縣第一中學高級教師、隴南師範高等專科學校隴南文史研究中心兼職研究員魏澤民先生的大力支持，特此致謝！本文已經趙逵夫先生、魏澤民先生校讀。

（作者簡介：蒲向明，文學碩士，隴南師範高等專科學校文學與傳媒學院教授）